Neue Scandi Socken

STRICKEN

Niina Laitinen

Neue Scandi Socken

STRICKEN

20 kreative Muster
für Fortgeschrittene

CV

Vorwort

Willkommen im Reich der Wollsocken, zu einer Reise um die Welt mit neuen, wunderbaren Strickmodellen.

In diesem Buch finden Sie 20 Sockendesigns, die von Orten und Städten auf der ganzen Welt inspiriert wurden, und die Stimmungen aus alten Geschichten, unvergesslichen Sehenswürdigkeiten und lieben Erinnerungen an die eigenen Ausflüge festhalten.

Das Reich der Wollsocken kennt keine Grenzen, sondern umfasst die ganze Welt, ihre Vergangenheit, Gegenwart und Zukunft. Wenn man in warmen Socken unterwegs ist, spielt das Land oder die Stadt keine Rolle – die Socken entführen Sie bequem vom heimischen Sofa aus in neue Welten und faszinierende Kulturen.

Tauchen Sie ein in die Lichter von Shanghai, seien Sie beim Kirschblütenfest in Japan dabei und spüren Sie die Eiseskälte der Antarktis. Entdecken Sie das Funkeln von Tauperlen in den weichen Sümpfen der Moore Schottlands, und bewundern Sie in Paris den Eiffelturm bei einer Tasse Kaffee.

Der Sonnenuntergang vor der Golden Gate Brücke, die majestätischen Landschaften deutscher Schlösser und die Parks mit Tausenden von Tulpen in Amsterdam ziehen an Ihren Augen vorbei, wenn Sie durch die Seiten des Buches blättern und die wunderschönen Sockenmuster stricken.

Wie in meinen vorherigen Büchern habe ich die Modelle zum einfachen Nachstricken entworfen. Klare Anleitungen, umfassende Strickschriften und wunderbar gefühlvolle Fotos von Viola Virtamo. Einige Anleitungen gelten für mehrere Größen. Wollen Sie ein Modell in einer anderen Größe stricken, finden Sie im Kapitel Abkürzungen und Stricktipps wertvolle Hinweise dazu.

Die Sockenmuster in diesem Buch wurden mit Garnen von Novita entworfen und gestrickt. Durch die Kooperation sind neue, spannende Farbkombinationen und wunderbare Farbwelten möglich geworden.

Ein herzliches Dankeschön an alle, die bei der Entstehung dieses Buches mitgeholfen haben. Fühlt euch lieb umarmt!

Niina

Inhalt

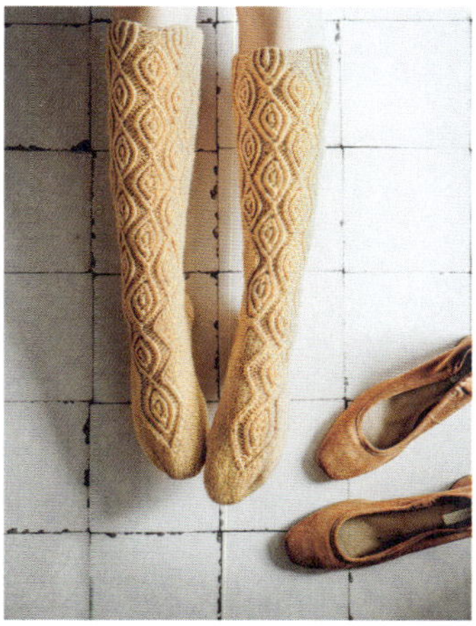

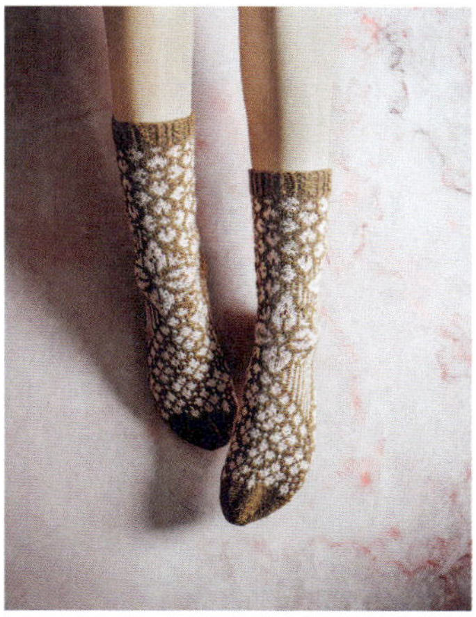

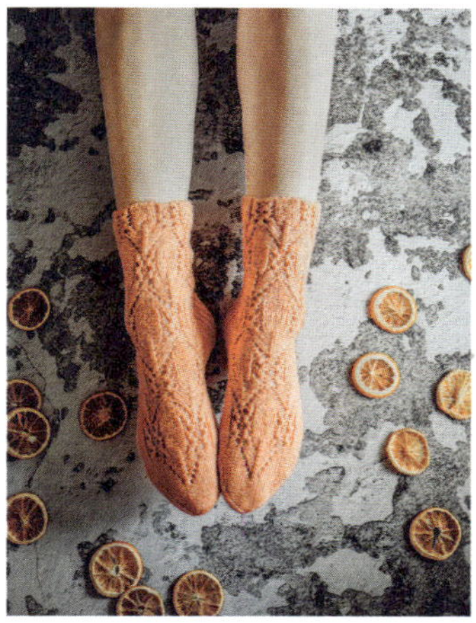

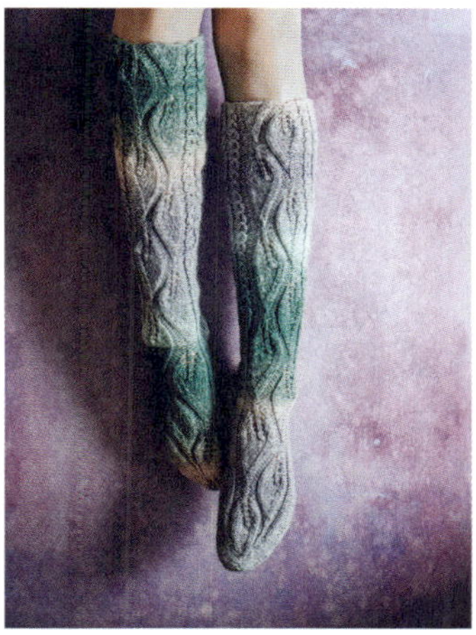

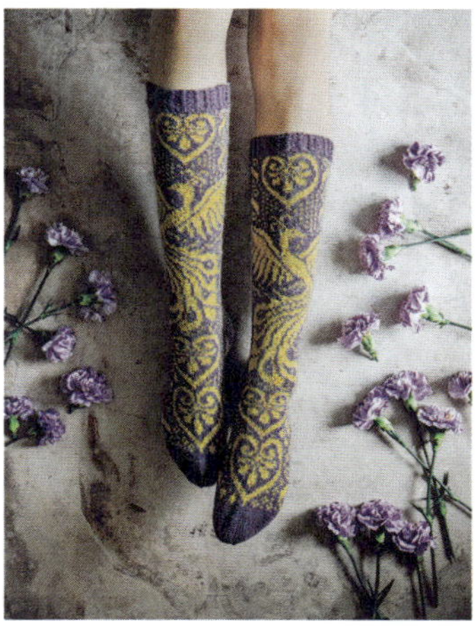

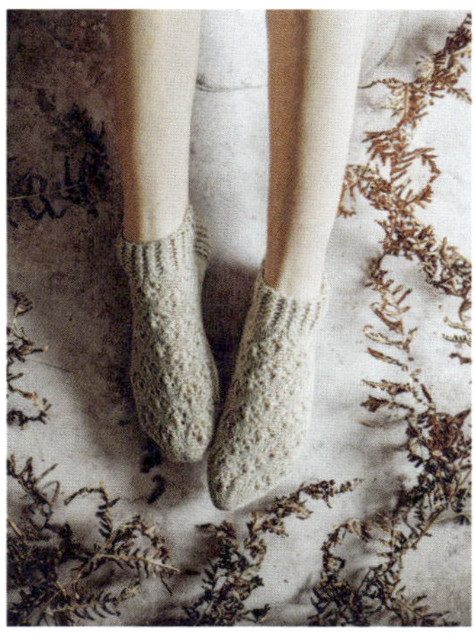

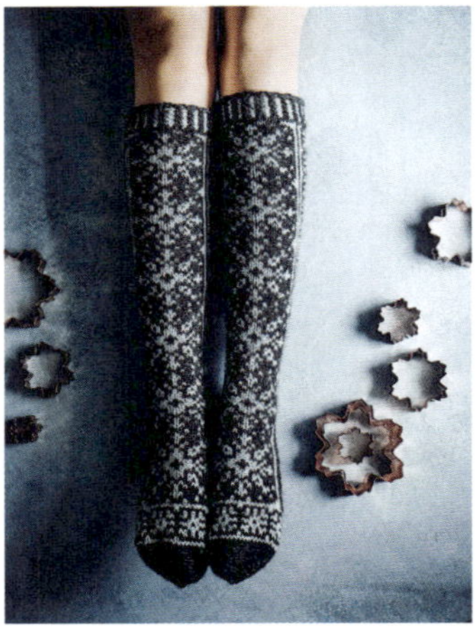

ANTARCTICA S. 65

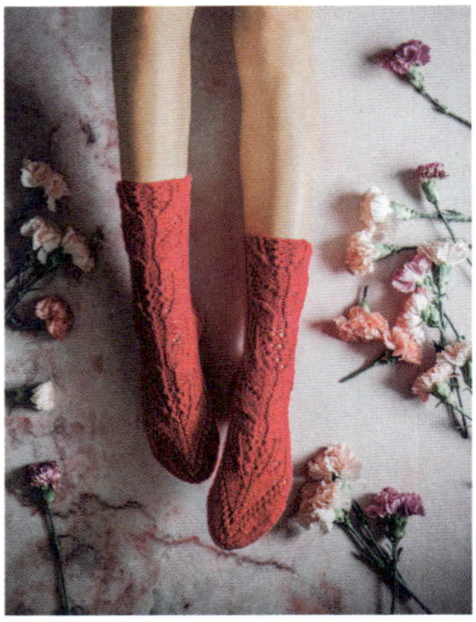

RIO DE JANEIRO S. 75

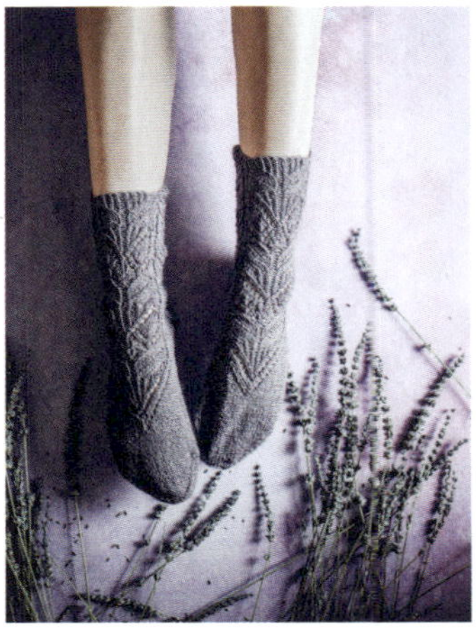

HONOLULU S. 83

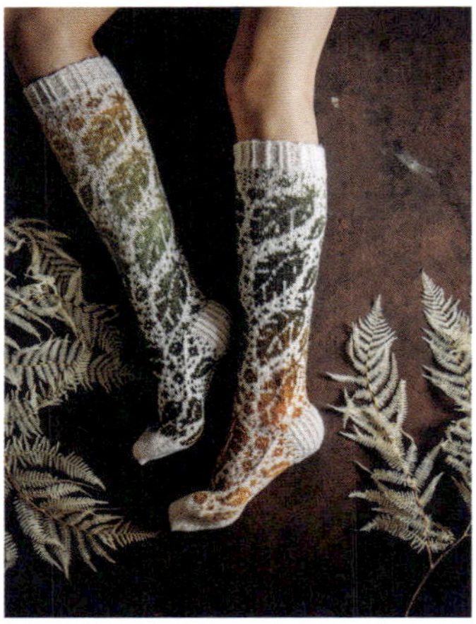

SPRECHENDE FEDER S. 89

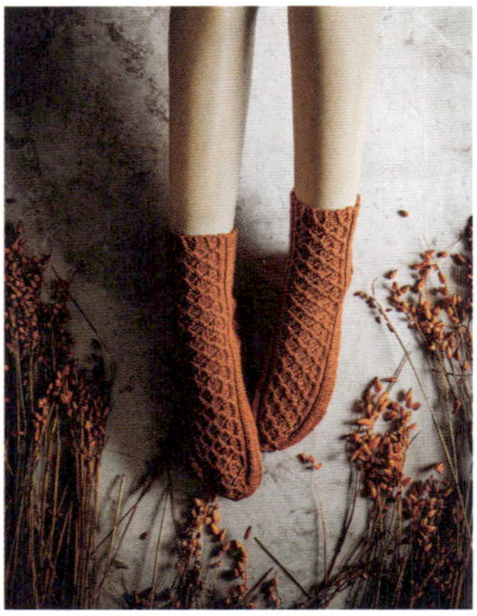

SAN FRANCISCO S. 97

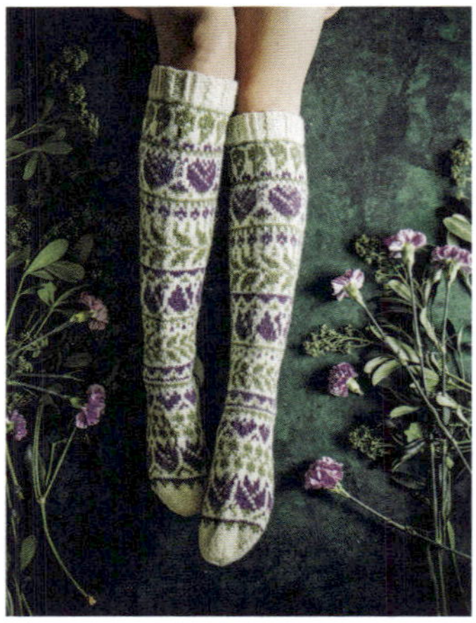

AMSTERDAM S. 103

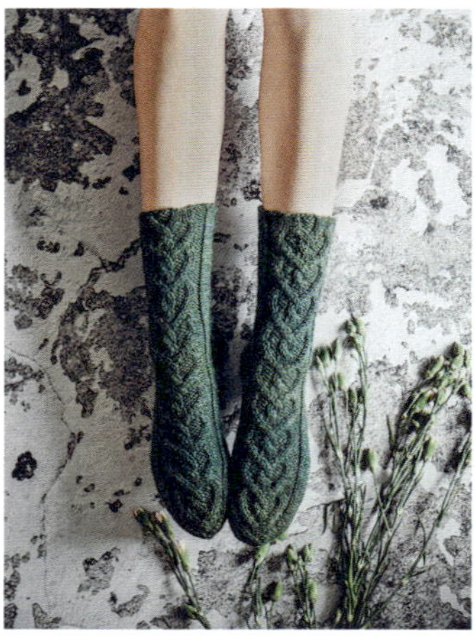

SKYFALL S. 113

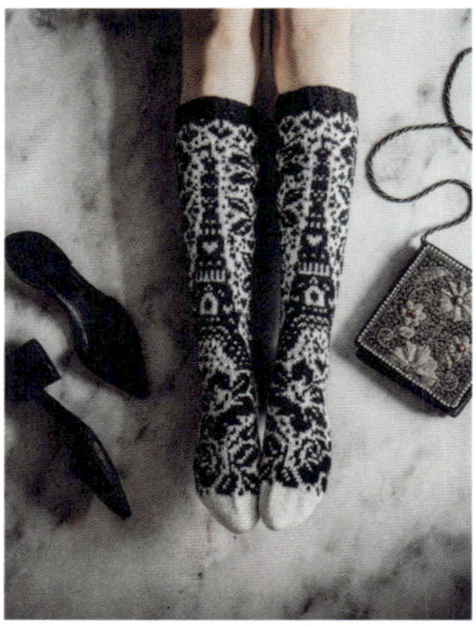

UNTER DEM HIMMEL VON PARIS S. 119

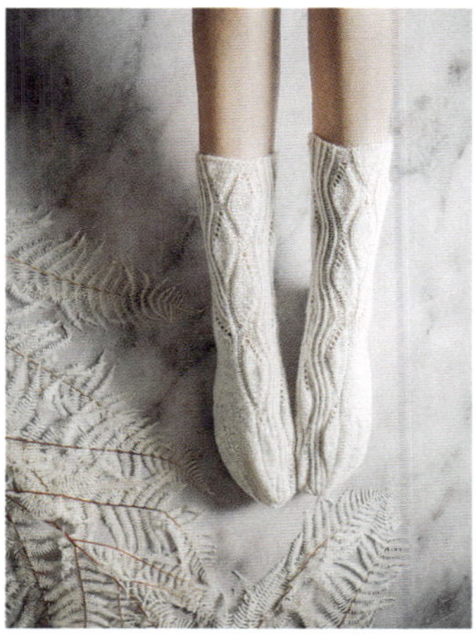

APHRODITE S. 129

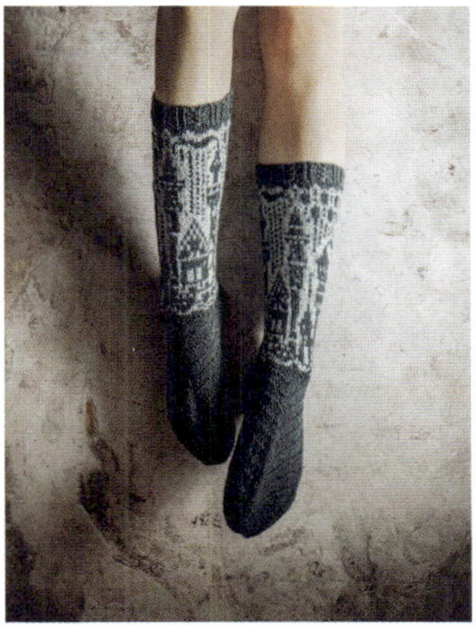

MÄRCHENSCHLOSS S. 139

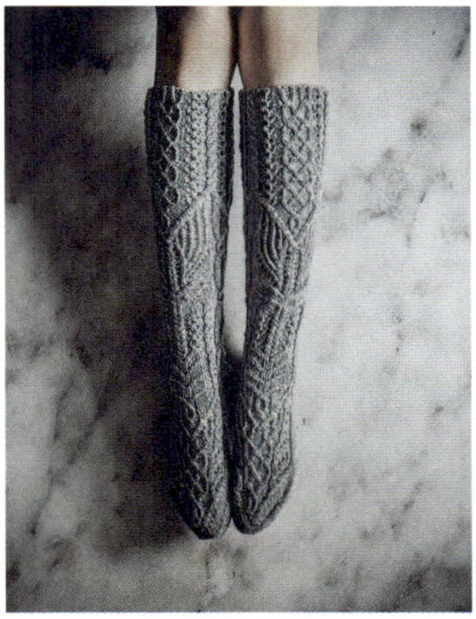

DUOMO DI MILANO S. 147

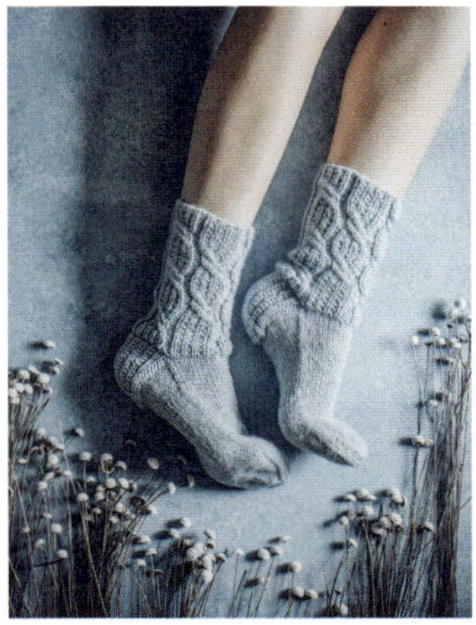

REYKJAVIK S. 155

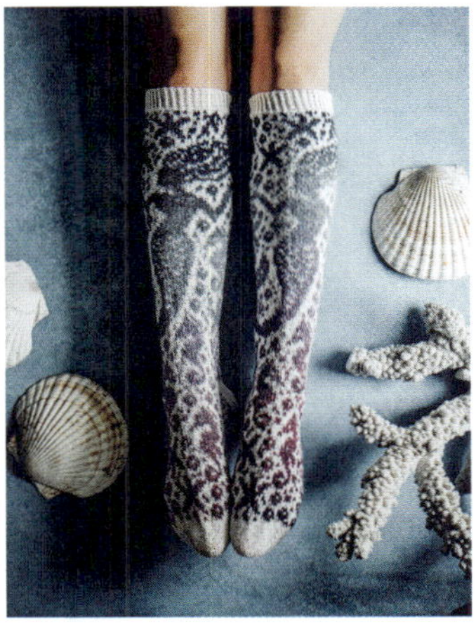

KLEINE MEERJUNGFRAU S. 161

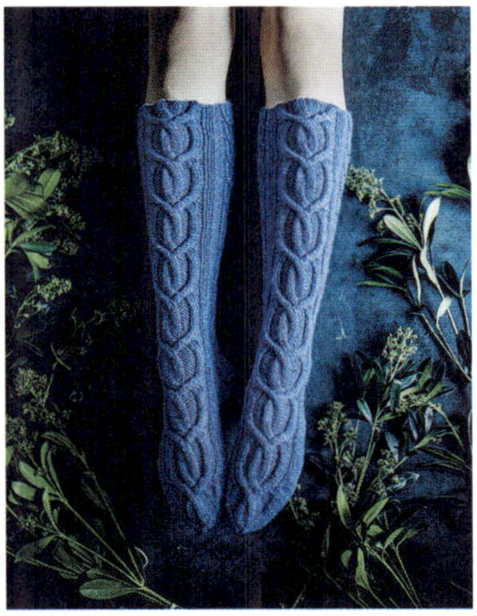

LAND DER TAUSEND SEEN
S. 169

Abkürzungen und Stricktipps

In den Anleitungen werden Abkürzungen verwendet, damit der Text nicht zu lang wird. Manche Abkürzungen kommen in jeder Anleitung vor, andere wiederum nur in einigen. Die Erklärungen der Zeichen in den einzelnen Strickschriften finden Sie bei der jeweiligen Strickschrift.

M	Masche(n)
R, Rd	Reihe(n), Runde(n)
re	rechte, rechts
li	linke, links
Hin-R	Hinreihe(n)
Rück-R	Rückreihe(n)
U	Umschlag. Der Faden wird von vorne nach hinten über die Nadel gelegt.
Umschlag von hinten nach vorne	Der Faden wird von hinten nach vorne über die Nadel gelegt. In einigen Modellen wird dieser Umschlag verwendet, damit die rechte Masche in der folgenden Runde/Reihe sich in die gewünschte Richtung neigt.
glatt re in Runden	Rechte Maschen stricken.
glatt re in Reihen	In der Hinreihe rechte Maschen, in der Rückreihe linke Maschen stricken.
kraus re in Reihen	In allen Reihen rechte Maschen stricken.
2 M re zusstr	2 Maschen rechts zusammenstricken.
2 M li zusstr	2 Maschen links zusammenstricken.
Übz	Überzug: 1 M wie zum Rechtsstricken abheben, 1 M rechts stricken, die abgehobene M über die gestrickte ziehen. Der Überzug kann durch die ssk-Abnahme ersetzt werden.
ssk	slip, slip, knit = abheben, abheben, stricken: 2 M nacheinander wie zum Rechtsstricken abheben, beide M zurück auf die linke Nadel legen und von hinten zusammenstricken. Die ssk-Abnahme kann durch den Überzug ersetzt werden.

–	Die Anleitung zwischen den Zeichen wiederholen.
1 M abheben, ohne sie zu stricken	Wird nicht angegeben, ob die Masche rechts oder links abgehoben wird, wird sie wie zum Linksstricken mit dem Faden hinter der Arbeit abgehoben. Bei der verstärkten Ferse können Sie die Maschen wie zum Rechtsstricken abheben und verschränkt stricken, damit die Maschen sauberer aussehen.
1 M li abheben, ohne sie zu stricken	Die Masche auf die rechte Nadel heben, der Faden liegt vor der Arbeit.
Fersen-R	Zu den Gesamtreihen der Ferse werden nur die verstärkt gestrickten Reihen gezählt, wenn nicht anders angegeben.
Zunahme von Maschen	Bei einigen Modellen werden für die Ferse eine oder mehrere Maschen zugenommen. Nehmen Sie dazu den Querfaden zwischen 2 M der Vorreihe auf und stricken Sie ihn rechts bzw. links verschränkt ab.
Nd	Nadel(n)
Nadelverteilung	Alle Modelle werden mit 4 Stricknadeln eines Nadelspiels gestrickt. Bei fast allen Modellen ist die Maschenaufteilung angegeben. Falls nicht, hat sie keine Bedeutung. Gelegentlich unterscheidet sich die Maschenzahl auf einer Nadel von der einer anderen Nadel durch Abnahmen und Zunahmen. Deshalb sollten Sie stets auf die richtige Gesamtzahl der Maschen achten.
Nummerierung der Nd	Mit der 1. und 4. Nadel wird die rückwärtige Sockenseite, mit der 2. und 3. Nadel die vordere Sockenseite gestrickt, wenn nicht anders angegeben.
Leserichtung der Strickschriften	Die Strickschriften werden von rechts nach links und von unten nach oben gelesen, wenn nicht anders angegeben.
Lesen der Strickschriften für Lochmuster	Bei einigen Strickschriften für Lochmuster kann die Runde, die gerade gestrickt wird, aufgrund von Abnahmen und Zunahmen nicht direkt mit der Vorrunde verglichen werden. Stricken Sie eine Runde nach der anderen, unabhängig von den darunter liegenden Maschen, so wird das Lochmuster korrekt.
Einstrickmuster	Bei Einstrickmustern sollten die langen Spannfäden alle paar Maschen verkreuzt werden. Nach jeder gestrickten Nadel sollten Sie die Maschen etwas dehnen und dabei sicherstellen, dass das Gestrick elastisch ist.
Maschenprobe	Die Maschenprobe ist für jedes Modell angegeben. Wenn Sie Ihre Maschenprobe für ein bestimmtes Garn nicht wissen, empfehle ich, ein Probestück zu stricken und die Maschen zu zählen. Wenn die Maschenzahl Ihrer Maschenprobe größer ausfällt, als in der Anleitung angegeben, werden die Socken kleiner, und umgekehrt.
Ändern der Größe	Sie können die Größe der Socken leicht ändern, indem Sie Nadeln anderer Stärke verwenden. Mit dickeren Nadeln erhalten Sie größere Socken und mit dünneren Nadeln kleinere. Einige Modelle haben fertige Anleitungen für unterschiedliche Größen oder Tipps zum Ändern der Größe.

Verwendete Garne mit Zusammensetzung und Lauflängen sowie Alternativen dazu

DÜNNE SOCKENGARNE
LL 400–420 m = 100 g,
empfohlene Nadelstärke 2,5 mm

Novita Venla (75 % Wolle, 25 % Polyamid,
LL 420 m/100 g)

Aara Mieli
Austermann Step
Drops Fabel
Kaupunkilanka Keskustori Kirjo-Pirkka
Lana Grossa
Louhittaren Luola Väinämöinen Opal 4ply
Regia 4ply
Riikka-Piikan Hip Hei
Socki Fine

MITTELDICKE SOCKENGARNE
LL 250–270 m = 100 g,
empfohlene Nadelstärke 3,0 mm

Novita Kajastus (75 % Wolle, 25 % Polyamid,
LL 280 m/100 g)
Novita Nalle (75 % Wolle, 25 % Polyamid,
LL 260 m/100 g)
Novita Woolly Wood (70 % Modal,
30 % Merinowolle, LL 225 m/100 g)
Aara Aatos
Austermann Step 6
Gjestal Maija
Kaupunkilanka Rotvalli
Louhittaren Luola Väinämöinen sport
Nordia Oona
Opal 6ply
Regia 6ply
Teetee Pallas

DICKE SOCKENGARNE
LL 200 m = 100 g, empfohlene Nadelstärke 3,5 mm

Novita 7 Veljestä (75 % Wolle, 25 % Polyamid,
LL 200 m/100 g)
Adlibris Socki
Gjestal Janne
Kaupunkilanka Kivijalka
Nordia Oiva
Sandnes Garn Perfect
Teetee Salla

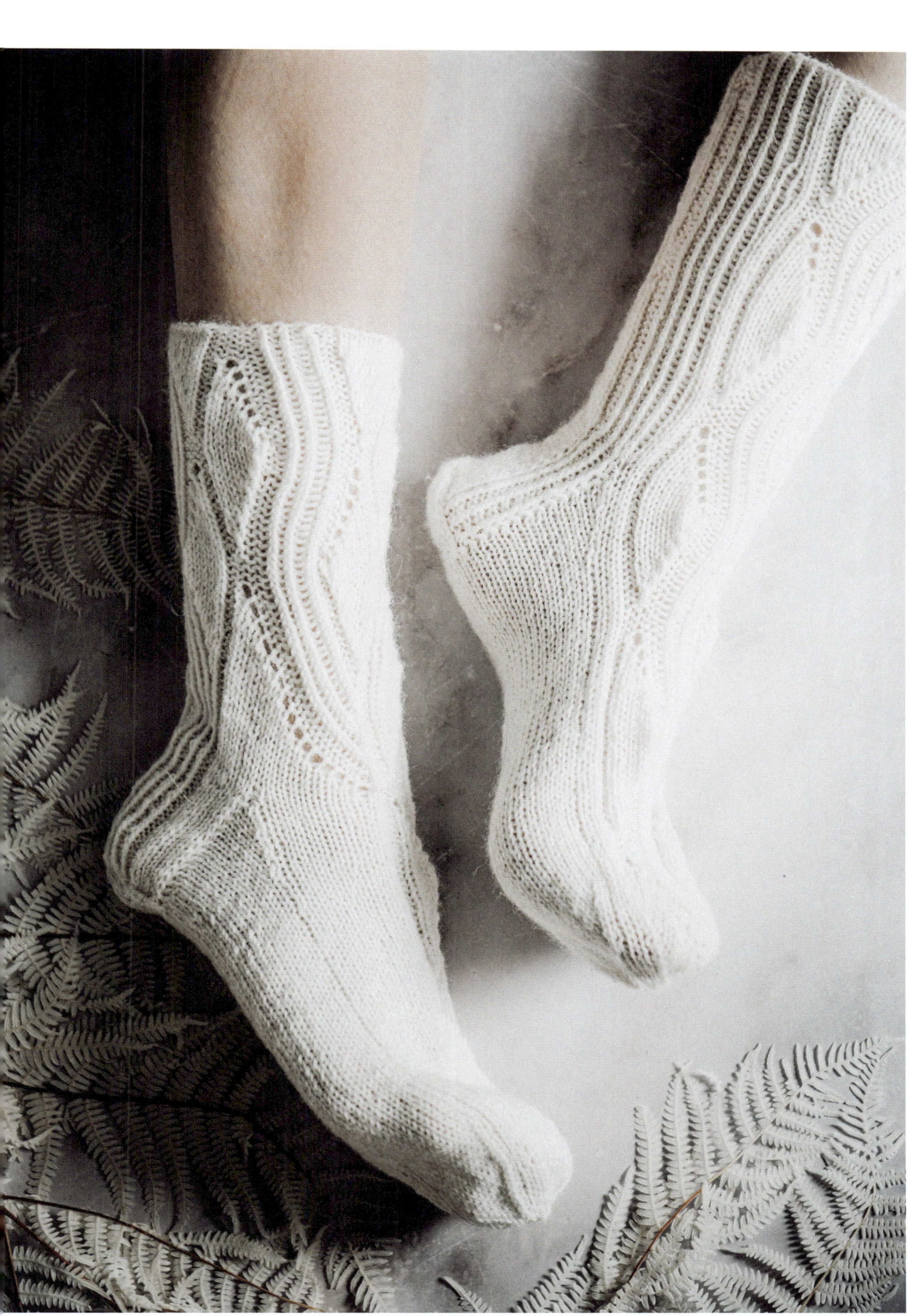

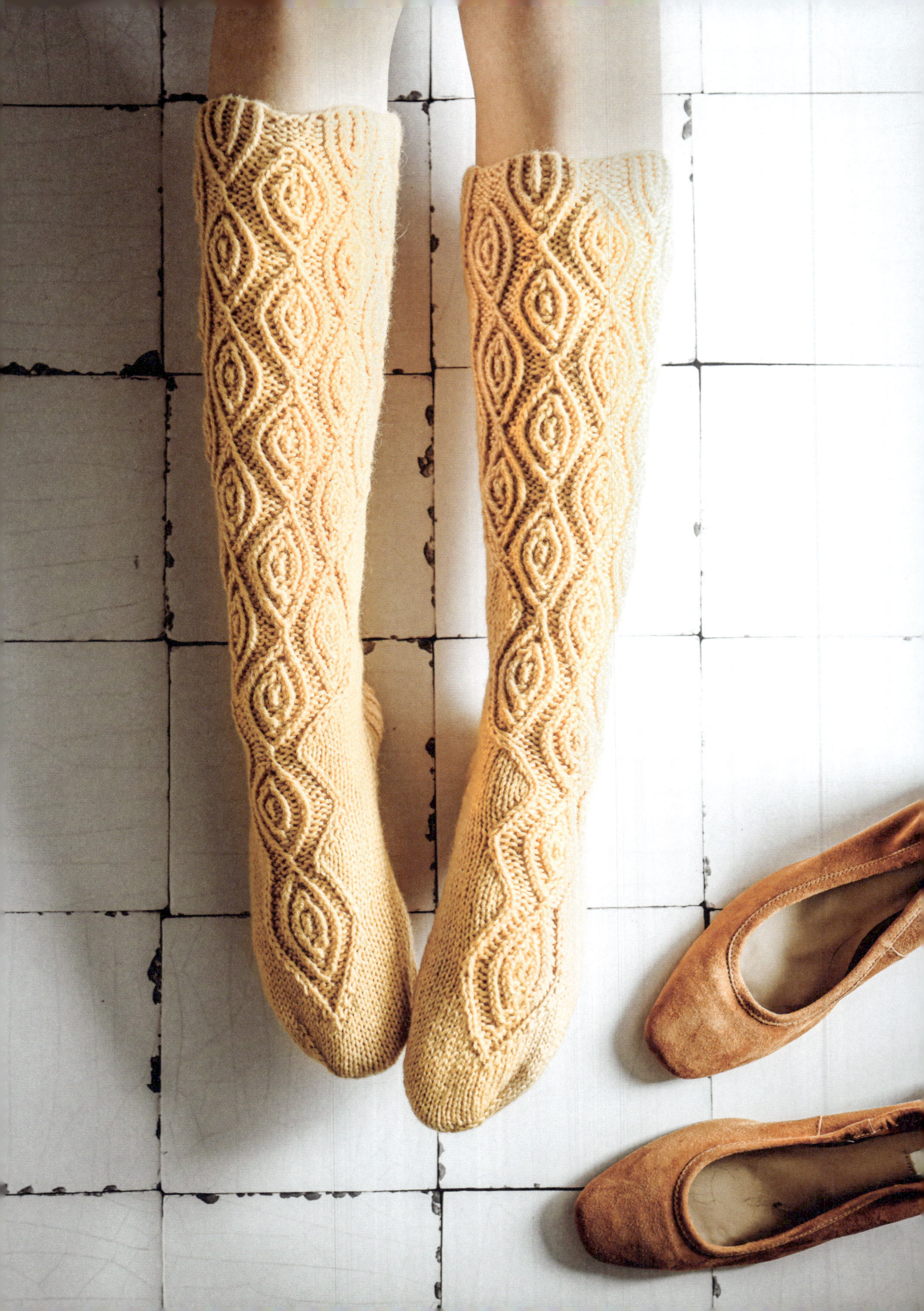

Die Lichter von Shanghai

Unsere Reise um die Welt beginnt im China der tausend Geschichten. In den Lichtern von Shanghai entdecken Sie goldglänzende Drachenschuppen, Schätze einer uralten Kultur und die rhythmische Magie des Spitzenmusters, das am Schaft dieser langen Socken entlangläuft. Das auffällige Muster kommt durch zu- und abgenommene Maschen zustande.

GRÖSSE: 38/39
WADENUMFANG: 33–38 cm
GARN: Novita 7 Veljestä Nature, Safran (Fb 285)
GARNVERBRAUCH: 170 g
NADELSPIEL: 3,5 mm, Hilfsnadel
MASCHENPROBE: 20 M und 26 Rd = 10 x 10 cm

BEVOR SIE BEGINNEN

Die Socken werden gegengleich gestrickt. Verwenden Sie für die rechte Socke die Strickschriften A1 und B1 und für die linke Socke die Strickschriften A2 und B2. Die Nadelverteilung ändert sich im Laufe der Arbeit, da die Ab- und Zunahmen zum Teil zwischen den Nadeln liegen. Auch die Maschenzahl variiert in verschiedenen Runden. Achten Sie auf die korrekte Nadelverteilung, bevor Sie mit der Ferse und den Spitzenabnahmen beginnen; ansonsten hat sie keine Bedeutung.
Wenn Sie die Socken größer stricken möchten, können Sie nach der Strickschrift B1/B2 noch 4 Rd rechts stricken, bevor Sie mit den Spitzenabnahmen beginnen. Wenn die Socken kleiner werden sollen, können Sie mit den Spitzenabnahmen beidseitig des Musters schon in Rd 40 beginnen.

SCHAFT

68 M anschlagen und auf den Nd verteilen: 22-12-12-22. Alle 93 Rd der Strickschrift A1/A2 stricken. Mit den in der Strickschrift eingezeichneten Wadenabnahmen reduziert sich die Maschenzahl auf 48 M. Vor der Ferse die M auf den Nd verteilen: 12-12-12-12.
Wenn Sie einen etwas breiteren Knöchel wünschen, können Sie die letzten Abnahmen weglassen und die 2 überzähligen M in der 1. R für die Fersenwand abnehmen.

FERSE

Mit der verstärkten Fersenwand beginnen, dazu die M der 1. Nd auf die 4. Nd stricken (insg. 24 M). Die restlichen M stilllegen.

Die Arbeit wenden, die 1. M li abheben, ohne sie zu stricken, die übrigen M li stricken.

1. R (Hin-R): Die Arbeit wenden, *1 M abheben, ohne sie zu stricken, 1 M re, ab * bis R-Ende wiederholen.

2. R (Rück-R): Die Arbeit wenden, 1 M li abheben, ohne sie zu stricken, die übrigen M li stricken.

Diese zwei R wiederholen, bis für die Fersenwand 24 R gestrickt sind und zuletzt eine Rück-R gestrickt wurde.
Die Käppchenabnahmen in der nächsten Hin-R beginnen und weiterhin verstärkt stricken, bis noch 9 M auf der Nd sind. 1 ssk oder Übz stricken und die Arbeit wenden. Auf der anderen Nd sind 7 M. 1 M li abheben, ohne sie zu stricken, und li stricken, bis 9 M übrig sind. 2 M li zusstr und die Arbeit wenden. 1 M re abheben, ohne sie zu stricken, und verstärkt stricken, bis 8 M übrig sind. 1 ssk oder Übz stricken und die Arbeit wenden. 1 M li abheben, ohne sie zu stricken, und li stricken, bis 8 M übrig sind. 2 M li zusstr und die Arbeit wenden. So fortfahren, dabei werden die äußeren M in jeder R reduziert, die mittleren M bleiben gleich (8 M).
Wenn die äußeren M aufgebraucht sind, die M der Fersenwand auf 2 Nd verteilen (4-4). 4 M re stricken, sodass der Faden in der Fersenmitte zwischen der 1. und 4. Nd liegt.

FUSSTEIL

Aus dem linken Fersenrand mit der freien Nd 14 M auffassen und die 4 M auf der 1. Nd stricken, danach die aufgefassten 14 M re verschränkt stricken. Mit der 2. und 3. Nd das Muster laut Strickschrift B1/B2 stricken, dabei mit der 1. Rd beginnen. Aus dem rechten Fersenrand 14 M auffassen und re verschränkt stricken, auf dieselbe Nd noch die 4 M der 4. Nd stricken. Die Arbeit hat jetzt 60 M.

Mit den Zwickelabnahmen beginnen: Am Ende der 1. Nd 2 M re zusstr, am Anfang der 4. Nd in jeder 2. Rd 1 ssk oder Übz stricken. Mit der 2. und 3. Nd weiter im Muster laut Strickschrift B1/B2 stricken. Mit den Zwickelabnahmen fortfahren, bis noch 48 M (12-12-12-12) übrig sind. Mit der 1. und 4. Nd re und mit der 2. und 3. Nd im Muster stricken.

Wenn ab dem Fersenrand alle 44 Rd der Strickschrift B1/B2 gestrickt sind, eine breite Bandspitze arbeiten.

Die Abnahmen zunächst in jeder 2. Rd stricken, bis 9 M pro Nd übrig sind. Danach in jeder Rd abnehmen.

1. und 3. Nd: re stricken, bis noch 3 M übrig sind; 2 M re zusstr, 1 M re.

2. und 4. Nadel: 1 M re, 1 ssk, die restlichen M re stricken.

Wenn 8 M übrig sind, den Faden abschneiden und durch die M ziehen.
Die Fadenenden vernähen und die Socken leicht dämpfen.

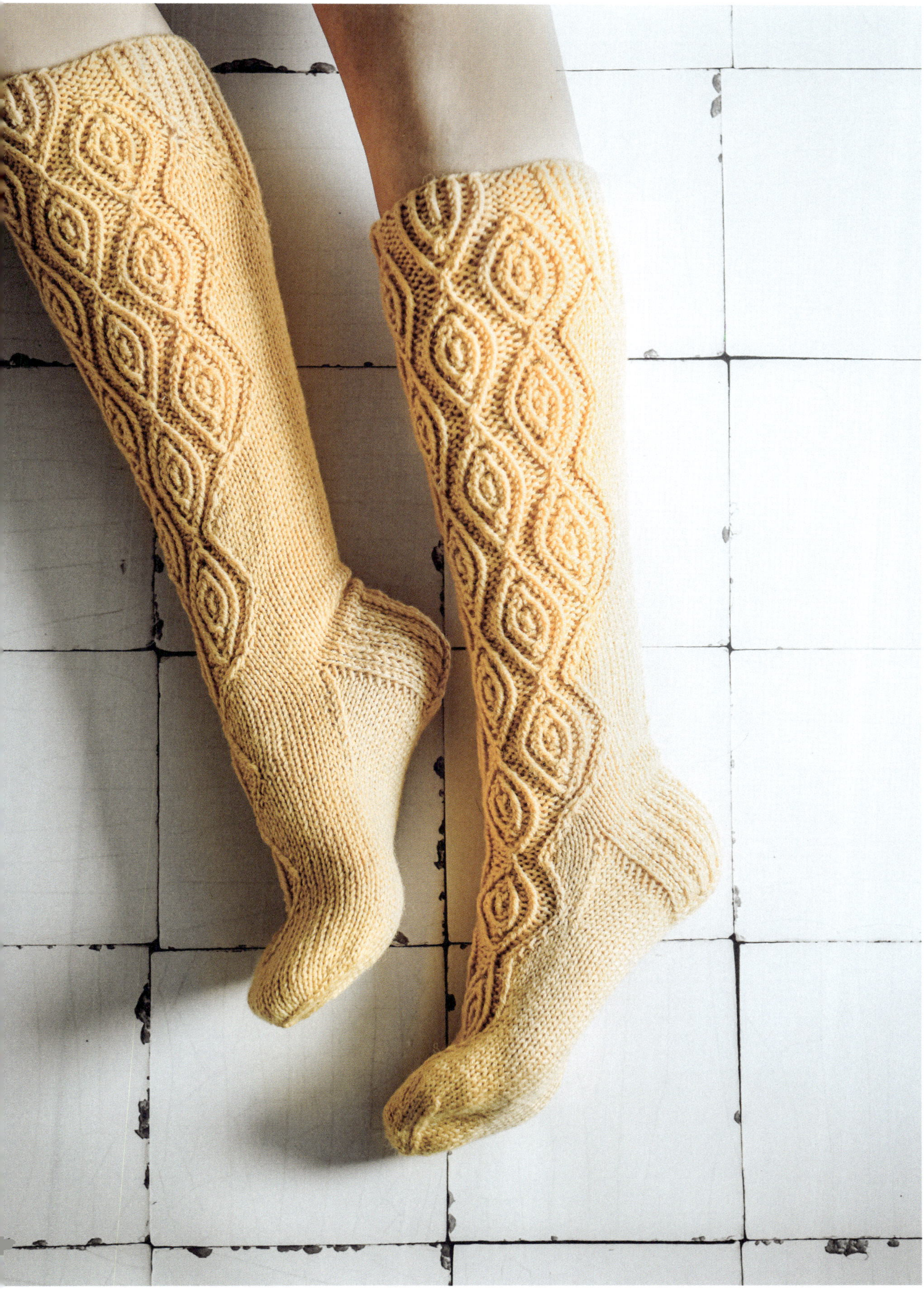

STRICKSCHRIFT A1, RECHTE SOCKE

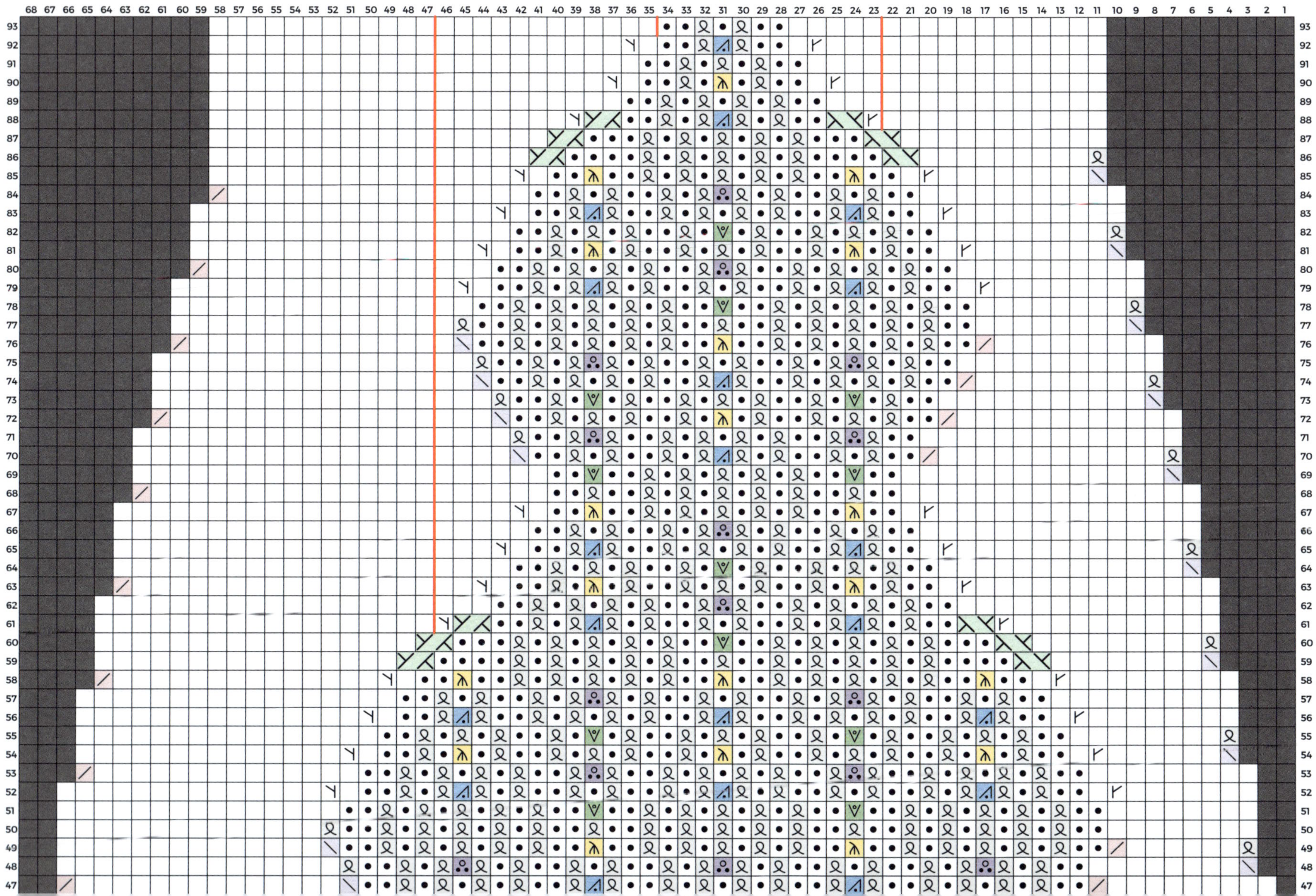

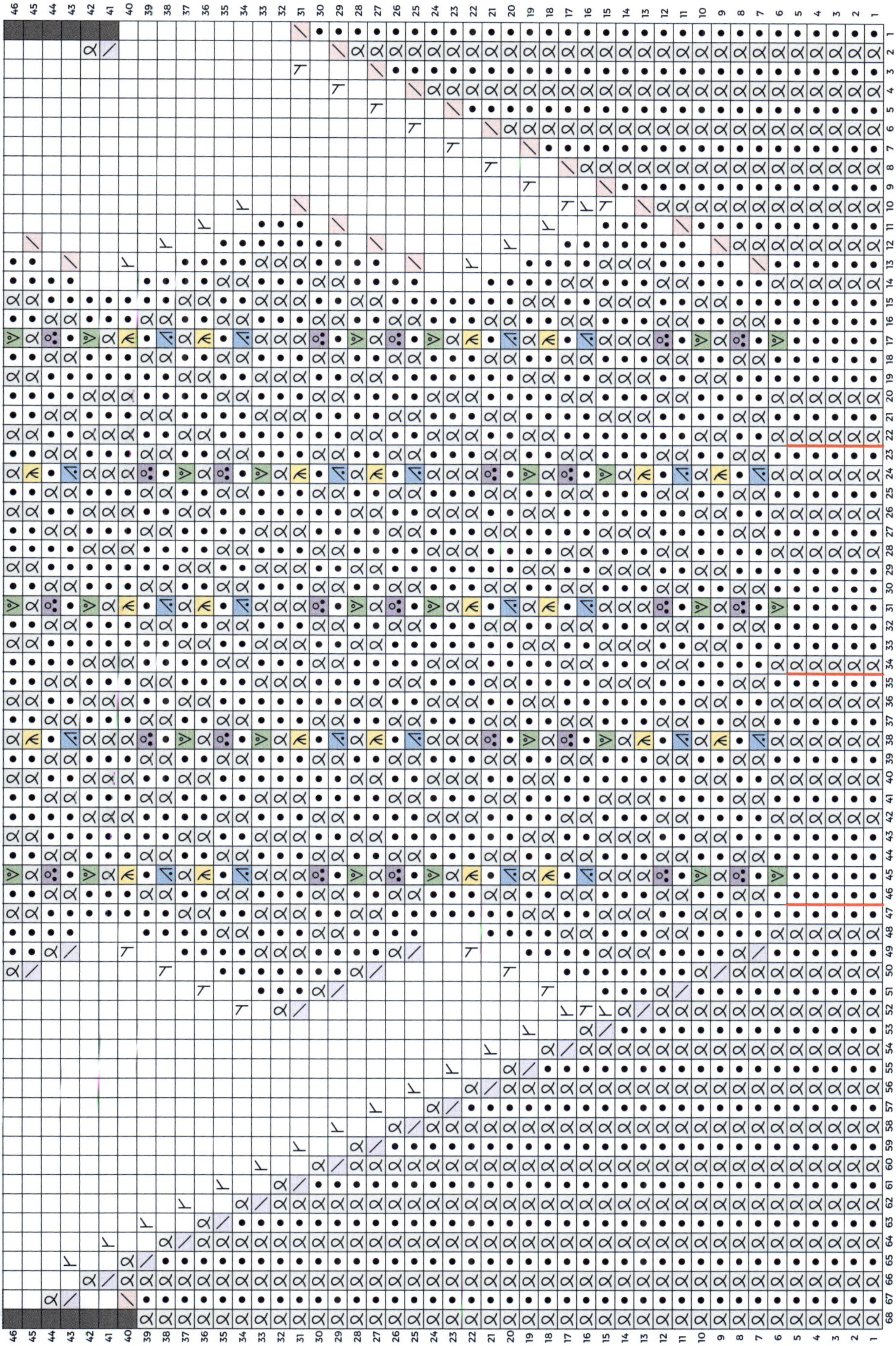

STRICKSCHRIFT A2, LINKE SOCKE

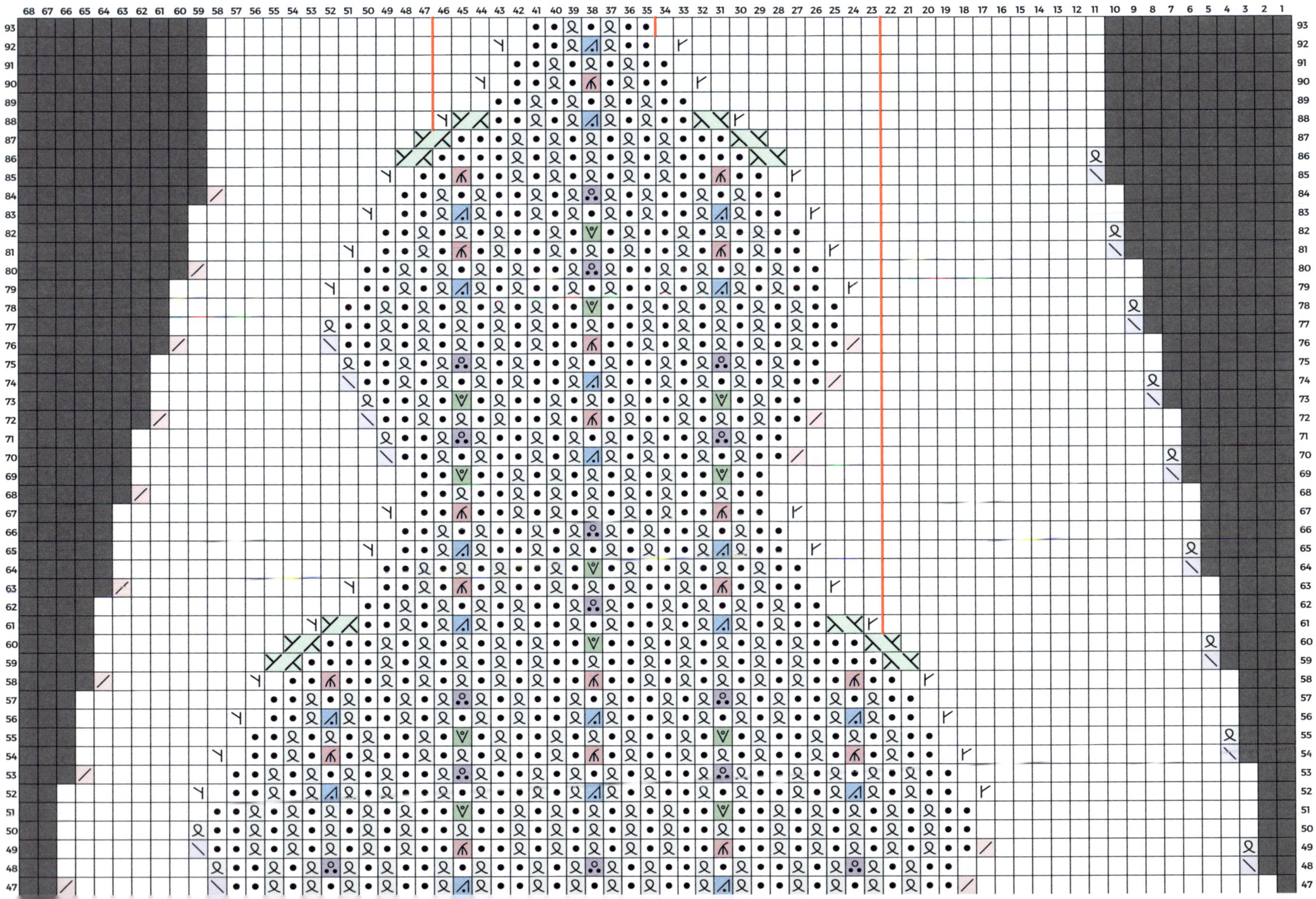

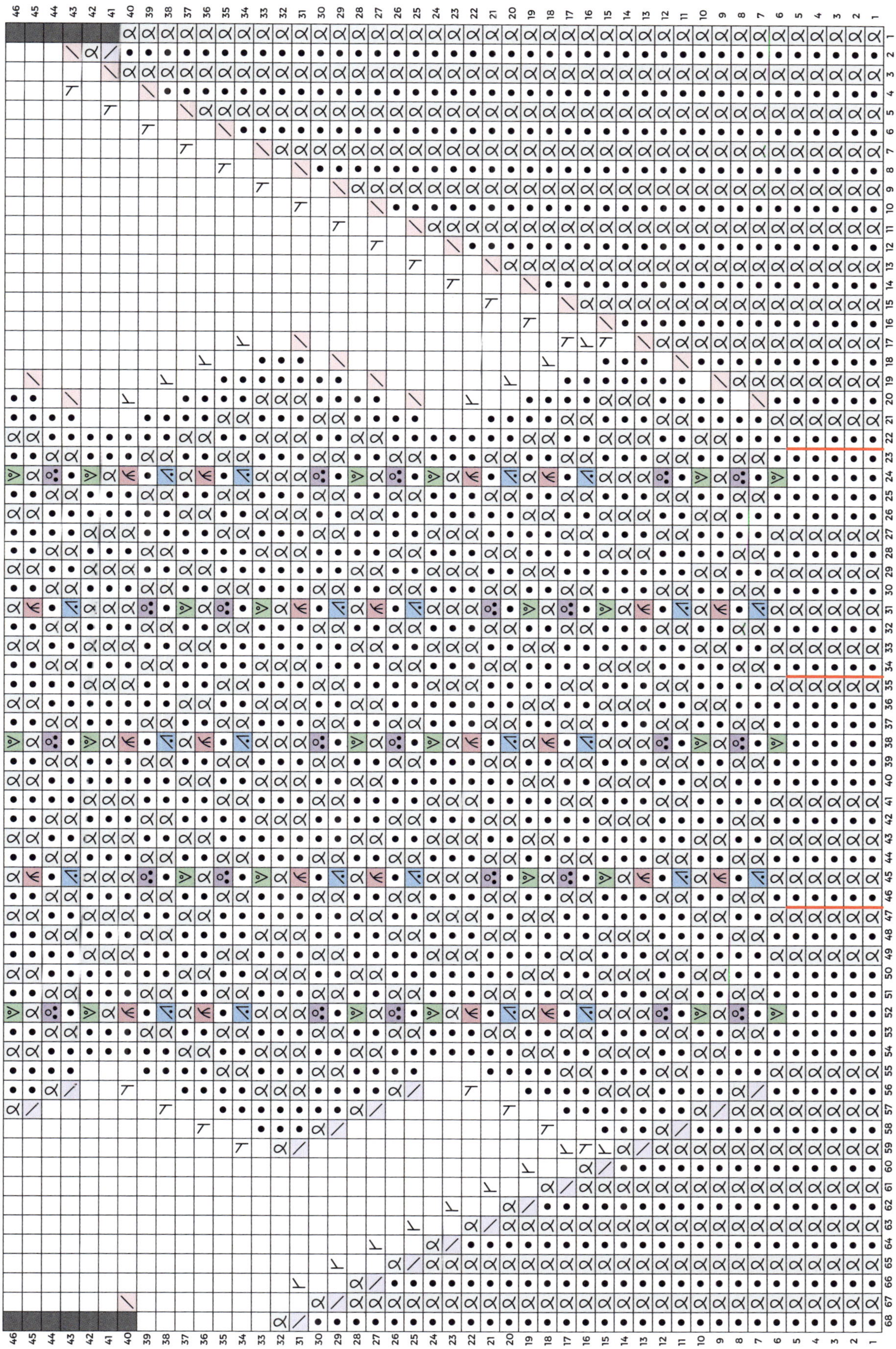

STRICKSCHRIFT B1, RECHTE SOCKE

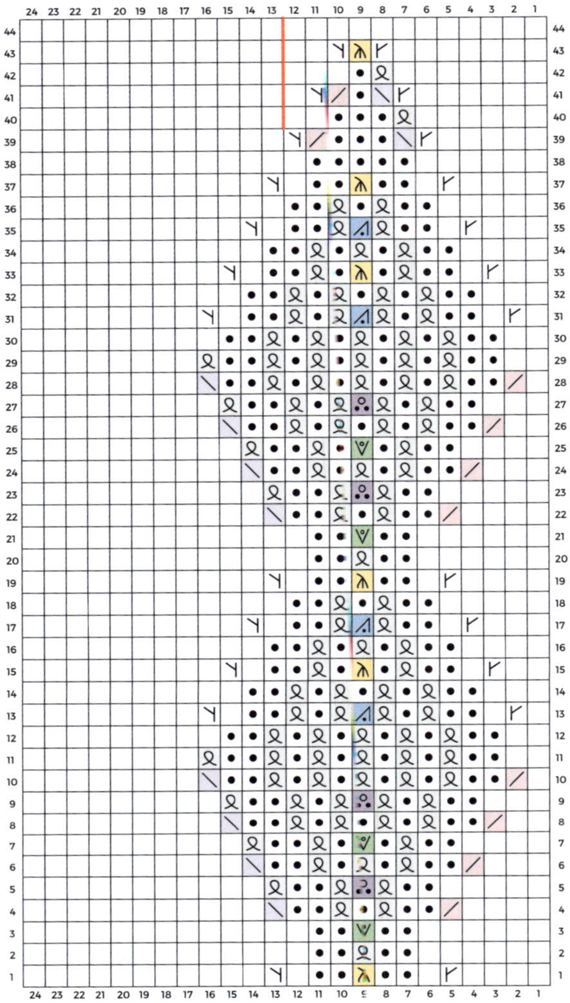

STRICKSCHRIFT B2, LINKE SOCKE

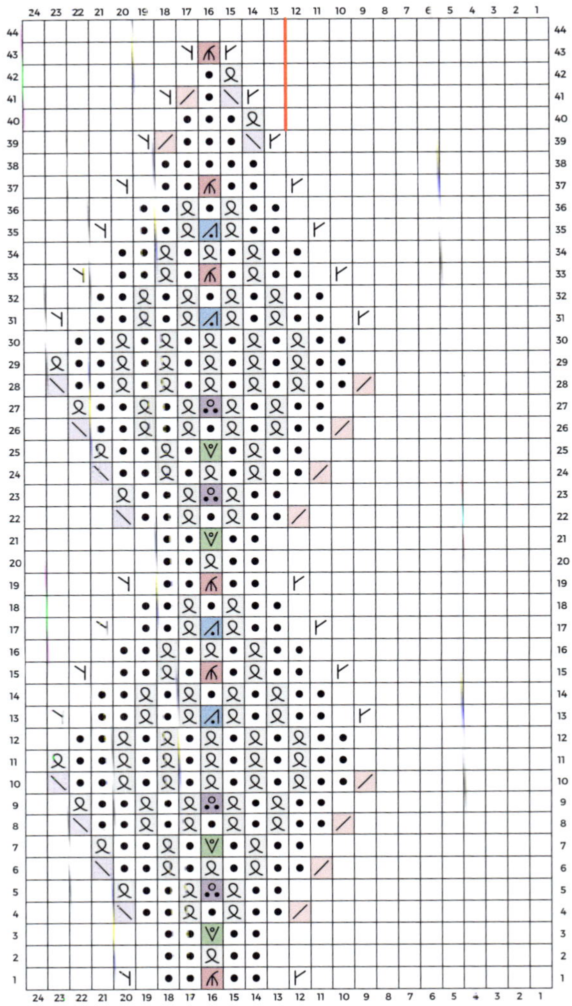

- 1 M rechts
- 1 M rechts verschränkt
- 1 M links
- ssk: 2 M nacheinander wie zum Rechtsstricken abheben, zurück auf die linke Nd legen und von hinten zusstr
- 2 M re zusstr
- 1 M re abheben, 2 M re zusstr, die abgehobene M über die gestrickten M ziehen
- 2 M re verschränkt zusstr, die abgenommene M zurück auf die li Nd heben und die nächste M von links nach rechts über die abgenommene M ziehen
- 3 M li zusstr
- 2 M zunehmen: 1 M re verschr stricken, dabei die M nicht von der Nd gleiten lassen, 1 Umschlag und dieselbe M re verschr stricken und auf die rechte Nd gleiten lassen
- 2 M zunehmen: 1 M li verschr stricken, dabei die M nicht von der Nd gleiten lassen, 1 Umschlag und dieselbe M li verschr stricken und auf die rechte Nd gleiten lassen
- 1 M li zunehmen (den Querfaden zwischen 2 M aufnehmen und li verschr abstricken, damit kein Loch entsteht)
- 1 M zunehmen: den Querfaden zwischen 2 M aufnehmen (der Faden verläuft von hinten über die Nd nach vorn) und von vorn re abstricken, damit sich die M verschränkt
- 1 M zunehmen: den Querfaden zwischen 2 M aufnehmen (der Faden verläuft von vorn über die Nd nach hinten) und von hinten re abstricken, damit sich die M verschränkt
- 1 M auf eine Hilfsnadel vor die Arbeit legen, 1 M re, die M der Hilfsnadel re
- 1 M auf eine Hilfsnadel hinter die Arbeit legen, 1 M re, die M der Hilfsnadel re
- keine Masche
- Nadelverteilung

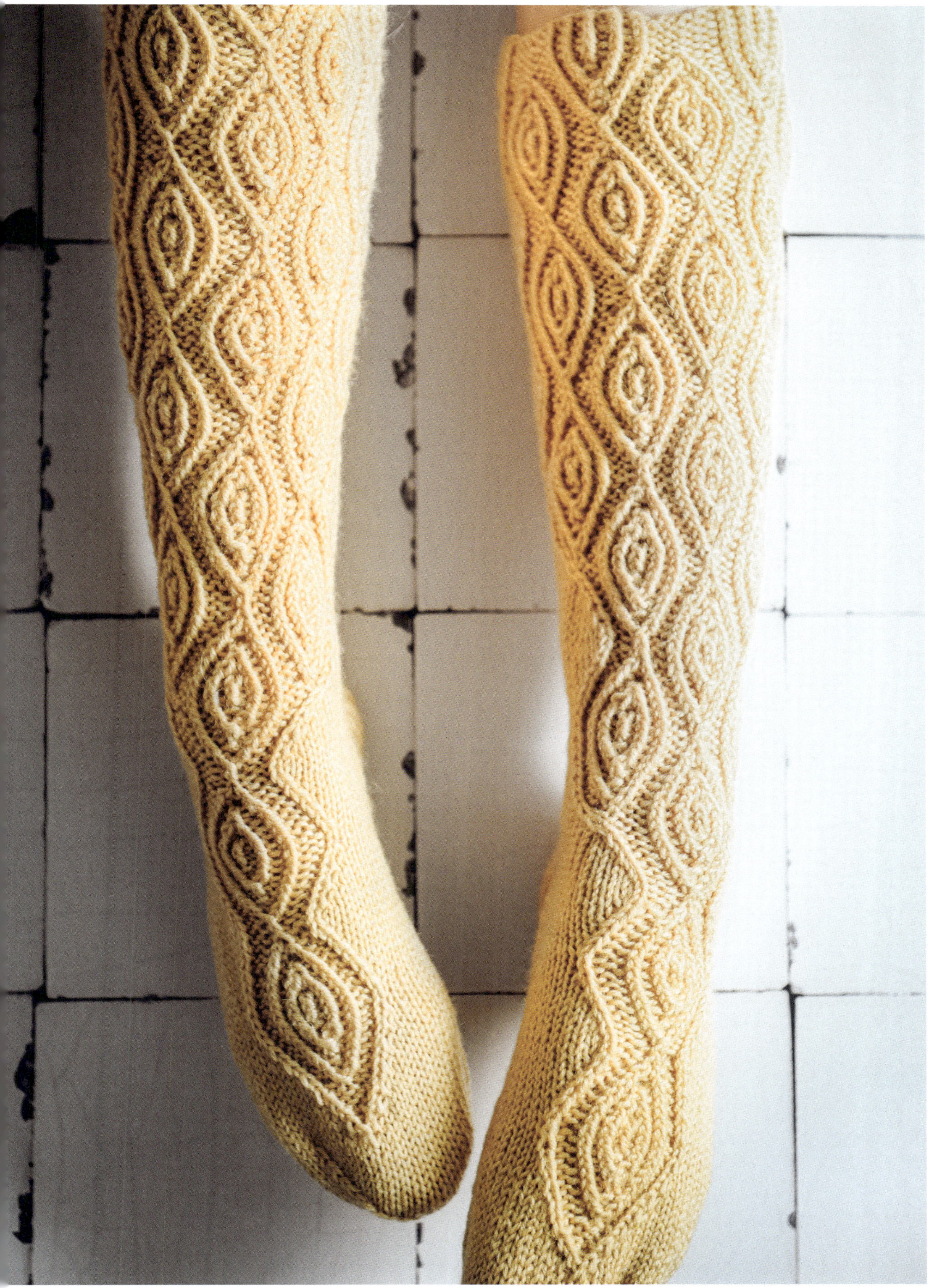

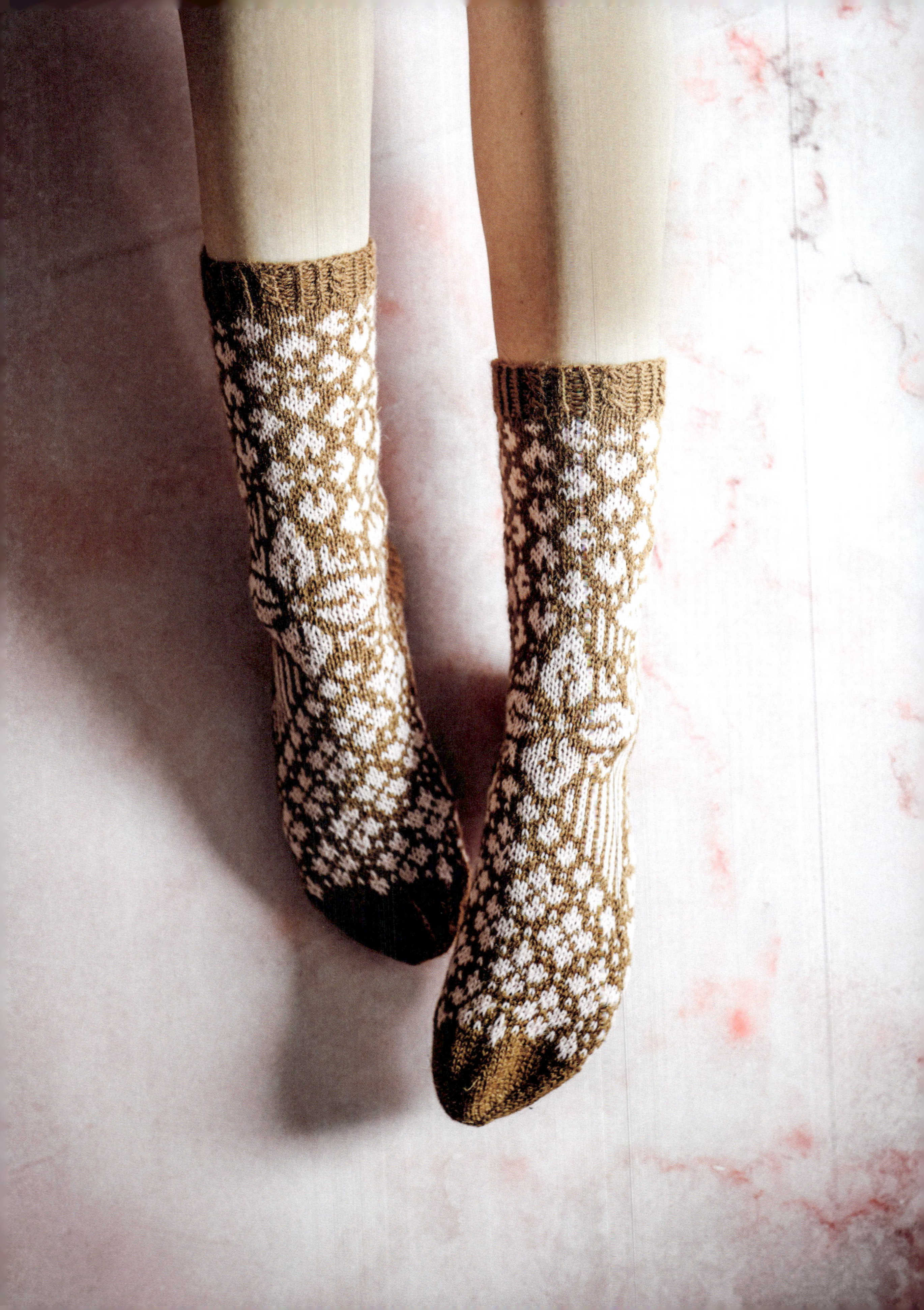

Hanami

In Japan gibt es ein beliebtes Volksfest, Hanami genannt, was „Blüten betrachten" bedeutet. Wie wunderbar ist es doch, bei einem Picknick unter den in voller Blüte stehenden Kirschbäumen im Gras zu sitzen, mit Freunden zu plaudern und bezaubernde Momente zu genießen. In den Hanami-Socken finden sich süße Kirschblüten in vielen Formen. Mit dünnem Garn gestrickt eignen sich die Socken auch zum Tragen in Schuhen.

GRÖSSE: 39

GARN UND GARNVERBRAUCH: Grundfarbe Novita Venla, 55 g Hafer (Fb 658), Musterfarbe Novita Venla, 30 g Apfelblüte (Fb 505)

NADELSPIEL: 2,5 mm, Hilfsnadel für das Zopfmuster

MASCHENPROBE: 30 M und 33 Rd = 10 cm x 10 cm

BEVOR SIE BEGINNEN

Die Strickschriften werden von unten nach oben und von rechts nach links gelesen. In der Grundfarbe werden auch das Bündchen, die Ferse und die Spitze gestrickt. Die Socken werden gegengleich gearbeitet: die rechte Socke laut Strickschrift A1 und B1, die linke Socke laut Strickschrift A2 und B2.

SCHAFT

64 M in der Grundfarbe anschlagen und die M auf den Nd verteilen: 16-16-16-16.

Das Bündchen im Zopfmuster laut Strickschrift A1/A2 beginnen und die Rd 1–10 stricken.

Nach dem Bündchen das Einstrickmuster ab Rd 11 arbeiten, gleichzeitig 3 M zunehmen und die M auf den Nd verteilen: für die rechte Socke 17-16-16-18, für die linke Socke 18-16-16-17 (die Arbeit hat jetzt 67 M). Den Schaft laut Strickschrift stricken (62 Rd).

FERSE

Mit der verstärkten Fersenwand in der Grundfarbe beginnen, dazu die M der 1. Nd auf die 4. Nd stricken (insg. 35 M). Die restlichen M bleiben ungestrickt. Die Arbeit wenden. Die 1. M li abheben, ohne sie zu stricken, die übrigen M li stricken, dabei 3 M abnehmen. Die Fersenwand hat jetzt 32 M.

1. R (Hin-R): Die Arbeit wenden, *1 M abheben, ohne sie zu stricken, 1 M re, ab * bis R-Ende wiederholen.

2. R (Rück-R): Die Arbeit wenden, 1 M li abheben, ohne sie zu stricken, die übrigen M li stricken.

Diese zwei R wiederholen, bis für die Fersenwand 32 R gestrickt sind und zuletzt eine Rück-R gestrickt wurde.

Die Käppchenabnahmen in der nächsten Hin-R beginnen und weiterhin verstärkt stricken, bis noch 11 M auf der Nd sind. 1 ssk oder Übz stricken und die Arbeit wenden. Auf der anderen Nd sind 9 M. 1 M li abheben, ohne sie zu stricken, und li stricken, bis 11 M übrig sind. 2 M li zusstr und die Arbeit wenden. 1 M abheben, ohne sie zu stricken, und verstärkt stricken, bis 10 M übrig sind. 1 ssk oder Übz stricken und die Arbeit wenden. 1 M li abheben, ohne sie zu stricken, und li stricken, bis 10 M übrig sind. 2 M li zusstr und die Arbeit wenden. So fortfahren, dabei werden die äußeren M in jeder R reduziert, die mittleren M bleiben gleich (12 M).

Wenn die äußeren M aufgebraucht sind, die M der Fersenwand auf 2 Nd verteilen (6-6). 6 M re stricken, sodass der Faden in der Fersenmitte zwischen der 1. und 4. Nd liegt.

FUSSTEIL

Aus dem Fersenrand mit der 1. Nd 18 M auffassen, mit der 4. Nd aus dem anderen Fersenrand ebenfalls 18 M auffassen. Die Arbeit hat jetzt 80 M. Mit dem Einstrickmuster laut Strickschrift B1/B2 mit der 1. Rd beginnen. Die aus dem Fersenrand aufgefassten M re verschränkt stricken.

Für die Zwickelabnahmen in den in der Strickschrift B angegebenen Rd (2, 4, 6, 8, 10, 12, 14 und 16) am Ende der 1. Nd 2 M re zusstr, am Anfang der 4. Nd 1 ssk oder Übz stricken. Die grau markierten Karos stellen keine Maschen dar. Nach den Zwickelabnahmen sind 64 M übrig (16-16-16-16). Das Einstrickmuster weiter laut Strickschrift arbeiten.

Wenn alle 46 Rd laut Strickschrift B gestrickt sind, eine breite Bandspitze in der Grundfarbe arbeiten:

– Am Ende der 1. und 3. Nd 2 M re zusstr, 1 M re.

– Am Anfang der 2. und 4. Nd 1 M re, und 1 ssk oder Übz stricken.

Die Abnahmen zunächst in jeder 2. Rd stricken. Wenn noch 11 M pro Nd (insg. 44 M) übrig sind, die Abnahmen in jeder Rd stricken.

Wenn insg. noch 8 M übrig sind, den Faden abschneiden und durch die M ziehen.

Die Fadenenden vernähen und die Socken leicht dämpfen.

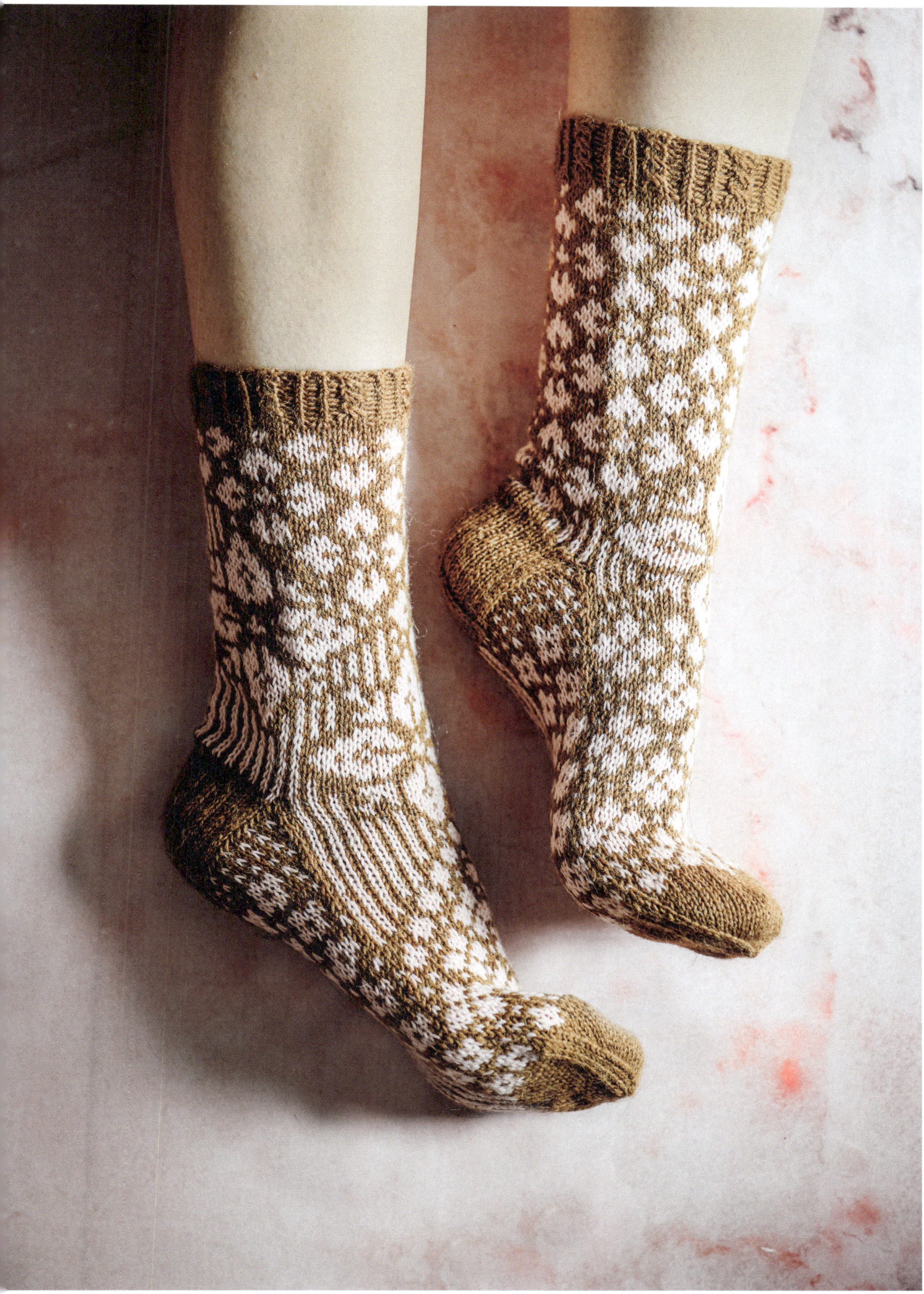

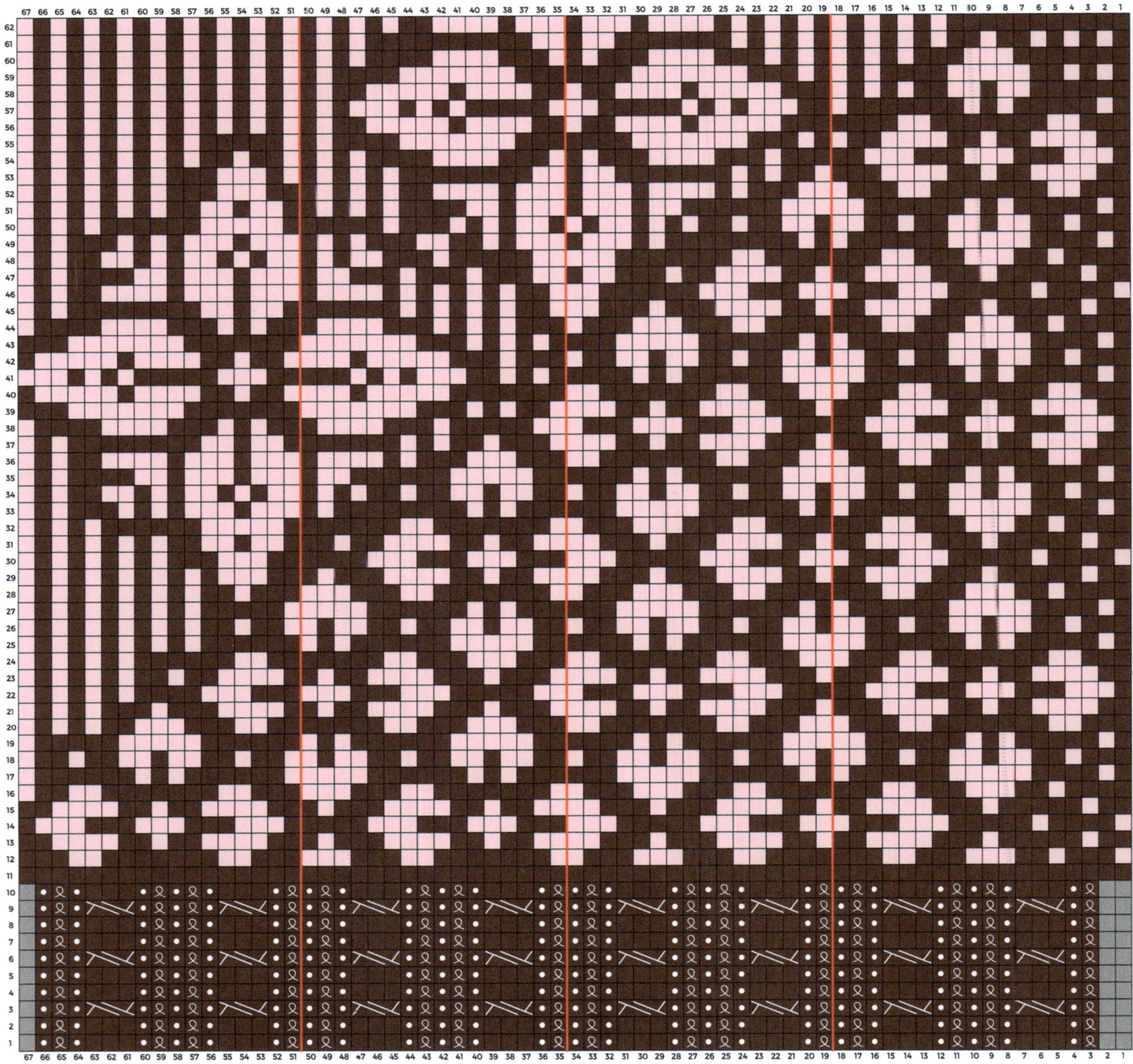

- 1 M rechts (Grundfarbe)
- 1 M rechts (Musterfarbe)
- 1 M rechts verschränkt (Grundfarbe)
- 1 M links (Grundfarbe)
- 1 M auf eine Hilfsnadel vor die Arbeit legen, 2 M re, die M der Hilfsnadel re (Grundfarbe)
- 2 M re zusstr (Grundfarbe)
- 2 M nacheinander wie zum Rechtsstricken abheben, zurück auf die linke Nd legen und von hinten zusstr (Grundfarbe)
- keine Masche
- Nadelverteilung

STRICKSCHRIFT A1, RECHTE SOCKE

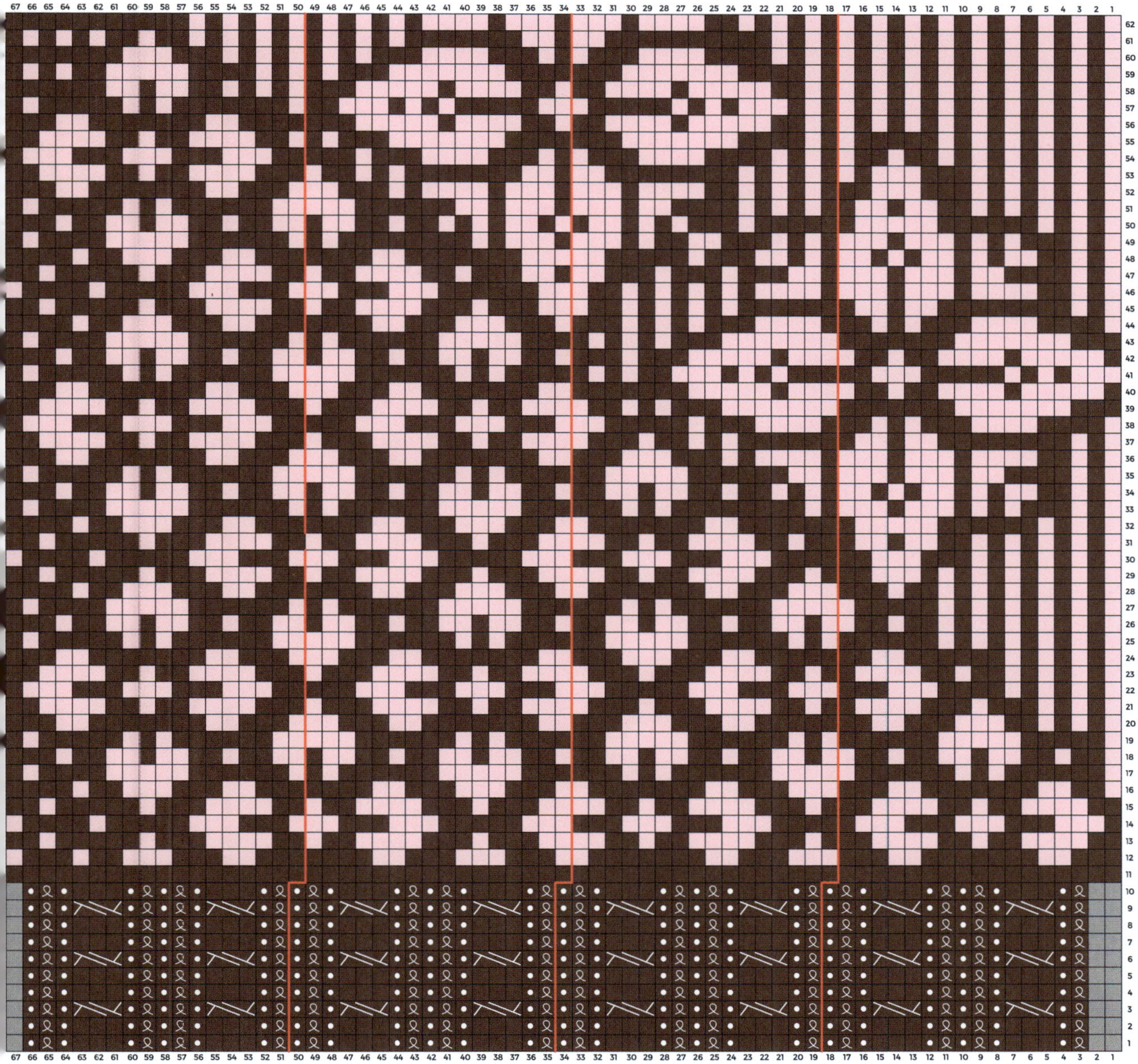

- 1 M rechts (Grundfarbe)
- 1 M rechts (Musterfarbe)
- 1 M rechts verschränkt (Grundfarbe)
- 1 M links (Grundfarbe)
- 1 M auf eine Hilfsnadel vor die Arbeit legen, 2 M re, die M der Hilfsnadel re (Grundfarbe)
- 2 M re zusstr (Grundfarbe)
- 2 M nacheinander wie zum Rechtsstricken abheben, zurück auf die linke Nd legen und von hinten zusstr (Grundfarbe)
- keine Masche
- Nadelverteilung

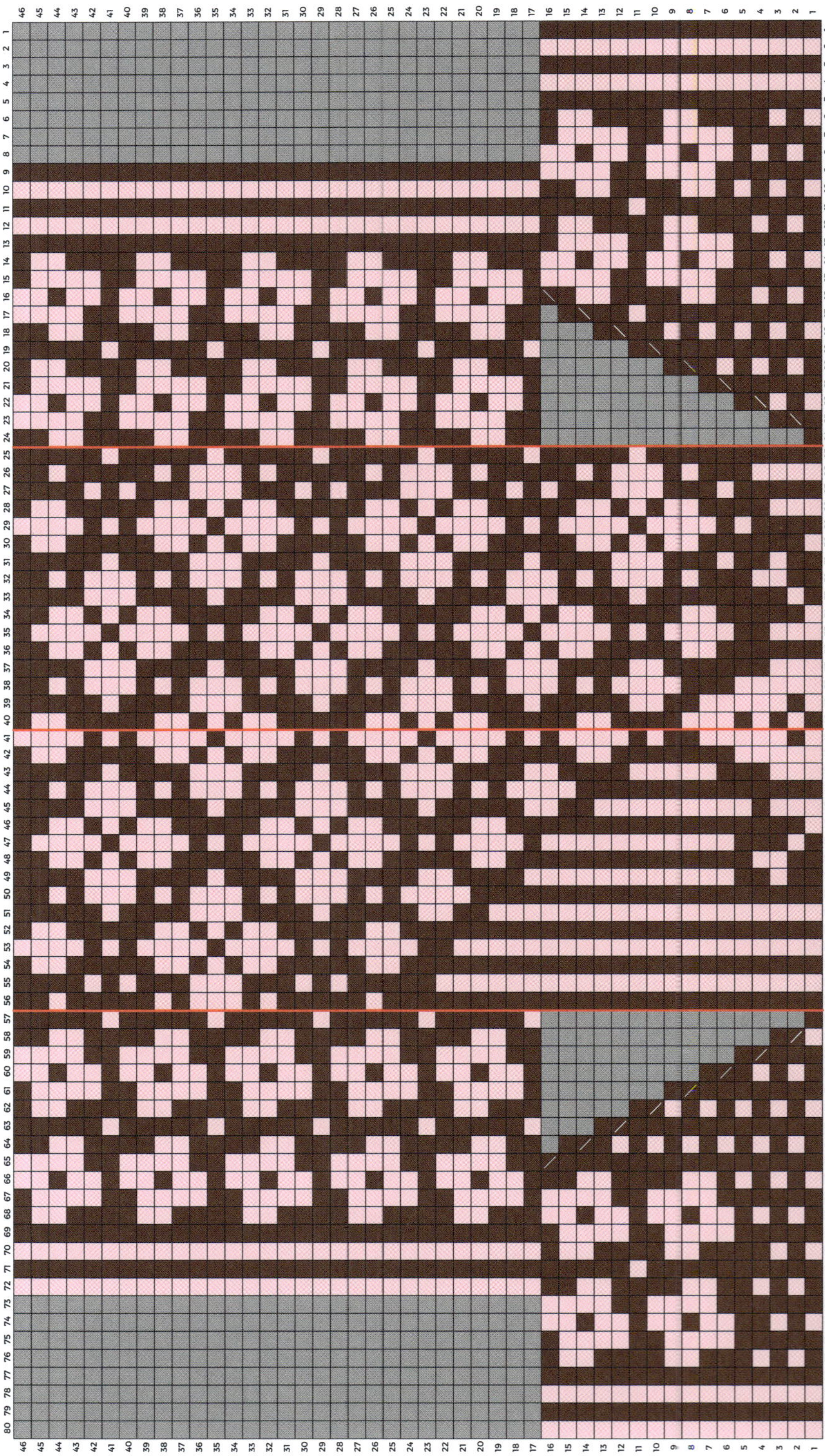

STRICKSCHRIFT B2, LINKE SOCKE

STRICKSCHRIFT B1, RECHTE SOCKE

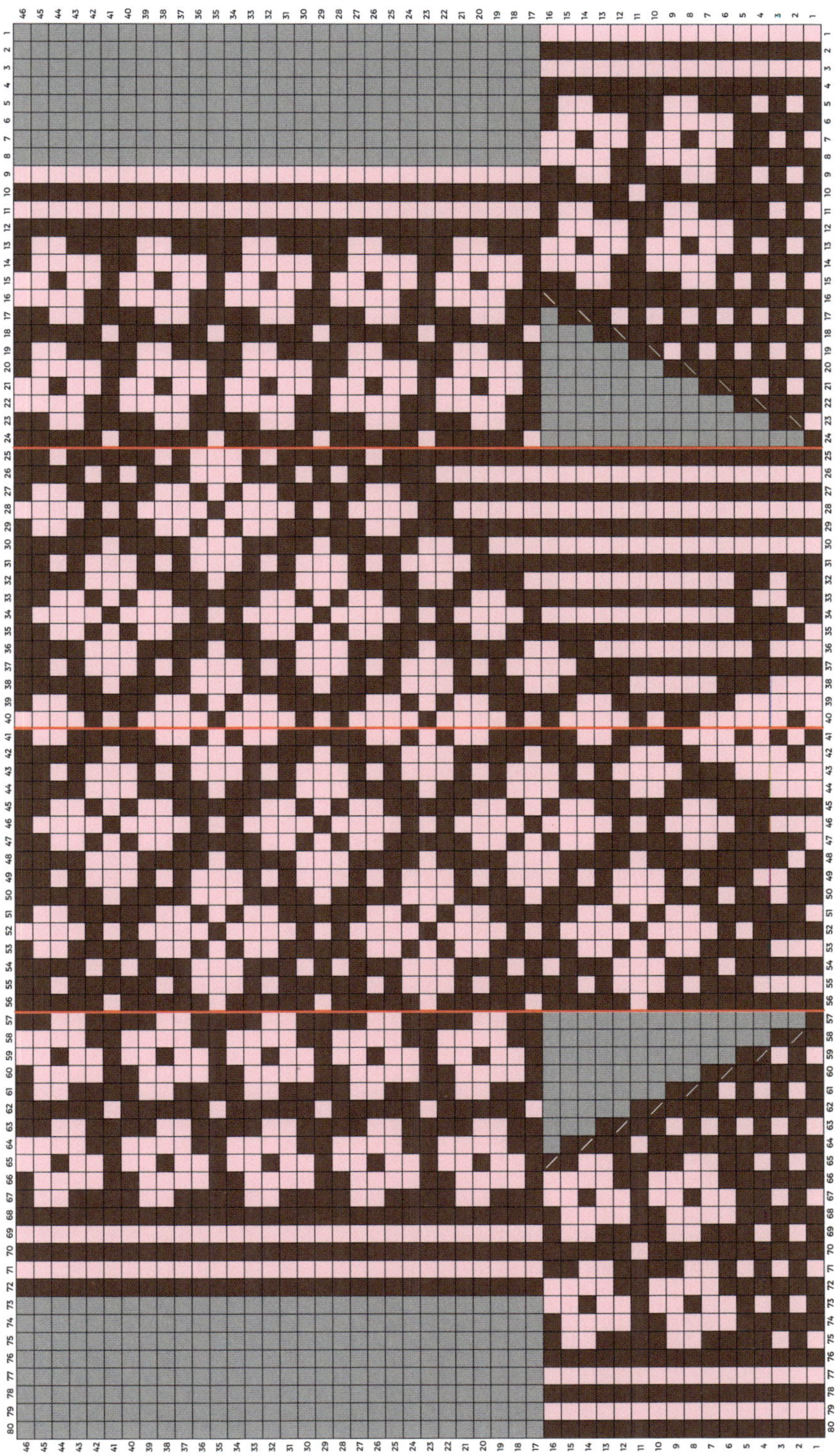

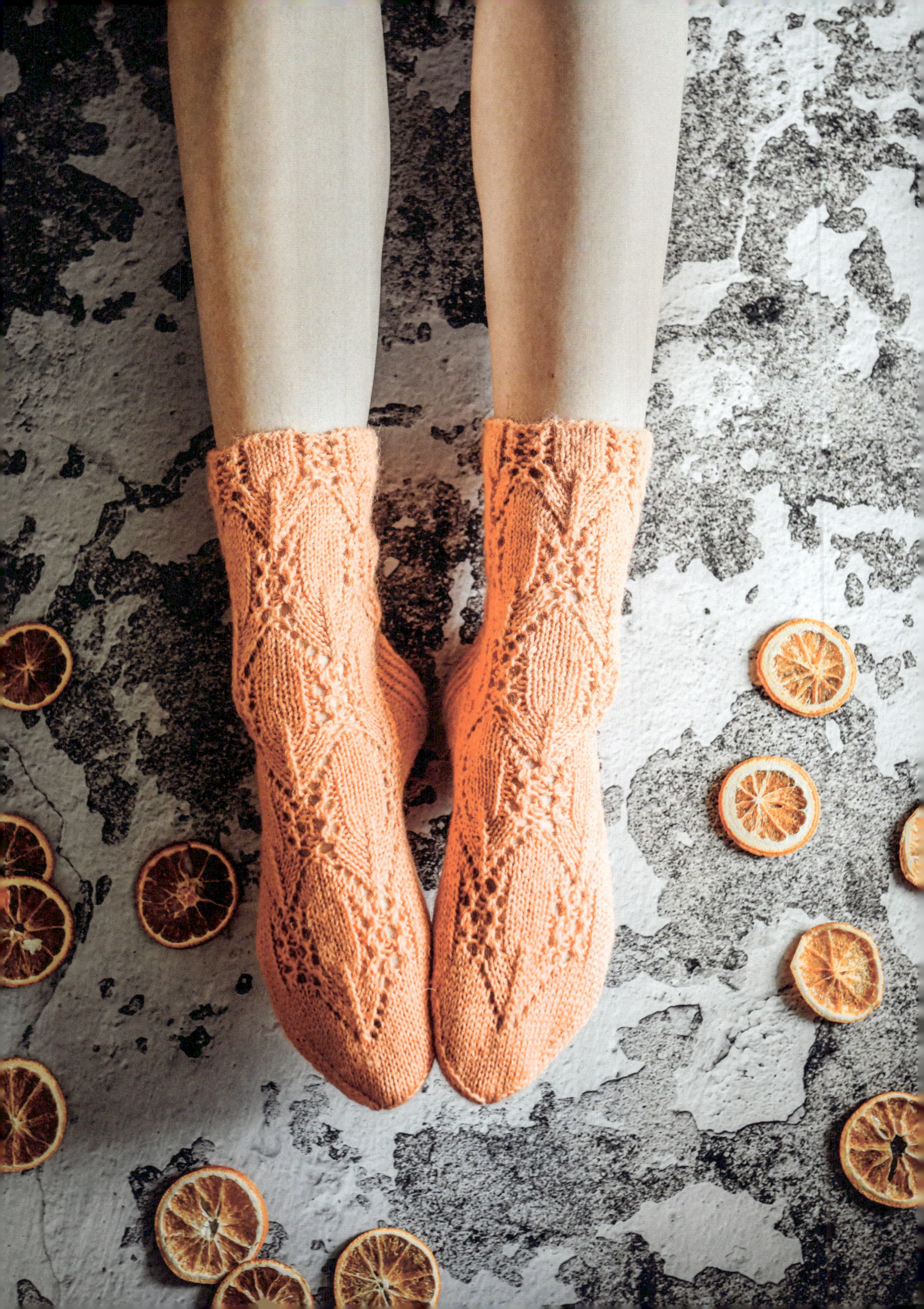

Taj Mahal

Das imposante und pulsierende Taj Mahal erzählt eine jahrhundertealte, unvergessliche Liebesgeschichte. Durch die umwerfend schönen Parks, vorbei an den plätschernden Springbrunnen, dem langen Wasserbecken folgend, führt Sie der Weg in den Innenraum des weißen Mausoleums. Die Erinnerung an die Muster der Mosaikwände und Marmordekorationen spiegelt sich in den Socken wider.

GRÖSSE: 37/39
GARN: Novita Nalle, Morgenrot (Fb 274)
GARNVERBRAUCH: 90 g
NADELSPIEL: 3,0 mm
MASCHENPROBE: 23 M und 29 Rd = 10 cm x 10 cm

BEVOR SIE BEGINNEN

Die Nadelverteilung ändert sich im Laufe der Arbeit, da die Ab- und Zunahmen zum Teil zwischen den Nadeln liegen. Achten Sie darauf, dass die Gesamtzahl der Maschen stimmt und die Nadelverteilung korrekt ist, bevor Sie mit der Ferse und den Spitzenabnahmen beginnen. Die Anleitung gilt für zwei Größen.
Beide Größen werden bis zur Strickschrift C1/C2 nach derselben Anleitung gestrickt, danach gibt es für jede Größe eine separate Anleitung. Der Schaft gilt für beide Größen, danach sind die Abweichungen für Größe 39 blau markiert. Die in der Anleitung verwendete Abkürzung verschr gibt an, dass die M im hinteren Maschenglied (= verschränkt) abgestrickt werden sollen.

SCHAFT

56 M anschlagen und auf den Nd verteilen: 14-14-13-15. Den Schaft laut Strickschrift A stricken (Rd 1–51). In der 31. Rd werden 2 M abgenommen. Die M auf den Nd verteilen: 13-14-13-14.

FERSE

Für die Fersenwand die M der 1. Nd auf die 4. Nd stricken:

*1 M re verschr, 1 M li, ab * wiederholen, bis noch 1 M übrig ist, 1 M re (insg. 27 M).

Die restlichen M bleiben ungestrickt. Die Arbeit wenden. Die 1. M li abheben, ohne sie zu stricken, die übrigen M wie folgt stricken:

*1 M re, 1 M li verschr, ab * wiederholen, bis noch 2 M übrig sind, 1 M re, 1 M li.

Verstärkt stricken:

1. R (Hin-R): Die Arbeit wenden, 1 M re abheben, ohne sie zu stricken, *1 M li, 1 M re verschr, ab * wiederholen, bis noch 2 M übrig sind, 1 M li, 1 M re.

2. R (Rück-R): Die Arbeit wenden, 1 M li abheben, ohne sie zu stricken, *1 M re, 1 M li abheben, ohne sie zu stricken (= der Faden liegt vor der Arbeit), ab * wiederholen, bis noch 2 M übrig sind, 1 M re, 1 M li.

Diese zwei R wiederholen, bis für die verstärkte Fersenwand 26/28 R gestrickt sind und zuletzt eine Rück-R gestrickt wurde.

Die Käppchenabnahmen in der nächsten Hin-R beginnen und weiterhin verstärkt stricken, bis noch 9 M auf der Nd sind. 1 ssk oder Übz stricken und die Arbeit wenden. Auf der anderen Nd sind 7 M. 1 M li abheben, ohne sie zu stricken, und verstärkt stricken, bis 9 M übrig sind. 2 M li zusstr und die Arbeit wenden. 1 M abheben, ohne sie zu stricken, und verstärkt stricken, bis 8 M übrig sind. 1 ssk oder Übz stricken und die Arbeit wenden. 1 M li abheben, ohne sie zu stricken, und verstärkt stricken, bis 8 M übrig sind. 2 M li zusstr und die Arbeit wenden. So fortfahren, dabei werden die äußeren M in jeder R reduziert, die mittleren M bleiben gleich (11 M).

Wenn die äußeren M aufgebraucht sind, die M der Fersenwand auf 2 Nd verteilen (6-5). 4 M re, 2 M re zusstr, sodass der Faden in der Fersenmitte zwischen der 1. und 4. Nd liegt.

FUSSTEIL

Aus dem linken Fersenrand mit der freien Nd 15/16 M auffassen. Die 5 M der 1. Nd stricken, danach die 15/16 aufgefassten M re verschränkt stricken. Mit der 2. und 3. Nd das Muster laut Strickschrift B arbeiten, dabei mit der 1. Rd beginnen. Aus dem rechten Fersenrand 15/16 M auffassen und re verschränkt stricken, dabei noch die 5 M der 4. Nd auf dieselbe Nd stricken. Die Arbeit hat jetzt 67/69 M.

Mit den Zwickelabnahmen beginnen: Am Ende der 1. Nd 2 M re zusstr, am Anfang der 4. Nd in jeder 2. Rd 1 ssk oder Übz stricken. Mit der 2. und 3. Nd weiter im Muster stricken. Mit den Zwickelabnahmen fortfahren, bis 53 M (13-14-13-13) / 55 M (14-14-13-14) übrig sind.

Mit der 1. und 4. Nd weiter re und mit der 2. und 3. Nd im Muster stricken. Wenn alle 40 Rd laut Strickschrift B gestrickt wurden, mit Strickschrift C1/C2 fortfahren.

GRÖSSE 37:

Von der Strickschrift C1 noch die Rd 41–42 stricken, dann mit den Spitzenabnahmen beginnen. Mit der 1. und 4. Nd eine breite Bandspitze arbeiten, dabei in Rd 43, 45, 47, 49 und 51 abnehmen.

1. Nd: re stricken, bis 3 M übrig sind, 2 M re zusstr, 1 M re.

4. Nd: 1 M re, 1 ssk, die restlichen M re stricken.

2. und 3. Nd: Die Spitzenabnahmen laut Strickschrift C1 stricken (Rd 43–52).

Danach in jeder Rd abnehmen:

1. und 3. Nd: re stricken, bis noch 3 M übrig sind, 2 M re zusstr, 1 M re.

2. und 4. Nd: 1 M re, 1 ssk, die restlichen M re stricken.

Wenn insg. noch 9 M übrig sind, den Faden abschneiden und durch die M ziehen.

Die Fadenenden vernähen und die Socken leicht dämpfen.

GRÖSSE 39:
Von der Strickschrift C2 noch die Rd 41–47 stricken, dann mit den Spitzenabnahmen beginnen. Mit der 1. und 4. Nd eine breite Bandspitze arbeiten, dabei in Rd 48, 50, 52 und 54 abnehmen.

1. Nd: re stricken, bis 3 M übrig sind, 2 M re zusstr, 1 M re.

4. Nd: 1 M re, 1 ssk, die restlichen M re stricken.

2. und 3. Nd: Die Spitzenabnahmen laut Strickschrift C1 stricken (Rd 48–55).

Danach in jeder Rd abnehmen:

1. und 3. Nd: re stricken, bis noch 3 M übrig sind, 2 M re zusstr, 1 M re.

2. und 4. Nd: 1 M re, 1 ssk, die restlichen M re stricken.

Wenn insg. noch 11 M übrig sind, den Faden abschneiden und durch die M ziehen.

Die Fadenenden vernähen und die Socken leicht dämpfen.

STRICKSCHRIFT C1

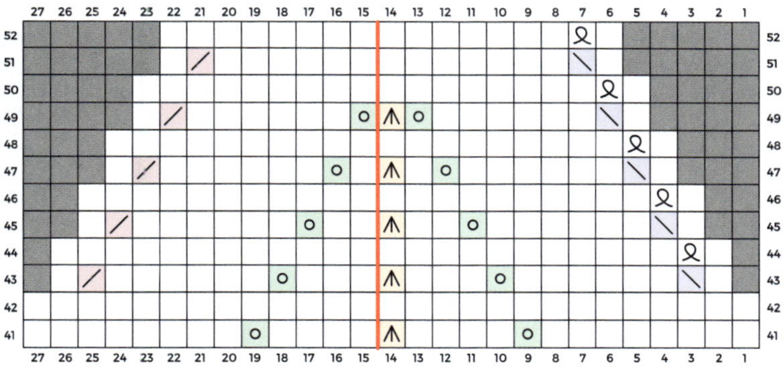

STRICKSCHRIFT C2

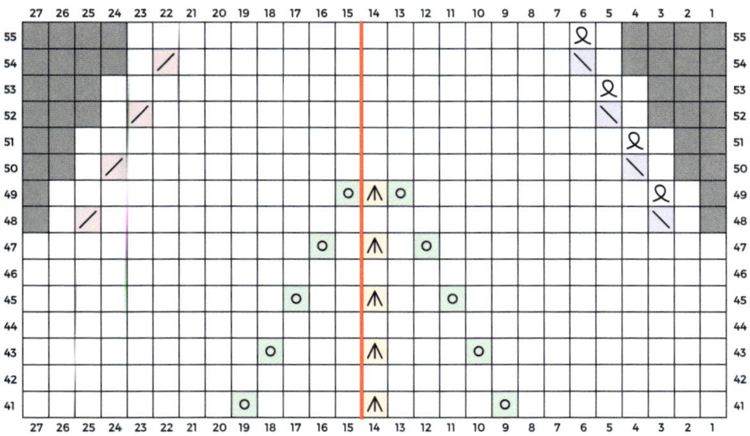

- 1 M rechts
- 1 M rechts verschränkt
- 1 M links
- 1 Umschlag
- 2 M re zusstr
- ssk: 2 M nacheinander wie zum Rechtsstricken abheben, zurück auf die linke Nd legen und von hinten zusstr
- 2 M wie zum Rechtsstricken abheben, 1 M re, die abgehobenen M über die gestrickte M ziehen
- keine Masche
- Nadelverteilung

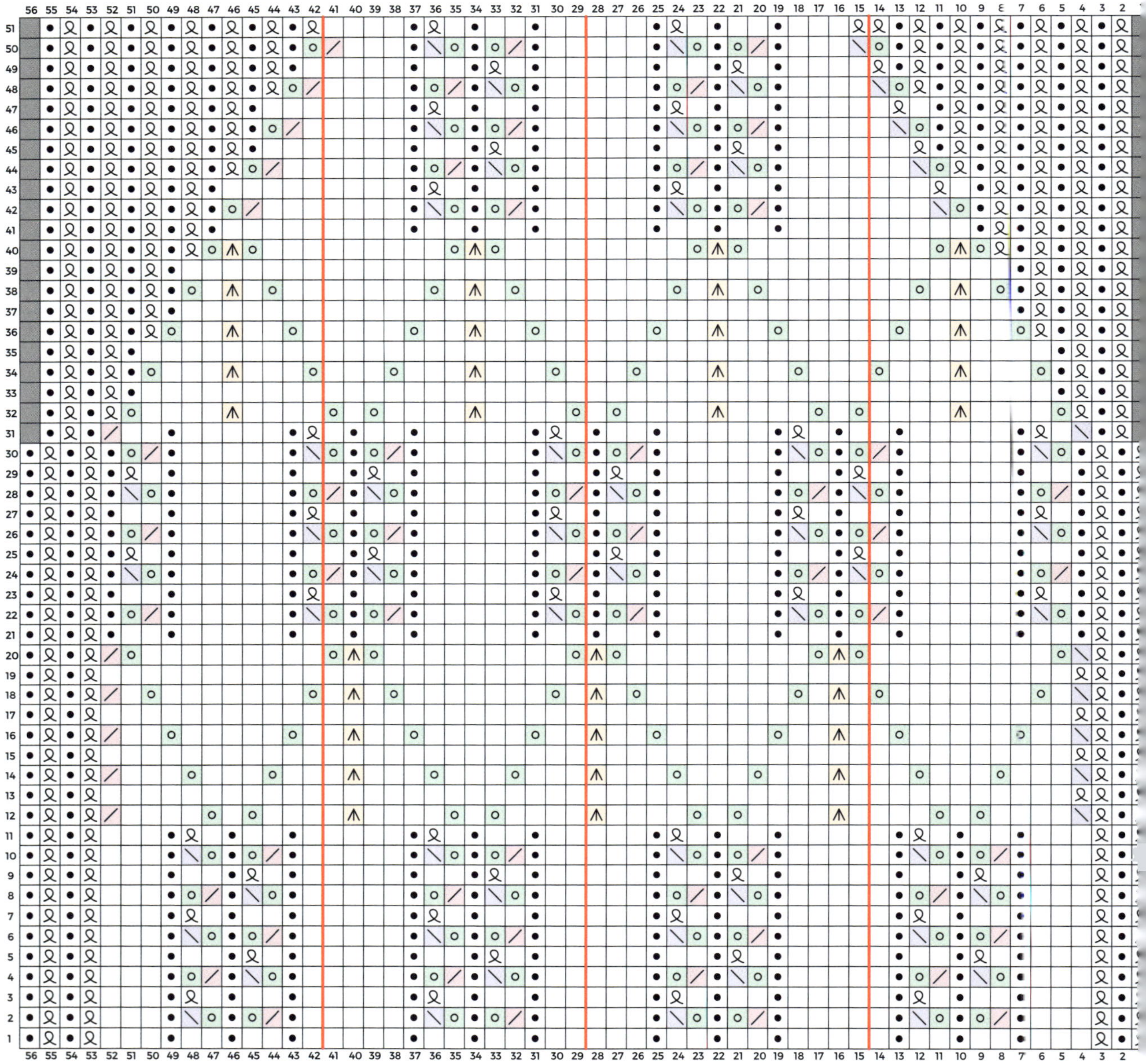

- 1 M rechts
- 1 M rechts verschränkt
- 1 M links
- 1 Umschlag
- 2 M re zusstr
- ssk: 2 M nacheinander wie zum Rechtsstricken abheben, zurück auf die linke Nd legen und von hinten zusstr
- 2 M wie zum Rechtsstricken abheben, 1 M re, die abgehobenen M über die gestrickte M ziehen
- keine Masche
- Nadelverteilung

STRICKSCHRIFT B

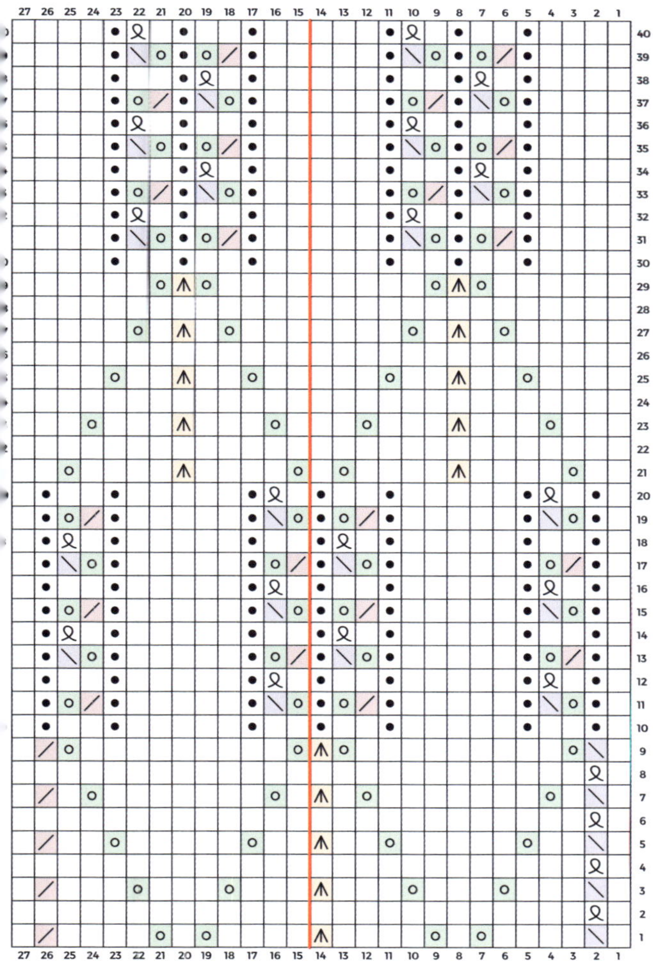

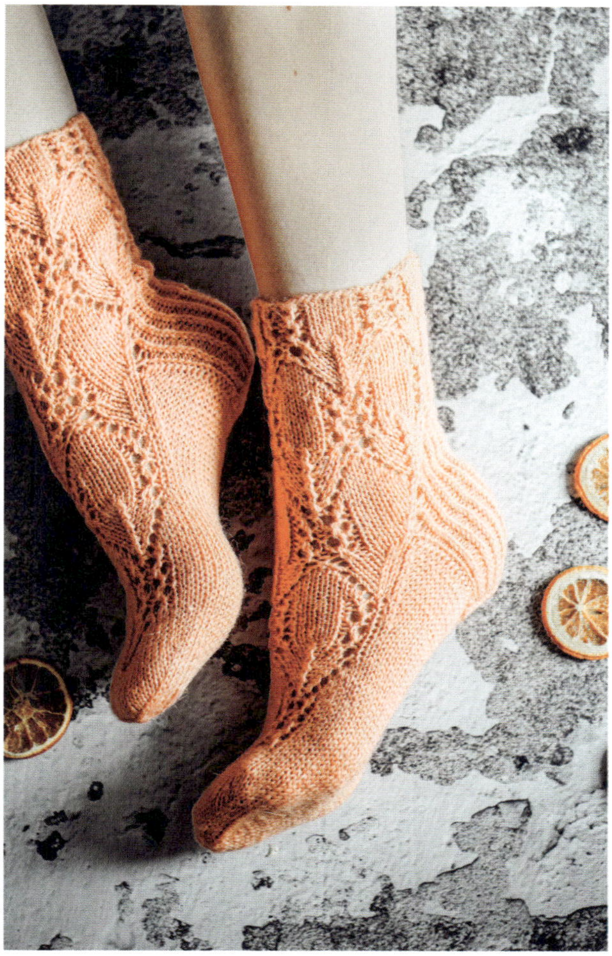

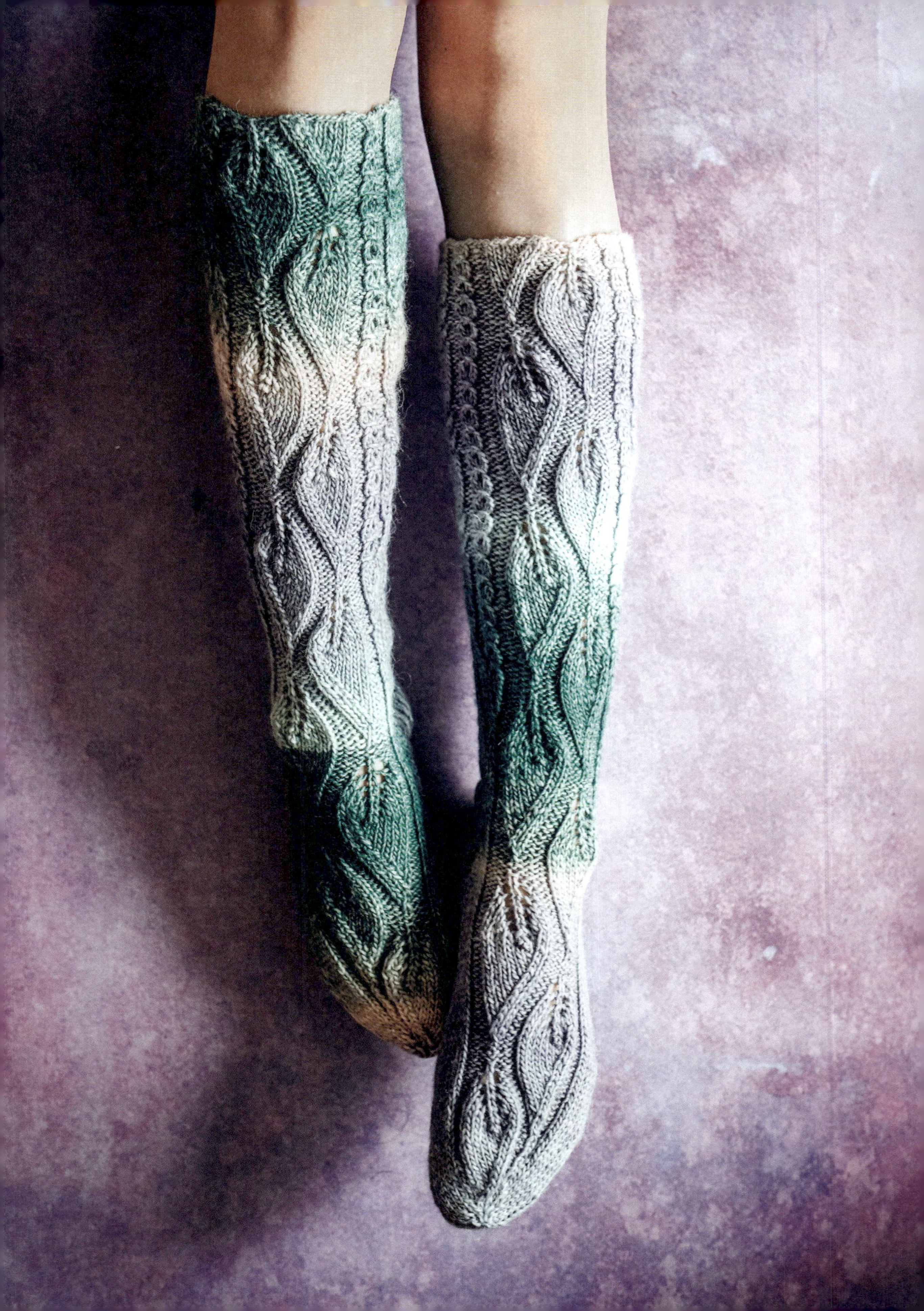

Madagaskar

Madagaskars feuchter Regenwald und exotische Tiere laden Sie im Schatten des üppigen Grüns zu einer Forschungsreise ein. Aus dem Reich der Chamäleons sind diese Socken, bei denen sich Garne mit Farbverlauf zu Spitzmustern und Zöpfen verflechten.

GRÖSSE: 38/39

WADENUMFANG: 35–40 cm

GARN: Novita Kajastus, Mittsommernacht (Fb 834)

GARNVERBRAUCH: 160 g

NADELSPIEL: 3,0 mm, Hilfsnadel

MASCHENPROBE: 24 M und 30 Rd = 10 x 10 cm

BEVOR SIE BEGINNEN

Die Socken werden gegengleich gestrickt. Verwenden Sie für die rechte Socke die Strickschriften A1, B1 und C1, und für die linke Socke die Strickschriften A2, B2 und C2.

Die Nadelverteilung ändert sich im Laufe der Arbeit, da die Ab- und Zunahmen zum Teil zwischen den Nadeln liegen. Auch die Maschenzahl variiert in verschiedenen Runden. Achten Sie auf die korrekte Nadelverteilung, bevor Sie mit der Ferse und den Spitzenabnahmen beginnen; ansonsten spielt sie keine Rolle.

SCHAFT

73 M anschlagen und auf den Nd verteilen: für die rechte Socke 22-12-16-23 und für die linke Socke 22-19-9-23. Alle 111 Rd der Strickschrift A1/A2 stricken.
Mit den in der Strickschrift eingezeichneten Wadenabnahmen reduziert sich die Maschenzahl auf 57 M. Vor der Ferse die M auf den Nd verteilen: 14-20-9-14 (rechts) und 14-12-17-14 (links).

FERSE

Mit der verstärkten Fersenwand beginnen, dazu die M der 1. Nd auf die 4. Nd stricken (insg. 28 M). Die restlichen M bleiben ungestrickt. Die Arbeit wenden. Die 1. M li abheben, ohne sie zu stricken, die übrigen M li stricken.

1. R (Hin-R): Die Arbeit wenden, *1 M abheben, ohne sie zu stricken, 1 M re, ab * bis R-Ende wiederholen.

2. R (Rück-R): Die Arbeit wenden, 1 M li abheben, ohne sie zu stricken, die übrigen M li stricken.

Diese zwei R wiederholen, bis für die Fersenwand 28 R gestrickt sind und zuletzt eine Rück-R gestrickt wurde.

Die Käppchenabnahmen in der nächsten Hin-R beginnen und weiterhin verstärkt stricken, bis noch 9 M auf der Nd sind. 1 ssk oder Übz stricken und die Arbeit wenden. Auf der anderen Nd sind 7 M. 1 M li abheben, ohne sie zu stricken, und li stricken, bis 9 M übrig sind. 2 M li zusstr und die Arbeit wenden. 1 M abheben, ohne sie zu stricken, und verstärkt stricken, bis 8 M übrig sind. 1 ssk oder Übz stricken und die Arbeit wenden. 1 M li abheben, ohne sie zu stricken, und li stricken, bis 8 M übrig sind. 2 M li zusstr und die Arbeit wenden. So fortfahren, dabei werden die äußeren M in jeder R reduziert, die mittleren M bleiben gleich (12 M).

Wenn die äußeren M aufgebraucht sind, die M der Fersenwand auf 2 Nd verteilen (6-6). 6 M re stricken, sodass der Faden in der Fersenmitte zwischen der 1. und 4. Nd liegt.

FUSSTEIL

Aus dem linken Fersenrand mit der freien Nd 16 M auffassen. Die 6 M der 1. Nd stricken, danach die 16 aufgefassten M re verschränkt stricken. Mit der 2. und 3. Nd das Muster laut Strickschrift B1/B2 arbeiten, dabei mit der 1. Rd beginnen. Aus dem rechten Fersenrand 16 M auffassen und re verschränkt stricken, dabei noch die 6 M der 4. Nd auf dieselbe Nd stricken.

Mit den Zwickelabnahmen beginnen: Am Ende der 1. Nd 2 M re zusstr, am Anfang der 4. Nd in jeder 2. Rd 1 ssk oder Übz stricken. Mit der 2. und 3. Nd weiter im Muster stricken. Mit den Zwickelabnahmen fortfahren, bis 57 M übrig sind und bis zur 16. Rd gestrickt wurde, Nadelverteilung: 14-12-17-14 (rechts) und 14-20-9-14 (links).

Mit der 1. und 4. Nd weiter re und mit der 2. und 3. Nd im Muster stricken. Wenn nach der Fersenwand alle 47 Rd laut Strickschrift B1/B2 gestrickt wurden, mit den Spitzenabnahmen beginnen. Zuvor die Nadelverteilung kontrollieren: 14-12-17-14 (rechts) und 14-20-9-14 (links).

Mit der 1. und 4. Nd eine breite Bandspitze arbeiten, dabei in jeder 2. Rd abnehmen, bis noch 10 M pro Nd übrig sind. Danach in jeder Rd abnehmen.

1. Nd: re stricken, bis 3 M übrig sind, 2 M re zusstr, 1 M re.

4. Nd: 1 M re, 1 ssk, die restlichen M re stricken.

2. und 3. Nd: Die Spitzenabnahmen laut Strickschrift C1/C2 stricken (Rd 1–15).

Wenn insg. noch 8 M übrig sind, den Faden abschneiden und durch die M ziehen.

Die Fadenenden vernähen und die Socken leicht dämpfen.

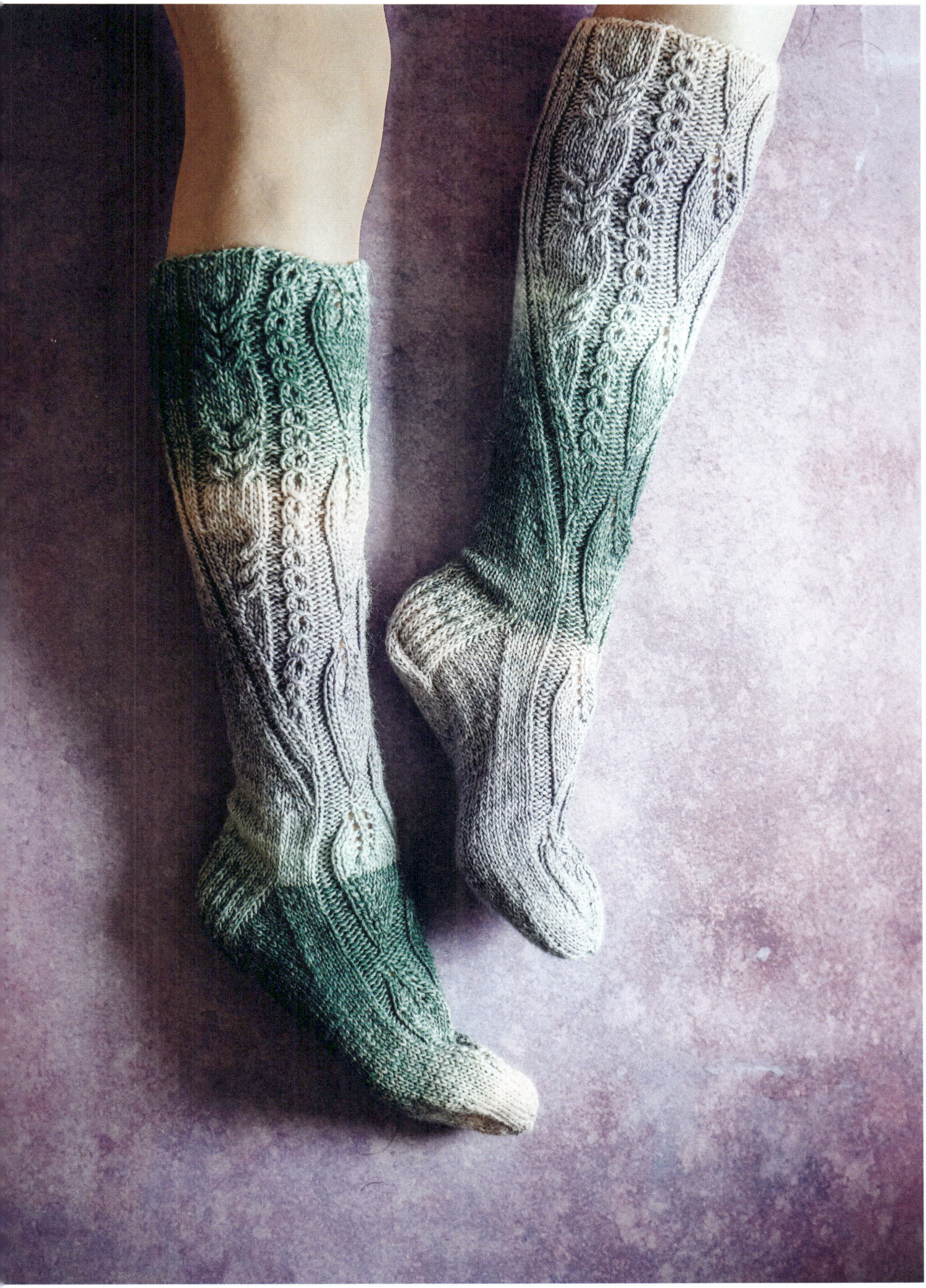

STRICKSCHRIFT A1, RECHTE SOCKE

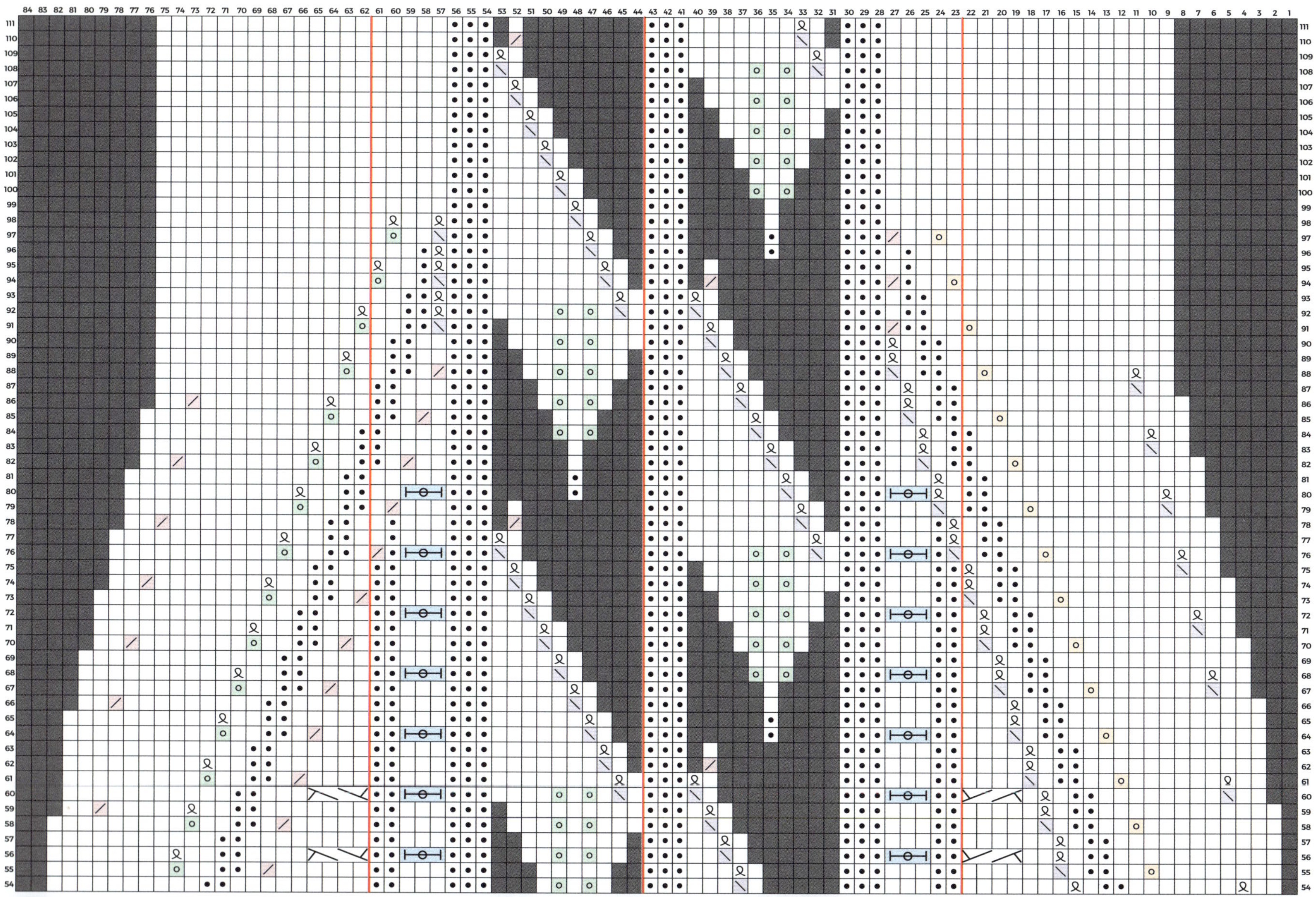

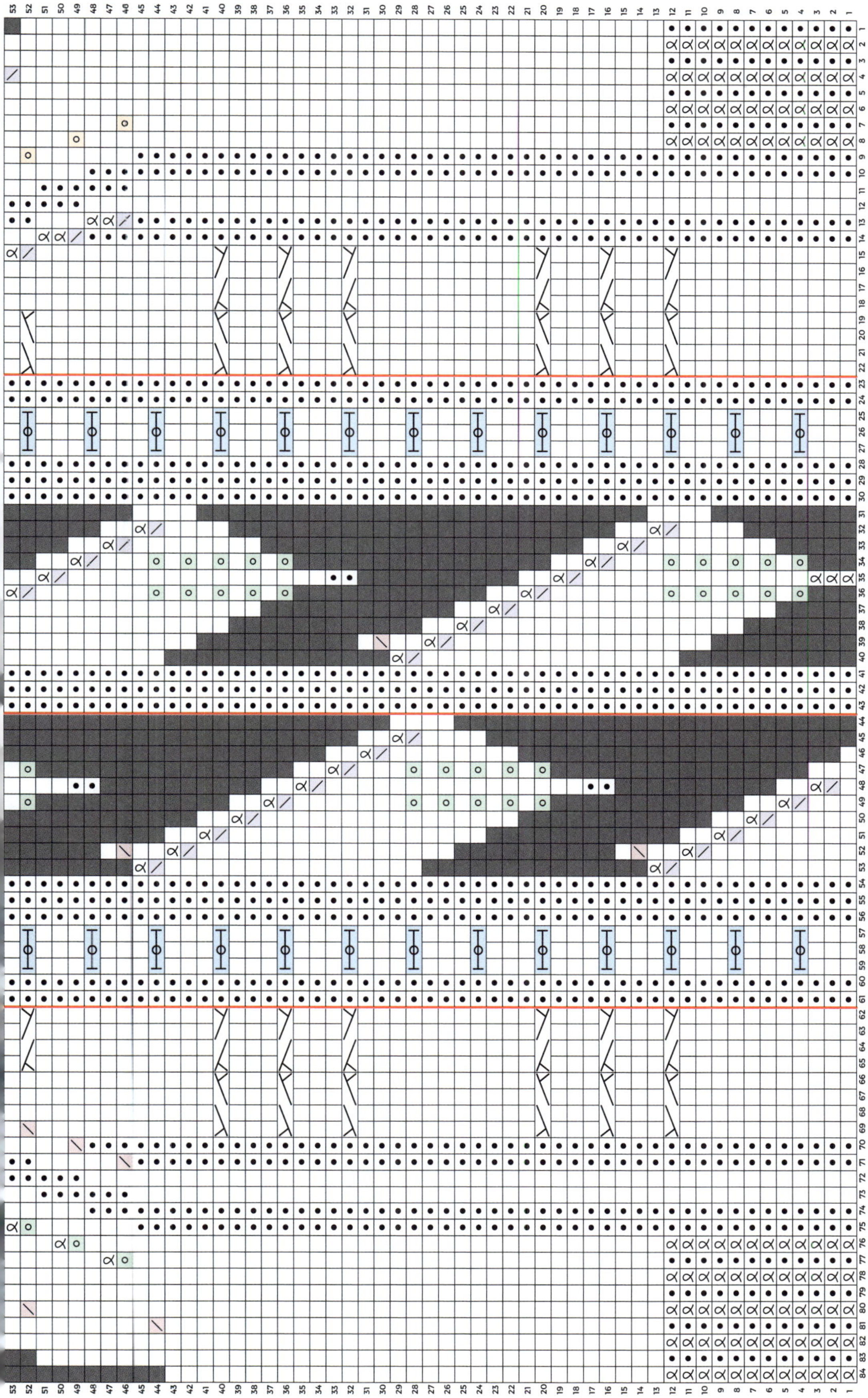

STRICKSCHRIFT A2, LINKE SOCKE

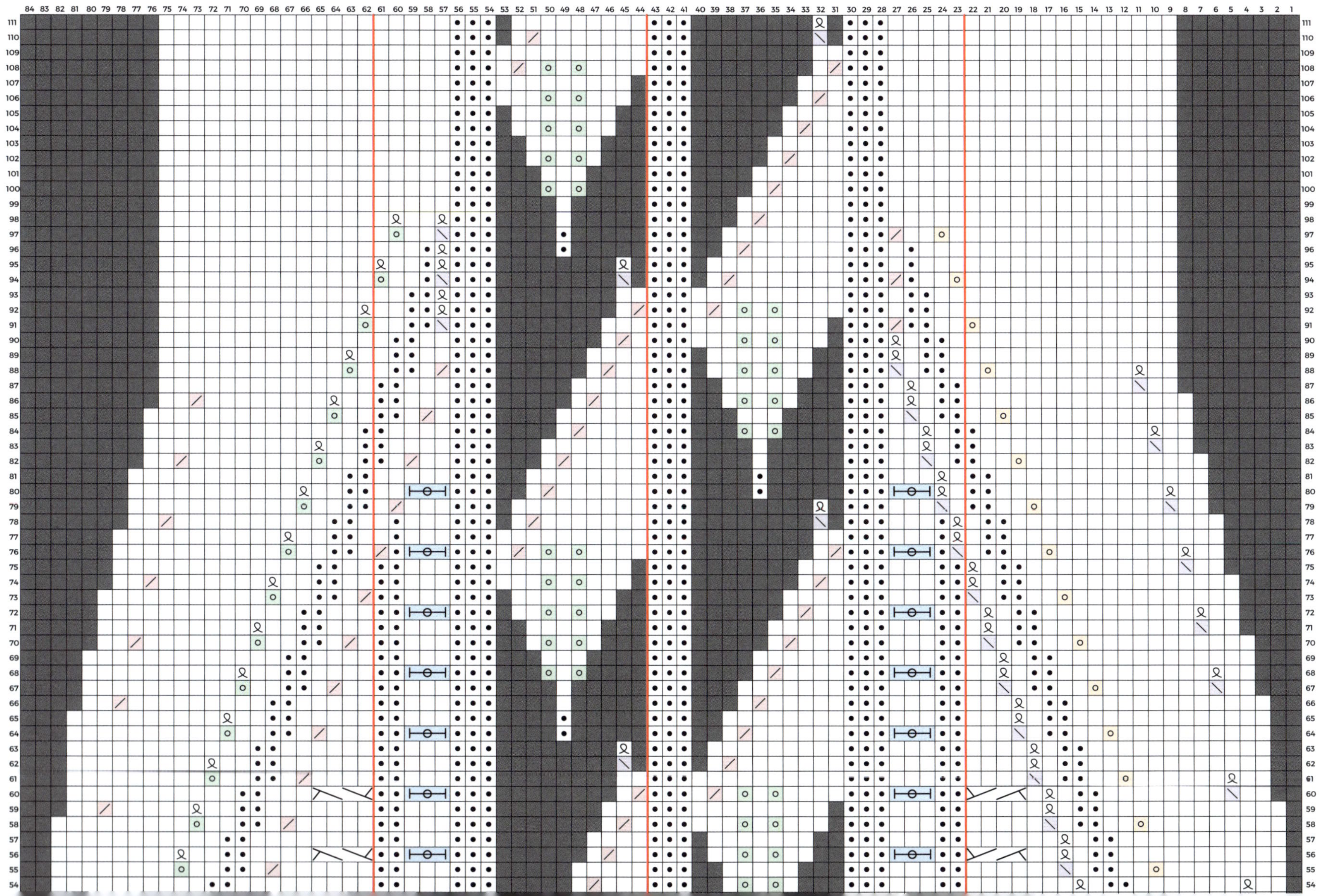

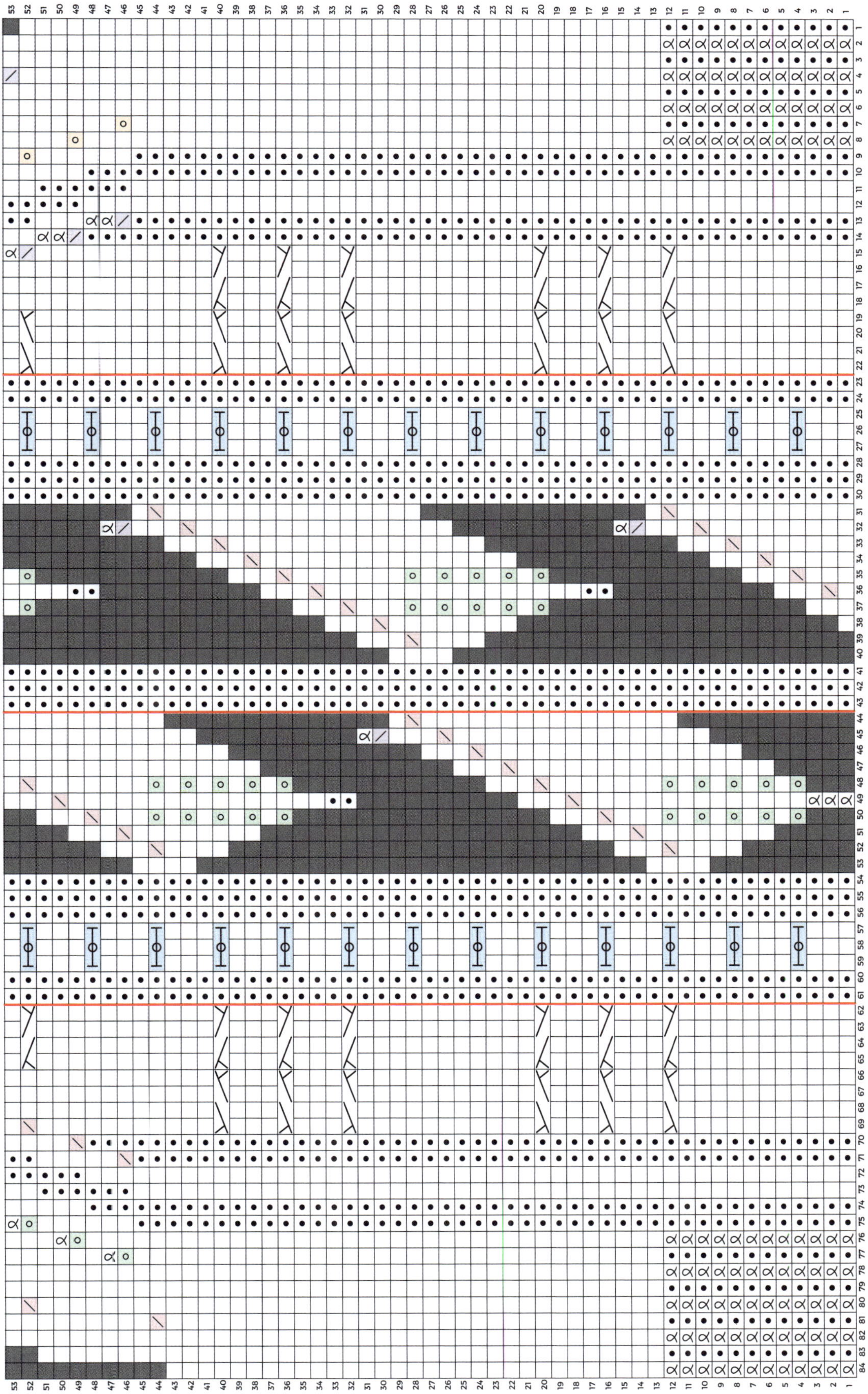

STRICKSCHRIFT B1, RECHTE SOCKE

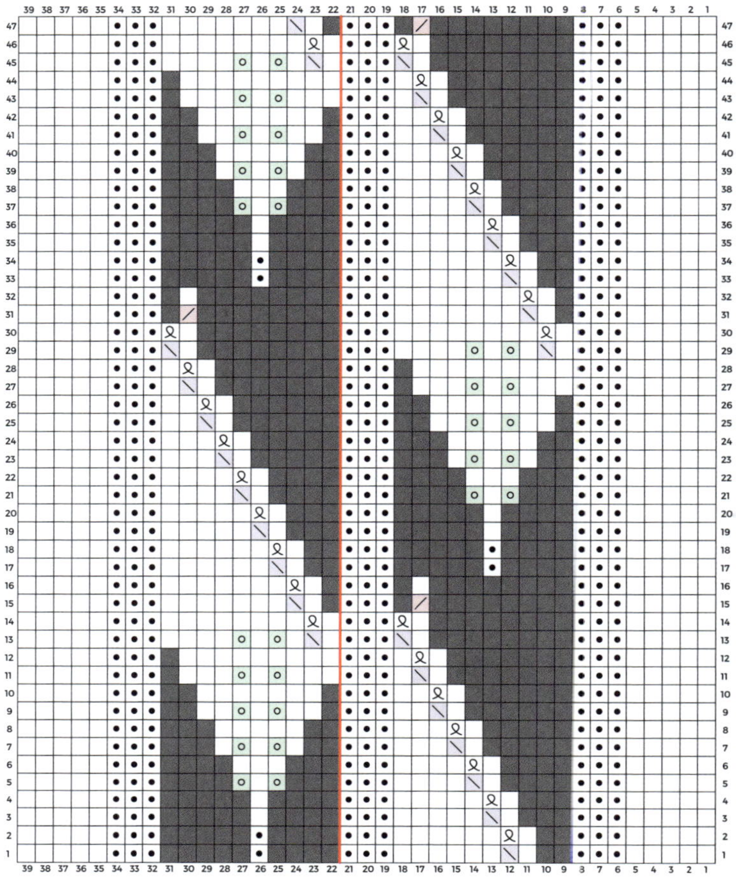

1 M rechts

1 M rechts verschränkt

1 M links

ssk: 2 M nacheinander wie zum Rechtsstricken abheben, zurück auf die linke Nd legen und von hinten zusstr

2 M re zusstr

1 Umschlag

1 Umschlag von hinten nach vorne

3 M auf die rechte Nd legen, ohne sie zu stricken, die ganz rechts liegende M über die nächsten 2 M ziehen, die restlichen 2 M zurück auf die linke Nd legen, 1 M re, Umschlag, 1 M re

2 M li zusstr

1 M auf eine Hilfsnadel vor die Arbeit legen, 1 M re, die M der Hilfsnadel re

1 M auf eine Hilfsnadel hinter die Arbeit legen, 1 M re, die M der Hilfsnadel re

2 M auf eine Hilfsnadel vor die Arbeit legen, 2 M re, die 2 M der Hilfsnadel re

2 M auf eine Hilfsnadel hinter die Arbeit legen, 2 M re, die 2 M der Hilfsnadel re

keine Masche

Nadelverteilung

STRICKSCHRIFT C1, RECHTE SOCKE

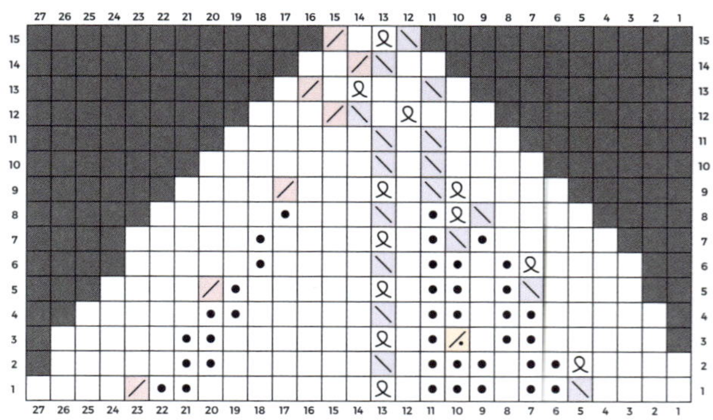

STRICKSCHRIFT B2, LINKE SOCKE

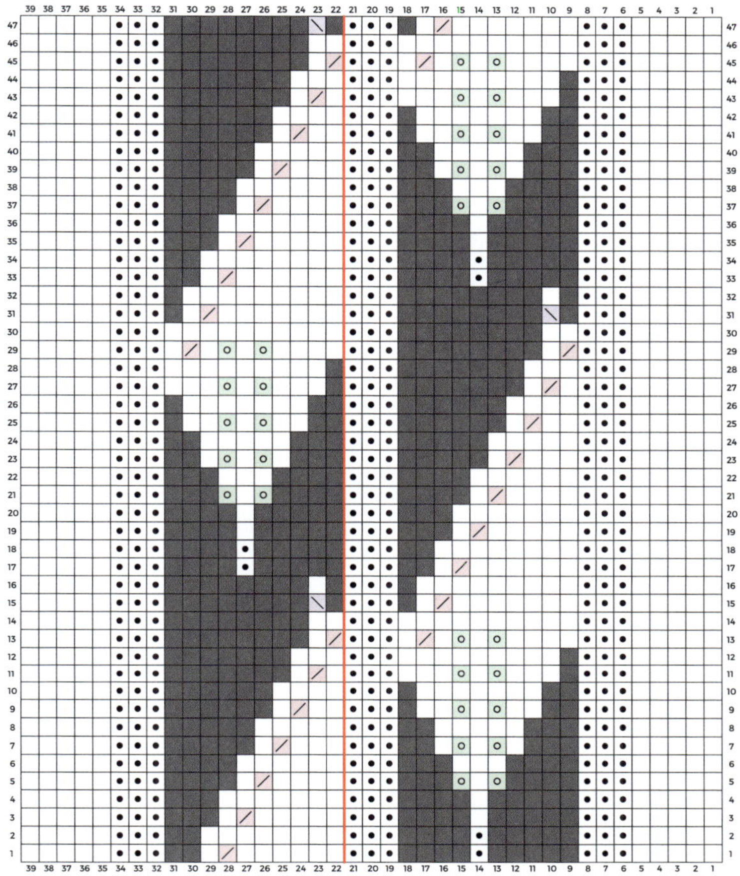

STRICKSCHRIFT C2, LINKE SOCKE

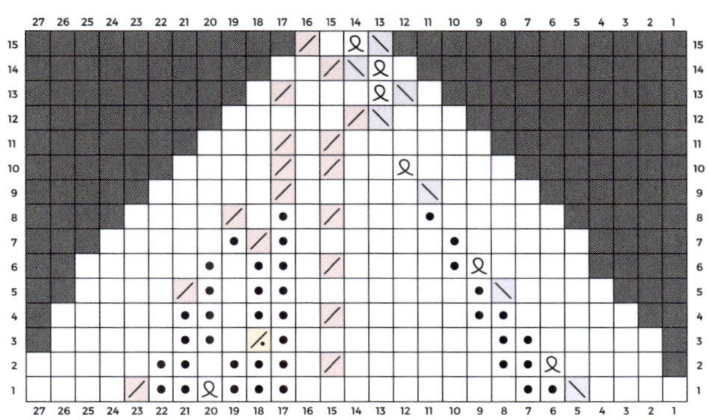

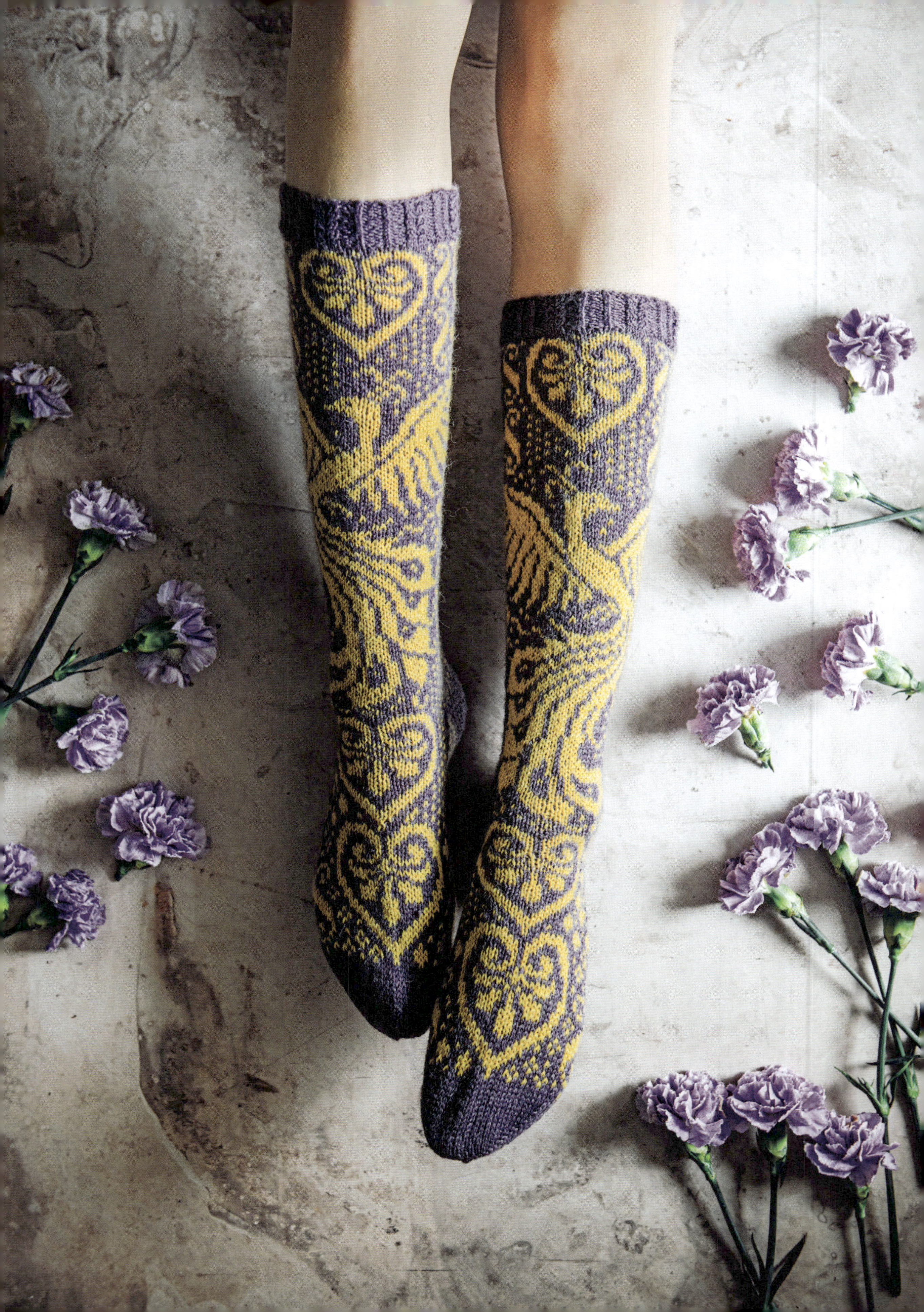

Feuervogel

Der aus den Sagen des alten Ägypten bekannte Phönixvogel mit seinen goldenen Federn ist der selbsternannte Herrscher über diese pompösen Socken. Die stolzen und feurigen Vögel schwingen sich wie Phönix aus Asche hinein in ein neues, wunderbares Leben.

GRÖSSE: 39

GARN UND GARNVERBRAUCH: Grundfarbe Novita Venla, 100 g Safran (Fb 285), Musterfarbe Novita Venla, 60 g Lupine (Fb 764)

NADELSPIEL: 2,5 mm, Hilfsnadel

MASCHENPROBE: 31 M und 33 Rd = 10 x 10 cm

BEVOR SIE BEGINNEN

Die Strickschriften werden von unten nach oben und von rechts nach links gelesen. Die rechte und linke Socke werden gegengleich gestrickt. Verwenden Sie für die rechte Socke die Strickschriften A1 und B1, und für die linke Socke die Strickschriften A2 und B2. Falls Sie sehr fest stricken, können Sie für das Einstrickmuster Nd in der Stärke 3,0 mm nehmen oder die Socken aus 6-fädigem Garn stricken.

SCHAFT

84 M in der Grundfarbe anschlagen und auf den Nd verteilen: 21-22-21-20. Das Bündchenmuster laut Strickschrift A1/A2, Rd 1–13 stricken.

Das Einstrickmuster laut der Strickschrift ab der 14. Rd beginnen, gleichzeitig 3 M zunehmen und die M auf den Nd verteilen: 22-22-21-22 (die Arbeit hat jetzt 87 M). Den Schaft laut der Strickschrift arbeiten, dabei in den unten genannten Rd im Anfangsbereich der 1. Nd und im Endbereich der 4. Nd an geeigneter Stelle abnehmen.

Achtung! In der 77. Rd die M neu verteilen: 22-17-16-22.

Abnahmerunden: 34, 48, 57, 66, 72, 80, 86, 91, 95 und 99. Die Arbeit hat jetzt 67 M.

Wenn alle 123 Rd für den Schaft gestrickt sind, die M auf den Nd verteilen: 17-17-16-17.

FERSE

Mit der versetzt verstärkten Fersenwand in der Grundfarbe beginnen, dazu die M der 1. Nd auf die 4. Nd stricken (insg. 34 M). Die restlichen M bleiben ungestrickt. Die Arbeit wenden, die 1. M li abheben, ohne sie zu stricken, die übrigen M li stricken. Gleichzeitig 2 M abnehmen, damit die Ferse 32 M hat.

1. R (Hin-R): Die Arbeit wenden, *1 M abheben, ohne sie zu stricken, 1 M re, ab * bis R-Ende wiederholen.

2. R (Rück-R): Die Arbeit wenden, 1 M li abheben, ohne sie zu stricken, die übrigen M li stricken.

3. R (Hin-R): Die Arbeit wenden, 1 M abheben, ohne sie zu stricken, 1 M re, *1 M re, 1 M abheben, ab * wiederholen, bis noch 2 M übrig sind, 2 M re.

4. R (Rück-R): Die Arbeit wenden, 1 M li abheben, ohne sie zu stricken, die übrigen M li stricken.

Diese 4 R wiederholen, bis für die Fersenwand 32 R gestrickt sind und zuletzt die 4. R gestrickt wurde.

Die Käppchenabnahmen in der nächsten Hin-R beginnen und weiterhin verstärkt stricken, bis noch 11 M auf der Nd sind. 1 ssk oder Übz stricken und die Arbeit wenden. Auf der anderen Nd sind 9 M. 1 M li abheben, ohne sie zu stricken, li M stricken, bis 11 M übrig sind. 2 M li zusstr, die Arbeit wenden. 1 M abheben, ohne sie zu stricken, und verstärkt stricken, bis noch 10 M auf der Nd sind. 1 ssk oder Übz stricken und die Arbeit wenden. 1 M li abheben, ohne sie zu stricken, und li M stricken, bis 10 M übrig sind. 2 M li zusstr und die Arbeit wenden.

So fortfahren, dabei werden die äußeren M in jeder R reduziert, die mittleren M bleiben gleich (12 M).

Wenn die äußeren M aufgebraucht sind, die M der Fersenwand auf 2 Nd verteilen (6-6). 6 M re stricken, sodass der Faden in der Fersenmitte zwischen der 1. und 4. Nd liegt.

FUSSTEIL

Aus dem Fersenrand mit der 1. Nd 18 M auffassen, mit der 4. Nd aus dem anderen Fersenrand ebenfalls 18 M auffassen. Die Arbeit hat jetzt 81 M. Mit dem Einstrickmuster laut Strickschrift B1/B2 mit der 1. Rd beginnen. Die aus dem Fersenrand aufgefassten M re verschränkt stricken.

Für die Zwickelabnahmen in den in der Strickschrift B angegebenen Rd (2, 4, 6, 8, 10, 12, 14 und 16) am Ende der 1. Nd 2 M re zusstr, am Anfang der 4. Nd 1 ssk oder Übz stricken. Die grau markierten Karos stellen keine Maschen dar. Nach den Zwickelabnahmen sind 65 M übrig (16-17-16-16).

Das Einstrickmuster weiter laut Strickschrift stricken (46 Rd). In der letzten Rd am Ende der 4. Nd 1 M abnehmen und die M auf den Nd verteilen: 16-16-16-16. Den Rest der Socke in der Grundfarbe stricken und eine breite Bandspitze arbeiten:

1. und 3. Nd: re stricken, bis noch 3 M übrig sind, 2 M re zusstr, 1 M re.

2. und 4. Nd: 1 M re, 1 ssk, die restlichen M re stricken.

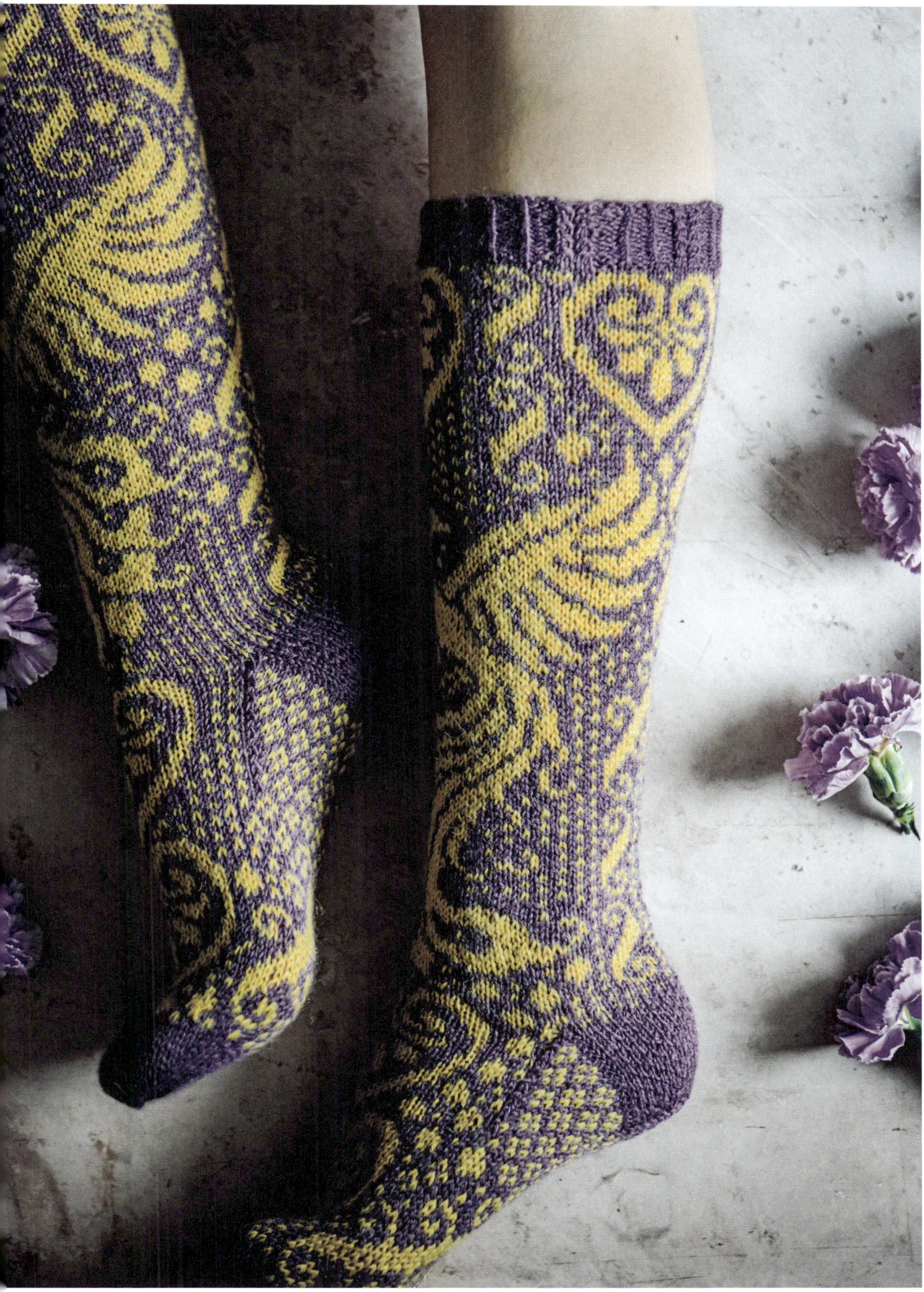

Die Abnahmen zunächst in jeder 2. Rd stricken. Wenn noch 11 M pro Nd übrig sind, die Abnahmen in jeder Rd stricken.

Wenn insg. noch 8 M übrig sind, den Faden abschneiden und durch die M ziehen.

Die Fadenenden vernähen und die Socken leicht dämpfen.

- 1 M rechts (Grundfarbe)
- 1 M rechts (Musterfarbe)
- 1 M rechts verschränkt (Grundfarbe)
- 1 M links (Grundfarbe)
- 1 M auf eine Hilfsnadel vor die Arbeit legen, 1 M re, die M der Hilfsnadel re (Grundfarbe)
- 1 M auf eine Hilfsnadel hinter die Arbeit legen, 1 M re, die M der Hilfsnadel re (Grundfarbe)
- 2 M re zusstr (Grundfarbe)
- ssk: 2 M nacheinander wie zum Rechtsstricken abheben, zurück auf die linke Nd legen und von hinten zusstr (Grundfarbe)
- keine Masche
- Nadelverteilung

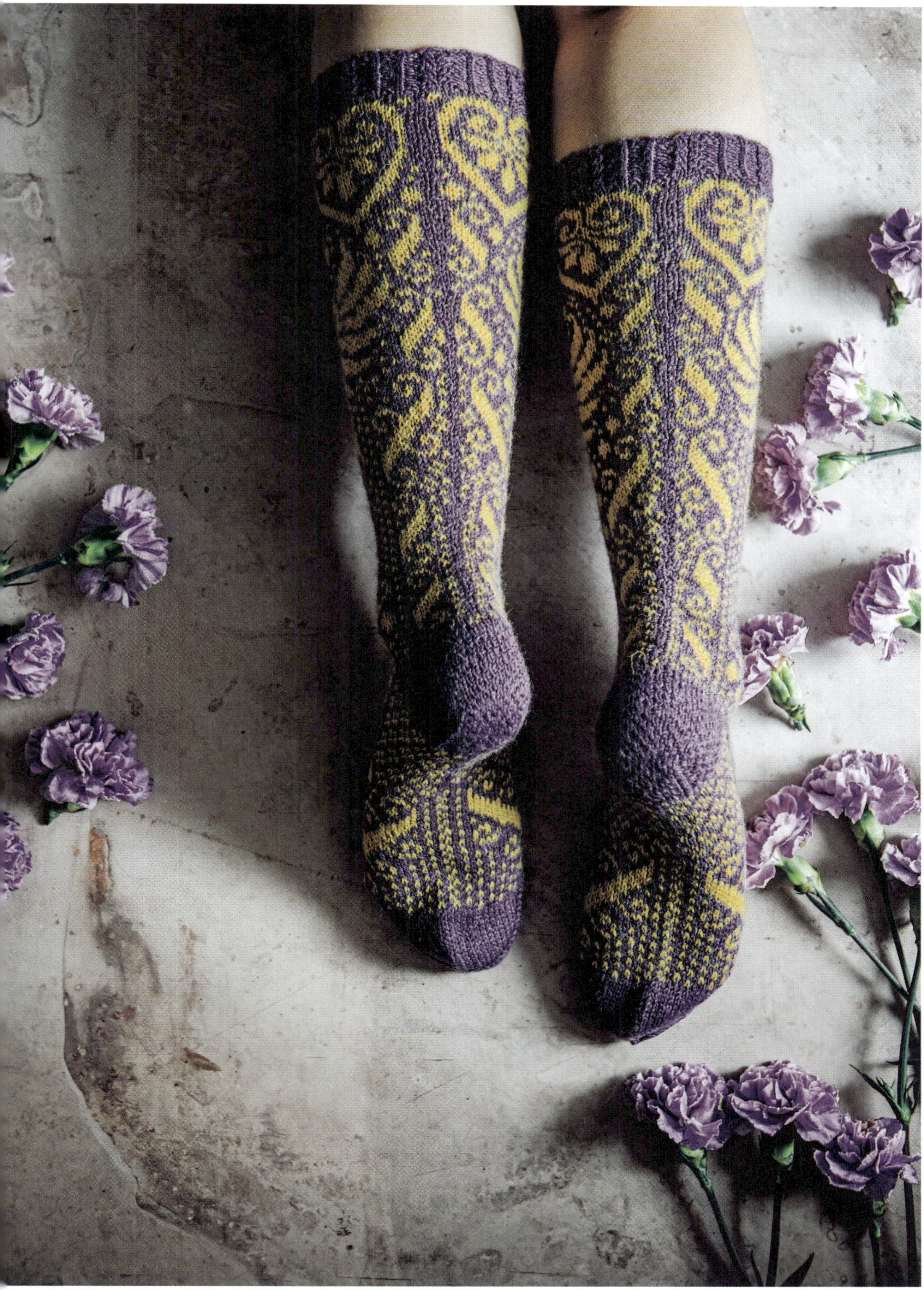

STRICKSCHRIFT A1, RECHTE SOCKE

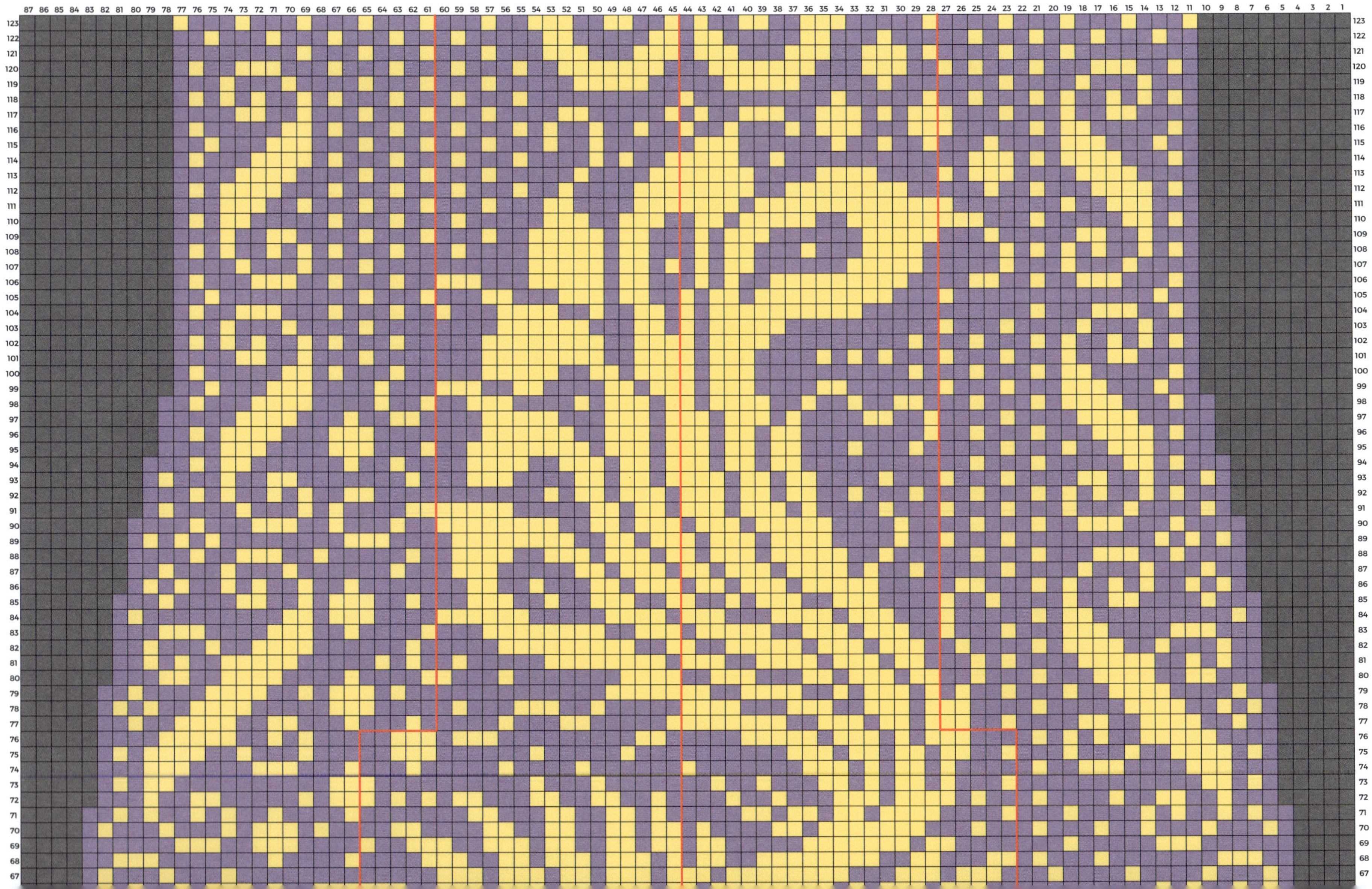

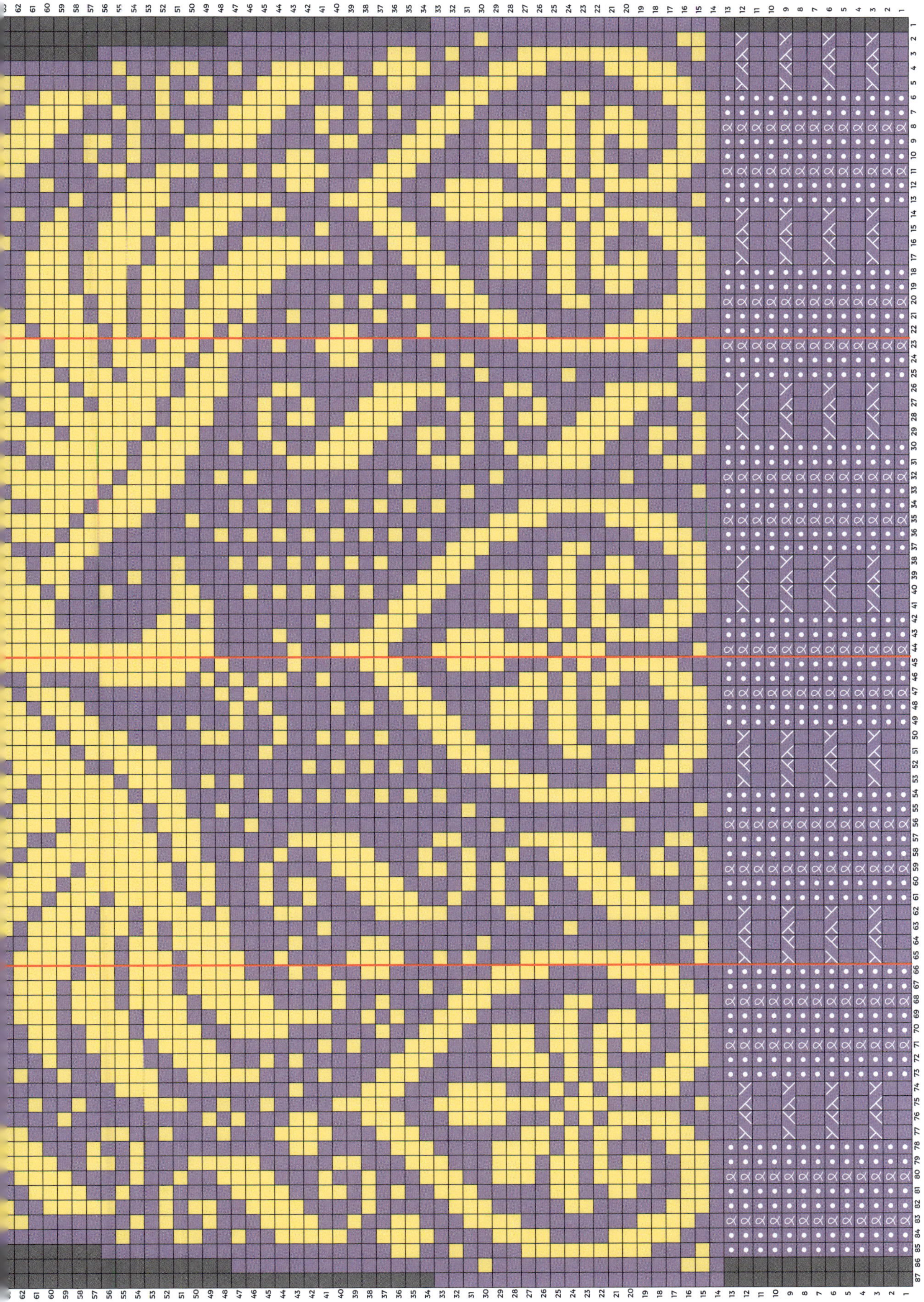

STRICKSCHRIFT A2, LINKE SOCKE

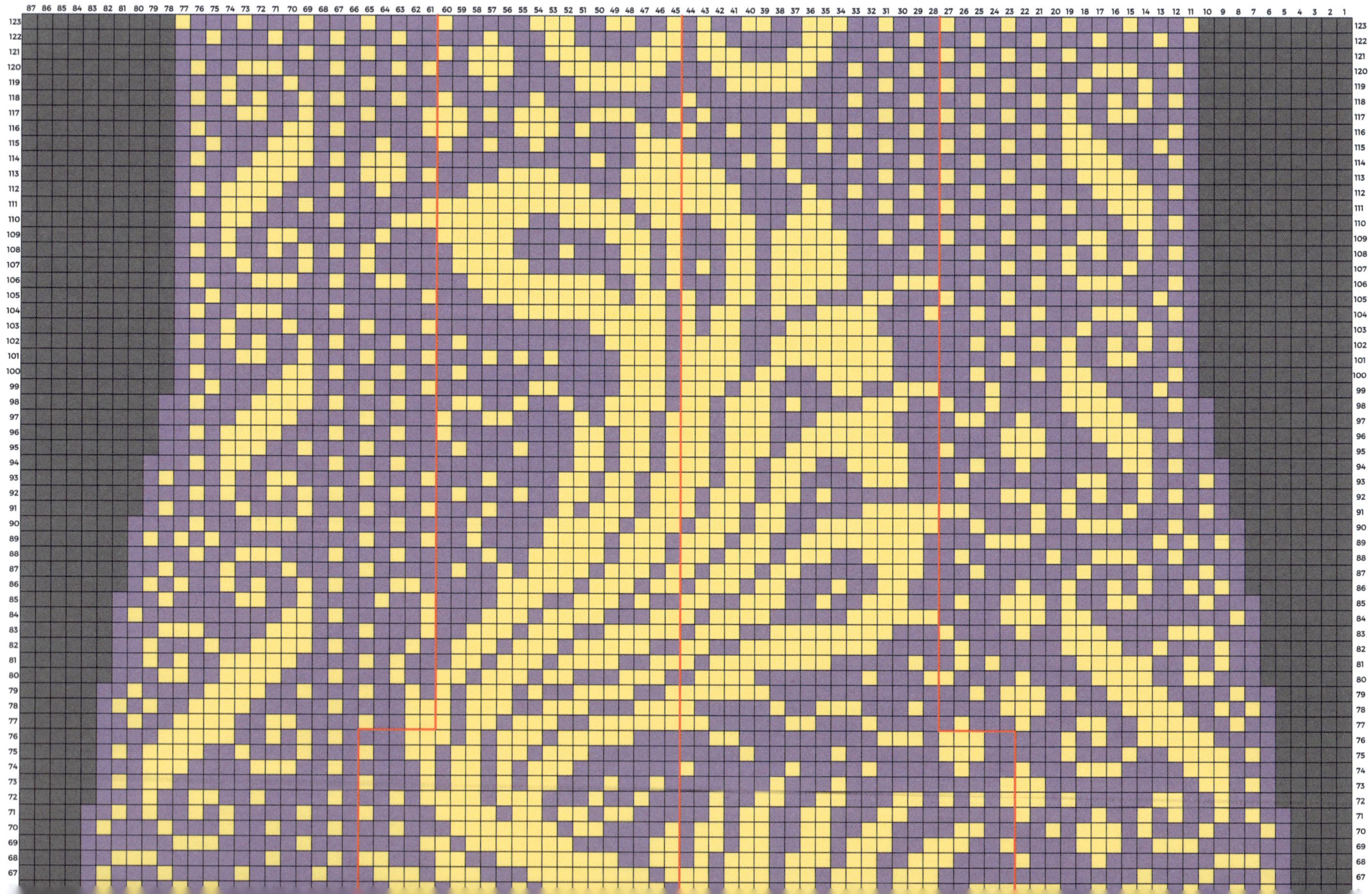

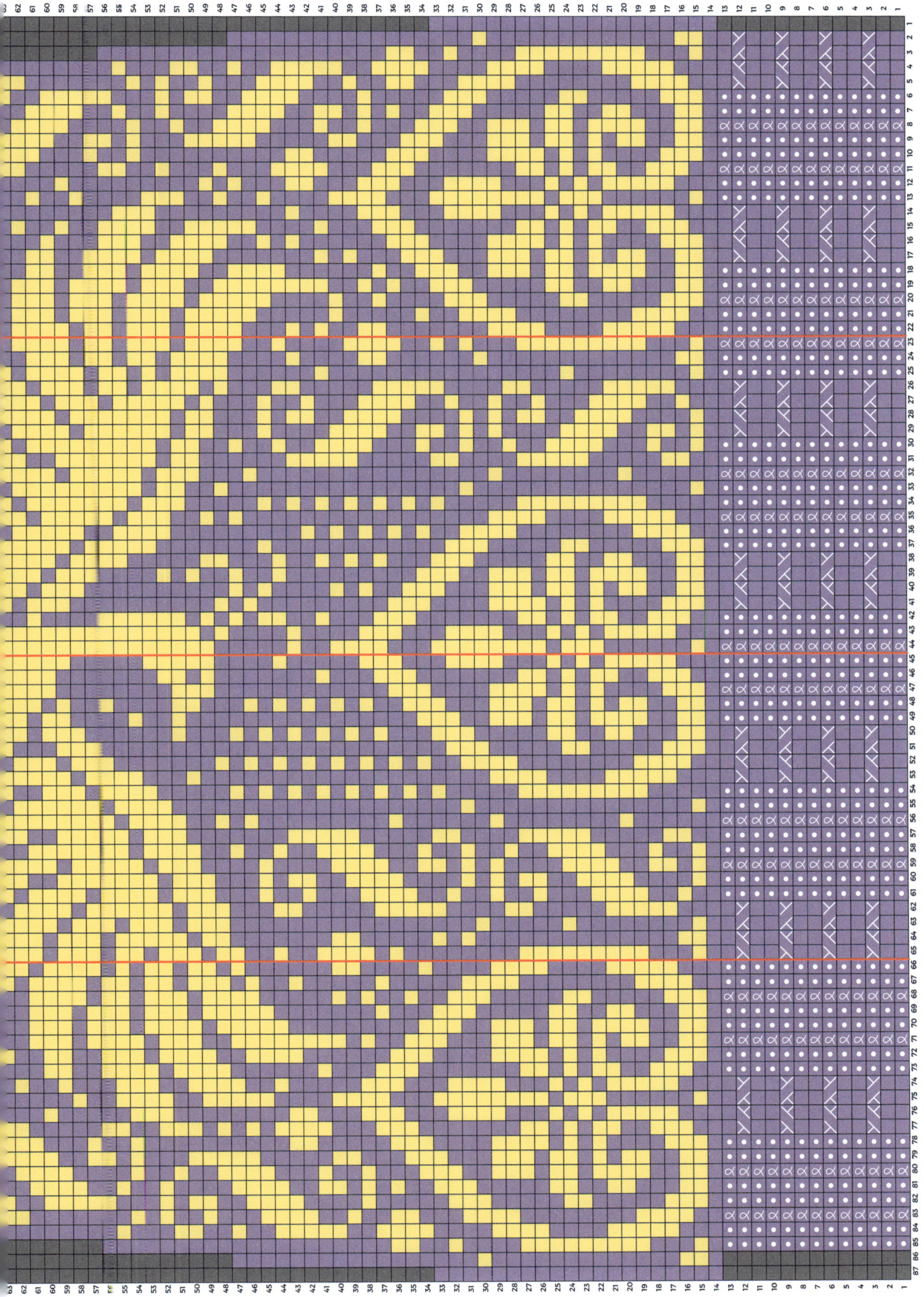

1 M rechts (Grundfarbe)

1 M rechts (Musterfarbe)

1 M rechts verschränkt (Grundfarbe

1 M links (Grundfarbe)

1 M auf eine Hilfsnadel vor die Arbeit legen, 1 M re, die M der Hilfsnadel re (Grundfarbe)

1 M auf eine Hilfsnadel hinter die Arbeit legen, 1 M re, die M der Hilfsnadel re (Grundfarbe)

2 M re zusstr (Grundfarbe)

ssk: 2 M nacheinander wie zum Rechtsstricken abheben, zurück auf die linke Nd legen und von hinten zusstr (Grundfarbe)

keine Masche

Nadelverteilung

STRICKSCHRIFT B1, RECHTE SOCKE

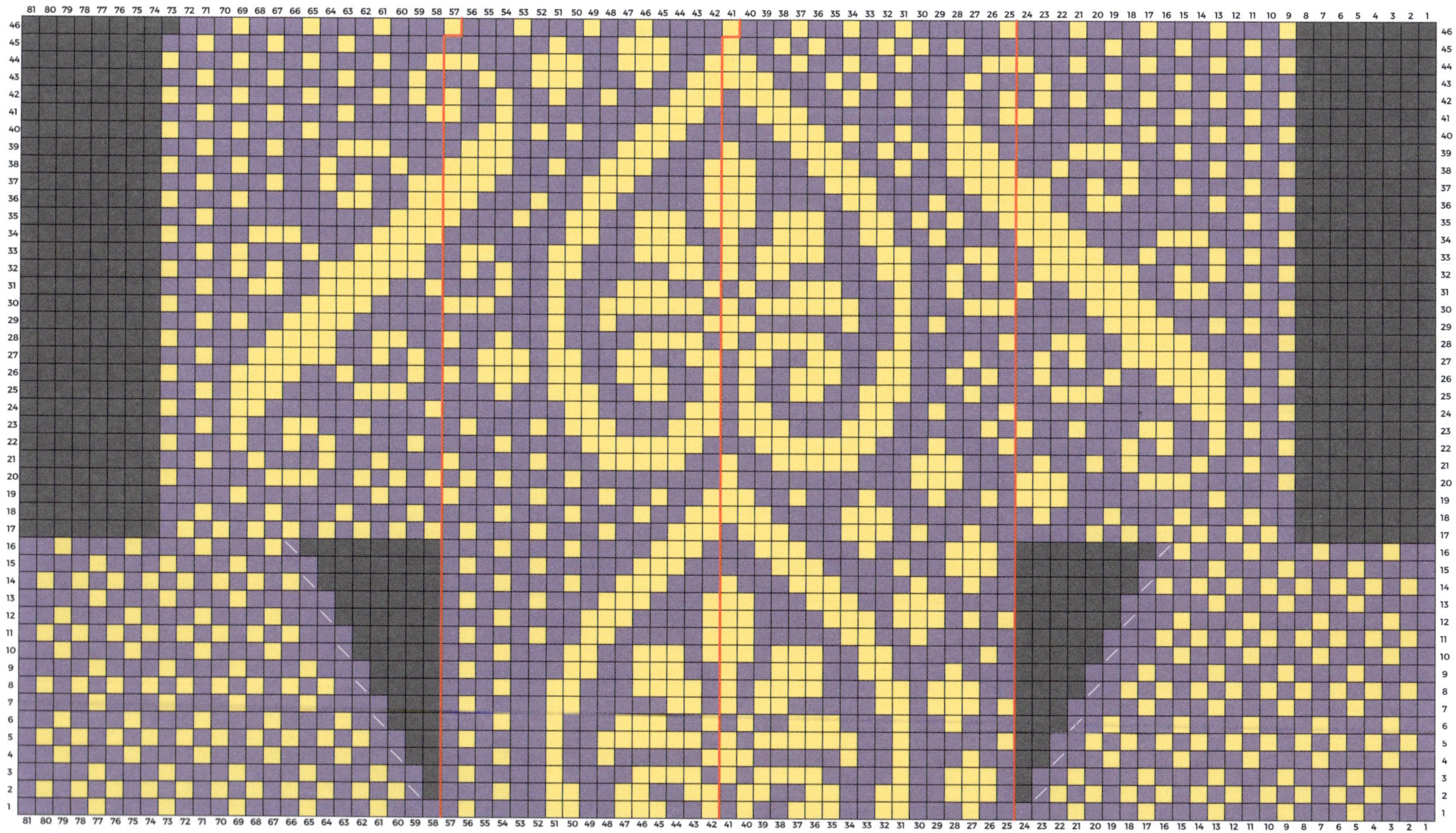

STRICKSCHRIFT B2, LINKE SOCKE

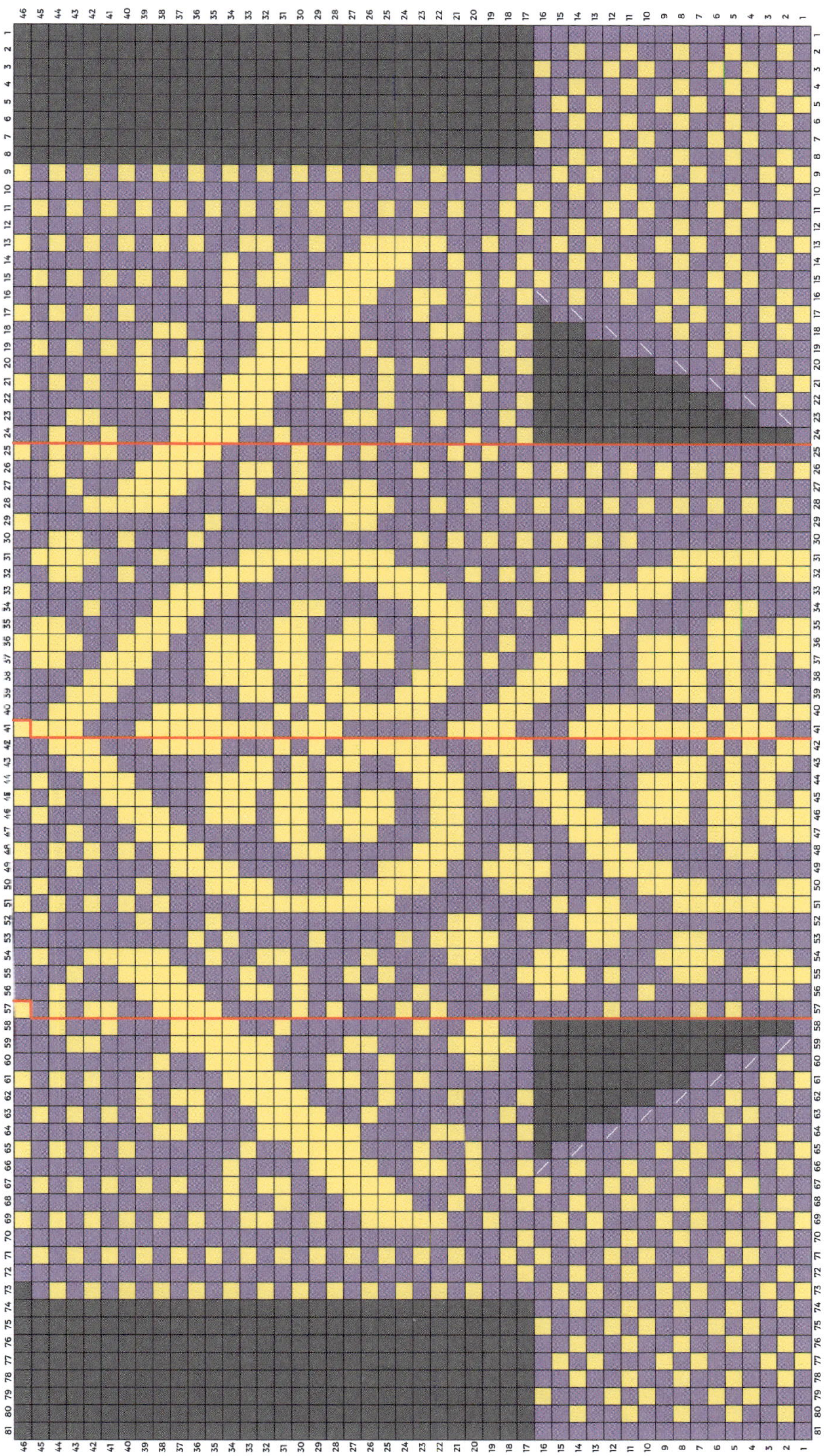

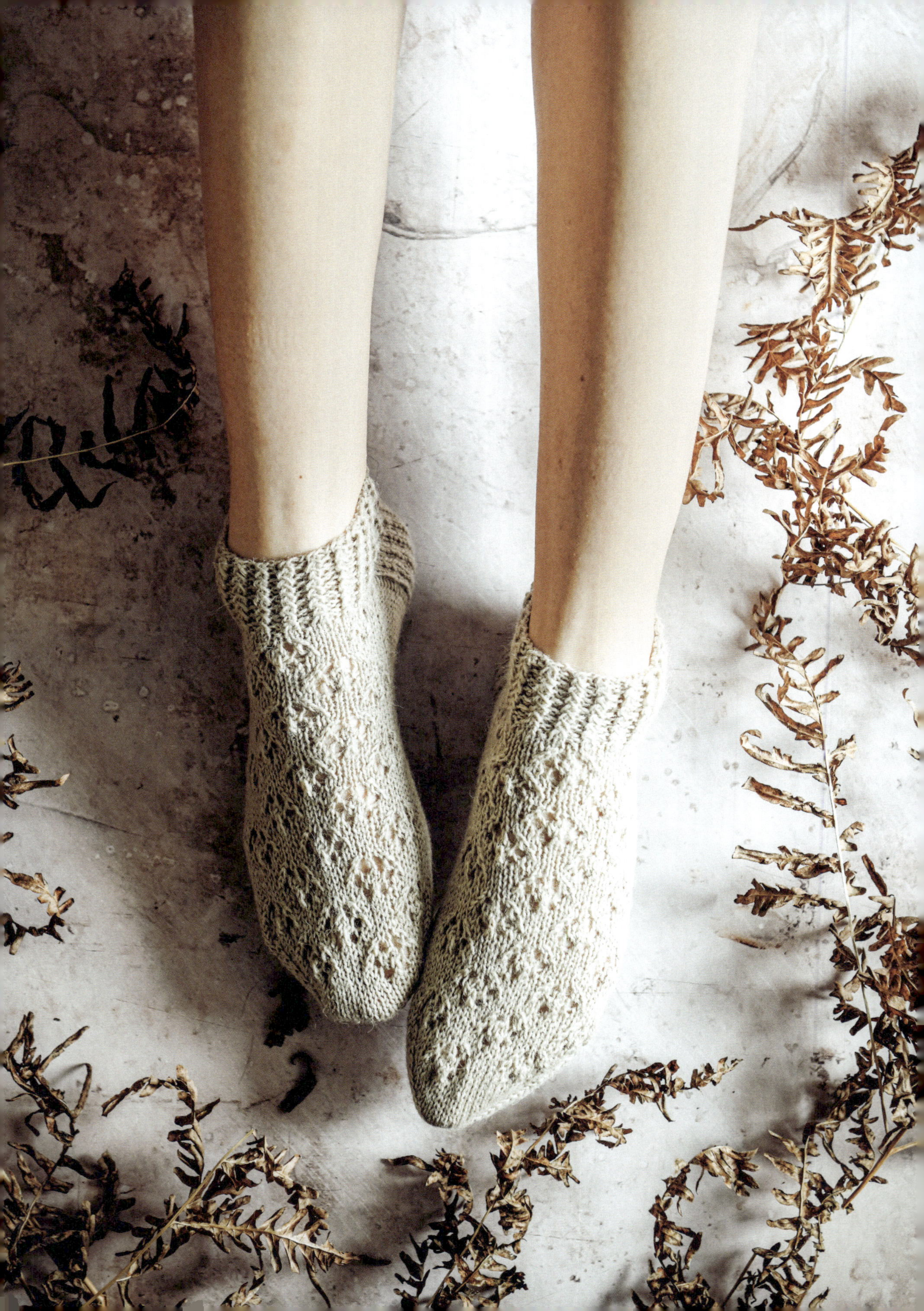

Sandmeere

In Afrika reisen wir durch die Sandmeere und Dünen der Sahara, im Schatten der Oasen werfen wir einen Blick in die unverwechselbare Welt der Einheimischen. Die Leichtigkeit dieser Socken im Spitzenmuster ist perfekt für warmes Wetter, und der kurze Schaft wird auch die jüngere Generation begeistern.

GRÖSSE: 37/39

GARN: Novita Venla, Sandstrand (Fb 606)

GARNVERBRAUCH: 60 g

NADELSPIEL: 2,5 mm

MASCHENPROBE: 28 M und 36 Rd = 10 x 10 cm

BEVOR SIE BEGINNEN

Spiralbündchen:

1. Rd: *2 M re, 1 M li, ab * wiederholen.

2. Rd: *1 M abheben, ohne sie zu stricken, die folgende M einmal von vorn und einmal von hinten re stricken, die abgehobene M über die gestrickten M ziehen, 1 M li, ab * wiederholen.

Diese zwei Rd fortlaufend wiederholen.

GRÖSSE 37

SCHAFT

60 M anschlagen und auf den Nd verteilen: 15-15-15-15. Für den Schaft 15 Rd Spiralbündchen und noch 1 Rd re stricken, die M auf den Nd verteilen: 15-15-14-16.

FERSE

Mit der verstärkten Fersenwand beginnen, dazu die M der 1. Nd auf die 4. Nd stricken (insg. 31 M). Die restlichen M bleiben ungestrickt. Die Arbeit wenden. Die 1. M li abheben, ohne sie zu stricken, die übrigen M li stricken, dabei 1 M zunehmen. Die Fersenwand hat jetzt 32 M.

1. R (Hin-R): Die Arbeit wenden, *1 M abheben, ohne sie zu stricken, 1 M re, ab * bis R-Ende wiederholen.

2. R (Rück-R): Die Arbeit wenden, 1 M li abheben, ohne sie zu stricken, die übrigen M li stricken.

Diese zwei R wiederholen, bis für die Fersenwand 32 R gestrickt sind und zuletzt eine Rück-R gestrickt wurde.

Die Käppchenabnahmen in der nächsten Hin-R beginnen und weiterhin verstärkt stricken, bis noch 11 M auf der Nd sind. 1 ssk oder Übz stricken und die Arbeit wenden. Auf der anderen Nd sind 9 M. 1 M li abheben, ohne sie zu stricken, li M stricken, bis 11 M übrig sind. 2 M li zusstr, die Arbeit wenden. 1 M abheben, ohne sie zu stricken, und verstärkt stricken, bis noch 10 M auf der Nd sind. 1 ssk oder Übz stricken und die Arbeit wenden. 1 M li abheben, ohne sie zu stricken, und li M stricken, bis 10 M übrig sind. 2 M li zusstr und die Arbeit wenden.

So fortfahren, dabei werden die äußeren M in jeder R reduziert, die mittleren M bleiben gleich (12 M).

Wenn die äußeren M aufgebraucht sind, die M der Fersenwand auf 2 Nd verteilen (6-6). 6 M re stricken, sodass der Faden in der Fersenmitte zwischen der 1. und 4. Nd liegt.

FUSSTEIL

Aus dem linken Fersenrand mit der freien Nd 18 M auffassen. Die 6 M der 1. Nd re stricken, danach die 18 aufgefassten M re verschränkt stricken. Mit der 2. und 3. Nd das Muster laut Strickschrift A1, Rd 1–12, arbeiten. Aus dem rechten Fersenrand 18 M auffassen und re verschränkt stricken, dabei noch die 6 M der 4. Nd auf dieselbe Nd stricken. Die Arbeit hat jetzt 77 M.

Mit den Zwickelabnahmen beginnen: Am Ende der 1. Nd 2 M re zusstr, am Anfang der 4. Nd in jeder 2. Rd 1 ssk oder Übz stricken. Mit der 2. und 3. Nd weiter im Muster stricken. Mit den Zwickelabnahmen fortfahren, bis 59 M (15-15-14-15) übrig sind. Mit der 1. und 4. Nd weiter re und mit der 2. und 3. Nd im Muster stricken. Wenn nach der Fersenwand 56 Rd und zuletzt Rd 8 der Strickschrift gestrickt sind, mit den Spitzenabnahmen beginnen.

1. Abnahmerunde:
1. Nd: 12 M re, 2 M re zusstr, 1 M re.
2. und 3. Nd: Rd 1 von Strickschrift B.
4. Nd: 1 M re, 1 ssk, 12 M re.

1. Zwischenrunde:
1. Nd: 14 M re.
2. und 3. Nd: Rd 2 von Strickschrift B.
4. Nd: 14 M re.

2. Abnahmerunde:
1. Nd: 11 M re, 2 M re zusstr, 1 M re.
2. und 3. Nd: Rd 3 von Strickschrift B.
4. Nd: 1 M re, 1 ssk, 11 M re.

2. Zwischenrunde:
1. Nd: 13 M re.
2. und 3. Nd: Rd 4 von Strickschrift B.
4. Nd: 13 M re.

Dann eine breite Bandspitze stricken. Die Abnahmen zunächst in jeder 2. R arbeiten, bis insg. noch 39 M (10-10-9-10) übrig sind. Danach in jeder Rd abnehmen.

1. und 3. Nd: re stricken, bis noch 3 M übrig sind, 2 M re zusstr, 1 M re.

2. und 4. Nd: 1 M re, 1 ssk, die restlichen M re stricken.

Wenn insg. noch 11 M übrig sind, den Faden abschneiden und durch die M ziehen.

Die Fadenenden vernähen und die Socken leicht dämpfen.

GRÖSSE 39

SCHAFT

63 M anschlagen und auf den Nd verteilen: 15-15-18-15. Für den Schaft 15 Rd Spiralbündchen und noch 1 Rd re stricken, die M auf den Nd verteilen: 15-16-15-17.

FERSE

Mit der verstärkten Fersenwand beginnen, dazu die M der 1. Nd auf die 4. Nd stricken (insg. 32 M). Die restlichen M bleiben ungestrickt. Die Arbeit wenden. Die 1. M li abheben, ohne sie zu stricken, die übrigen M li stricken.

1. R (Hin-R): Die Arbeit wenden, *1 M abheben, ohne sie zu stricken, 1 M re, ab * bis R-Ende wiederholen.

2. R (Rück-R): Die Arbeit wenden, 1 M li abheben, ohne sie zu stricken, die übrigen M li stricken.

Diese zwei R wiederholen, bis für die Fersenwand 32 R gestrickt sind und zuletzt eine Rück-R gestrickt wurde.

Die Käppchenabnahmen in der nächsten Hin-R beginnen und weiterhin verstärkt stricken, bis noch 11 M auf der Nd sind. 1 ssk oder Übz stricken und die Arbeit wenden. Auf der anderen Nd sind 9 M. 1 M li abheben, ohne sie zu stricken, li M stricken, bis 11 M übrig sind. 2 M li zusstr, die Arbeit wenden. 1 M abheben, ohne sie zu stricken, und verstärkt stricken, bis noch 10 M auf der Nd sind. 1 ssk oder Übz stricken und die Arbeit wenden. 1 M li abheben, ohne sie zu stricken, und li M stricken, bis 10 M übrig sind. 2 M li zusstr und die Arbeit wenden.

So fortfahren, dabei werden die äußeren M in jeder R reduziert, die mittleren M bleiben gleich (12 M).

Wenn die äußeren M aufgebraucht sind, die M der Fersenwand auf 2 Nd verteilen (6-6). 6 M re stricken, sodass der Faden in der Fersenmitte zwischen der 1. und 4. Nd liegt.

FUSSTEIL

Aus dem linken Fersenrand mit der freien Nd 18 M auffassen. Die 6 M der 1. Nd re stricken, danach die 18 aufgefassten M re verschränkt stricken. Mit der 2. und 3. Nd das Muster laut Strickschrift A2, Rd 1–12, arbeiten. Aus dem rechten Fersenrand 18 M auffassen und re verschränkt stricken, dabei noch die 6 M der 4. Nd auf dieselbe Nd stricken. Die Arbeit hat jetzt 79 M.

Mit den Zwickelabnahmen beginnen: Am Ende der 1. Nd 2 M re zusstr, am Anfang der 4. Nd in jeder 2. Rd 1 ssk oder Übz stricken. Mit der 2. und 3. Nd weiter im Muster stricken. Mit den Zwickelabnahmen fortfahren, bis 63 M (16-16-15-16) übrig sind. Mit der 1. und 4. Nd weiter re und mit der 2. und 3. Nd im Muster stricken. Wenn nach der Fersenwand 60 Rd und zuletzt Rd 12 der Strickschrift gestrickt sind, eine breite Bandspitze arbeiten.

Die Abnahmen zunächst in jeder 2. R arbeiten, bis insg. noch 35 M (9-9-8-9) übrig sind. Danach in jeder Rd abnehmen.

1. und 3. Nd: re stricken, bis noch 3 M übrig sind, 2 M re zusstr, 1 M re.

2. und 4. Nd: 1 M re, 1 ssk, die restlichen M re stricken.

Wenn insg. noch 11 M übrig sind, den Faden abschneiden und durch die M ziehen.

Die Fadenenden vernähen und die Socken leicht dämpfen.

STRICKSCHRIFT A1, GRÖSSE 37

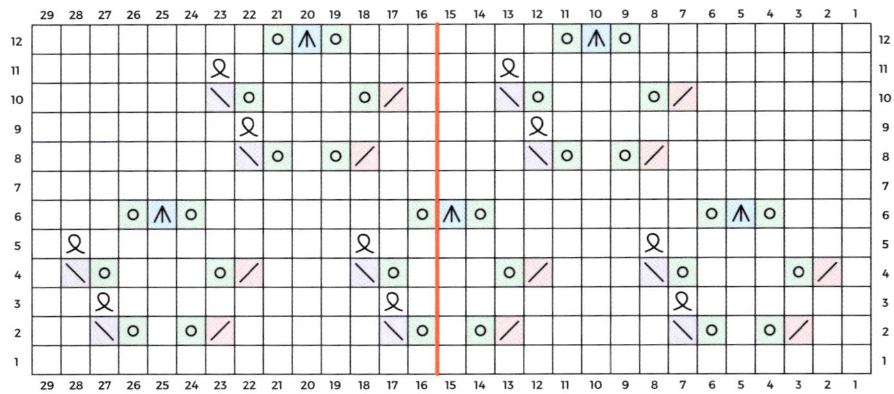

STRICKSCHRIFT A2, GRÖSSE 39

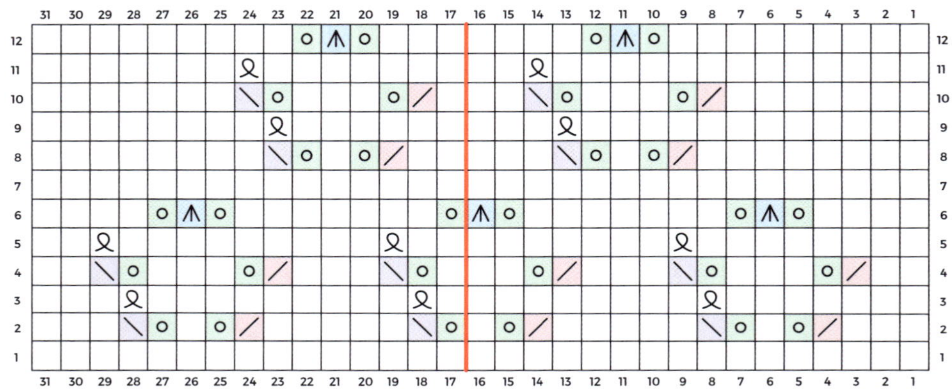

STRICKSCHRIFT B, GRÖSSE 37

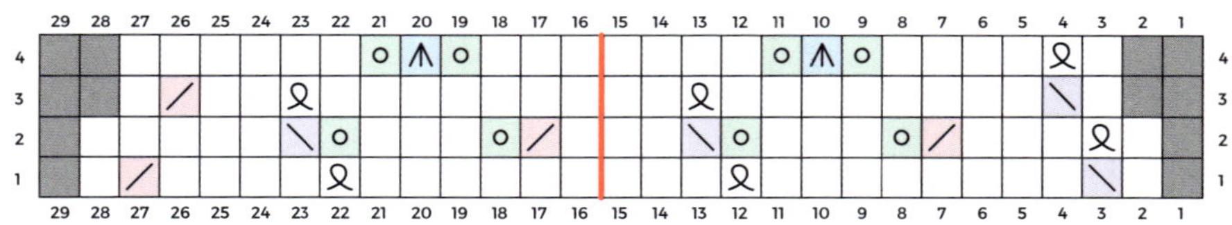

- 1 M rechts
- 1 M rechts verschränkt
- 1 M links
- 1 Umschlag
- ssk: 2 M nacheinander wie zum Rechtsstricken abheben, zurück auf die linke Nd legen und von hinten zusstr
- 2 M re zusstr
- 2 M wie zum Rechtsstricken abheben, 1 M re, die abgehobenen M über die gestrickte M ziehen
- keine Masche
- Nadelverteilung

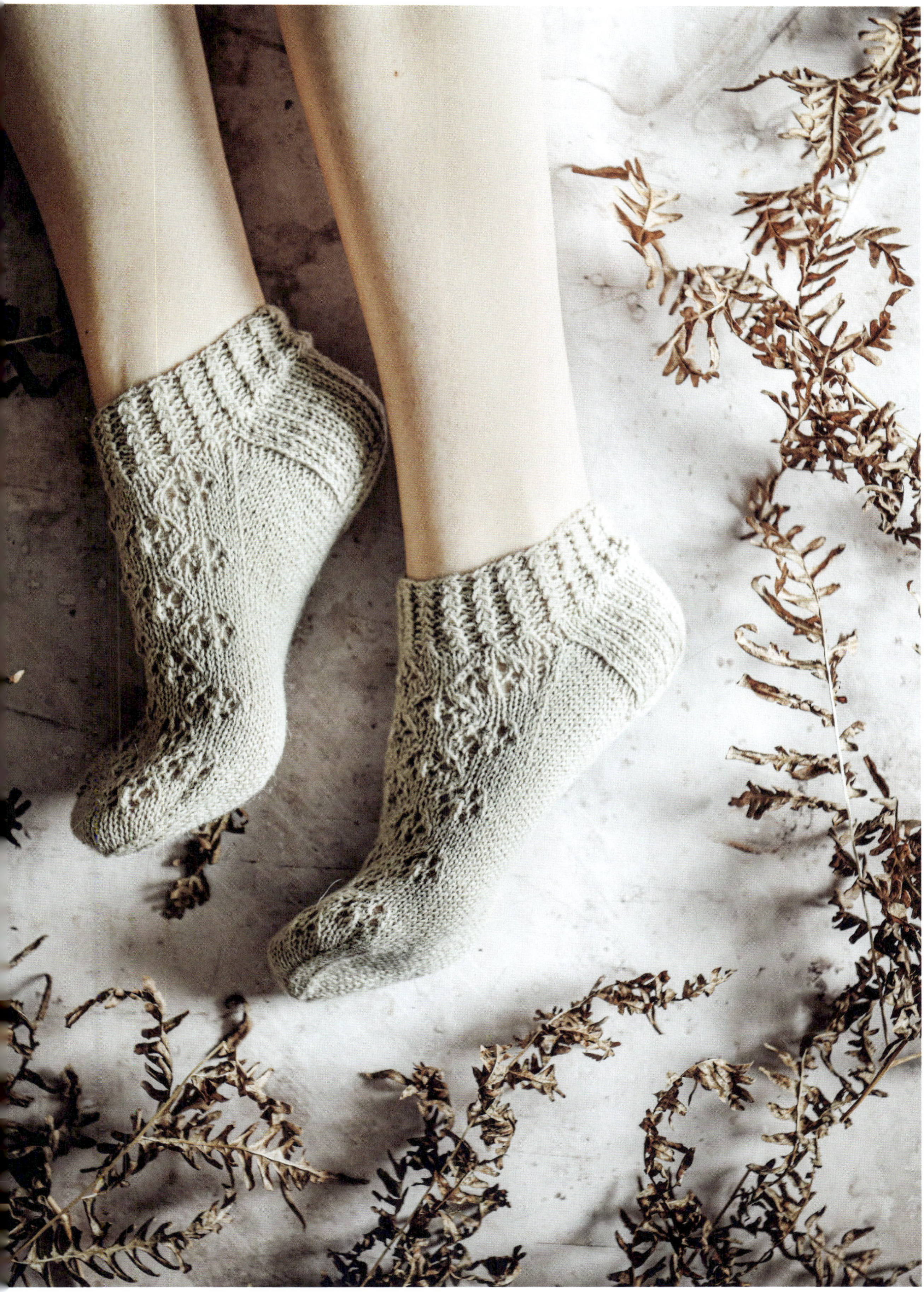

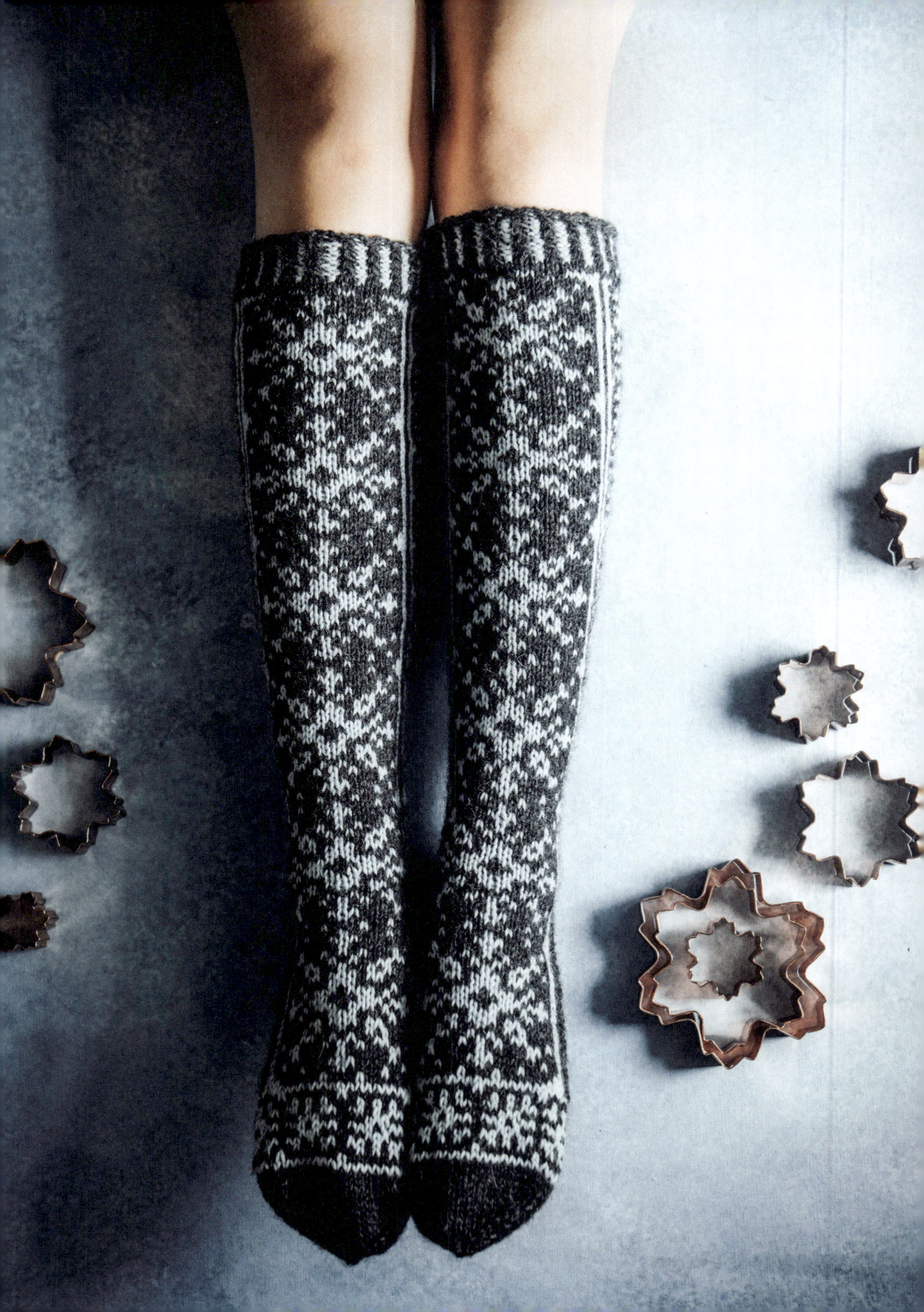

Antarctica

Wir machen einen Abstecher in die Antarktis, um die Eiseskälte und die Windböen über den Eisfeldern zu bewundern. In diesen Schneekristallsocken spüren Sie den Mix aus dem kalten, beißenden Frost und der warmen, weichen Verwöhnwolle.

GRÖSSE: 39

GARN UND GARNVERBRAUCH: Grundfarbe Novita 7 Veljestä, 130–150 g Graphit (Fb 044), Musterfarbe Novita 7 Veljestä, 80–90 g Blaustern (Fb 102)

NADELSPIEL: 3,5 mm

MASCHENPROBE: 20 M und 26 Rd = 10 cm x 10 cm

BEVOR SIE BEGINNEN

Die Strickschrift wird von unten nach oben und von rechts nach links gelesen. Die Anleitung gilt für zwei Schäfte unterschiedlicher Größe (mittel und breit). Laut Strickschrift A1 gearbeitete Socken haben eine Schaftbreite, die für Waden mit einem Umfang von ca. 35–39 cm passt. Laut Strickschrift A2 gearbeitete Socken passen für Waden mit einem Umfang von ca. 40–45 cm. Die Ferse und das Fußteil werden in beiden Größen nach derselben Anleitung gearbeitet.

SCHAFT (MITTEL)

63 M in der Grundfarbe anschlagen und auf den Nd verteilen: 15-17-16-15. Das Bündchenmuster laut Strickschrift A1, Rd 1-9 arbeiten. In der 10. Rd re M stricken, dabei 2 M zunehmen. Die M auf den Nd verteilen: 16-17-16-16.

Das Einstrickmuster laut Strickschrift A1 ab der 11. Rd beginnen und den Schaft laut der Strickschrift arbeiten, dabei in den unten genannten Rd wie markiert abnehmen.

Abnahmen:
40. Rd: mit der 4. Nd abnehmen und **41. Rd:** mit der 1. Nd abnehmen (die Arbeit hat 63 M).
53. Rd: mit der 4. Nd abnehmen und **54. Rd:** mit der 1. Nd abnehmen (die Arbeit hat 61 M).
In der 55. Rd die M neu auf den Nd verteilen: 18-13-12-18.
60. Rd: mit der 4. Nd abnehmen und **61. Rd:** mit der 1. Nd abnehmen (die Arbeit hat 59 M).
66. Rd: mit der 4. Nd abnehmen und **67. Rd:** mit der 1. Nd abnehmen (die Arbeit hat 57 M).
71. Rd: mit der 4. Nd abnehmen und **72. Rd:** mit der 1. Nd abnehmen (die Arbeit hat 55 M).
76. Rd: mit der 4. Nd abnehmen und **77. Rd:** mit der 1. Nd abnehmen (die Arbeit hat 53 M).
80. Rd: mit der 4. Nd abnehmen und **81. Rd:** mit der 1. Nd abnehmen (die Arbeit hat 51 M).

Wenn alle 104 Rd für den Schaft gestrickt sind, die M auf den Nd verteilen: 13-13-12-13.

SCHAFT (BREIT)

72 M in der Grundfarbe anschlagen und auf den Nd verteilen: 18-18-20-16. Das Bündchenmuster laut Strickschrift A2, Rd 1–9 arbeiten. In der 10. Rd re M stricken, dabei 1 M zunehmen. Die M auf den Nd verteilen: 18-19-18-18.

Das Einstrickmuster laut Strickschrift A2 ab der 11. Rd beginnen und den Schaft laut der Strickschrift arbeiten, dabei in den unten genannten Rd wie markiert abnehmen.

Abnahmen:
39. Rd: mit der 4. Nd abnehmen und **40. Rd:** mit der 1. Nd abnehmen (die Arbeit hat 71 M).
45. Rd: mit der 4. Nd abnehmen und **46. Rd:** mit der 1. Nd abnehmen (die Arbeit hat 69 M).
50. Rd: mit der 4. Nd abnehmen und **51. Rd:** mit der 1. Nd abnehmen (die Arbeit hat 67 M).
55. Rd: mit der 4. Nd abnehmen und **56. Rd:** mit der 1. Nd abnehmen (die Arbeit hat 65 M).
In der 55. Rd die M neu auf den Nd verteilen: 20-13-12-20.
60. Rd: mit der 4. Nd abnehmen und **61. Rd:** mit der 1. Nd abnehmen (die Arbeit hat 63 M).
65. Rd: mit der 4. Nd abnehmen und **66. Rd:** mit der 1. Nd abnehmen (die Arbeit hat 61 M).
70. Rd: mit der 4. Nd abnehmen und **71. Rd:** mit der 1. Nd abnehmen (die Arbeit hat 59 M).
75. Rd: mit der 4. Nd abnehmen und **76. Rd:** mit der 1. Nd abnehmen (die Arbeit hat 57 M).
80. Rd: mit der 4. Nd abnehmen und **81. Rd:** mit der 1. Nd abnehmen (die Arbeit hat 55 M).
85. Rd: mit der 4. Nd abnehmen und **86. Rd:** mit der 1. Nd abnehmen (die Arbeit hat 53 M).
92. Rd: mit der 1. Nd abnehmen (die Arbeit hat 52 M).
104. Rd: mit der 4. Nd abnehmen (die Arbeit hat 51 M).

Wenn alle 104 Rd für den Schaft gestrickt sind, die M auf den Nd verteilen: 13-13-12-13.

FERSE

Mit der verstärkten Fersenwand in der Grundfarbe beginnen, dazu die M der 1. Nd re auf die 4. Nd stricken (insg. 26 M). Die restlichen M bleiben ungestrickt. Die Arbeit wenden, die 1. M li abheben, ohne sie zu stricken, die übrigen M li stricken. Gleichzeitig 2 M abnehmen, damit die Fersenwand 24 M hat.

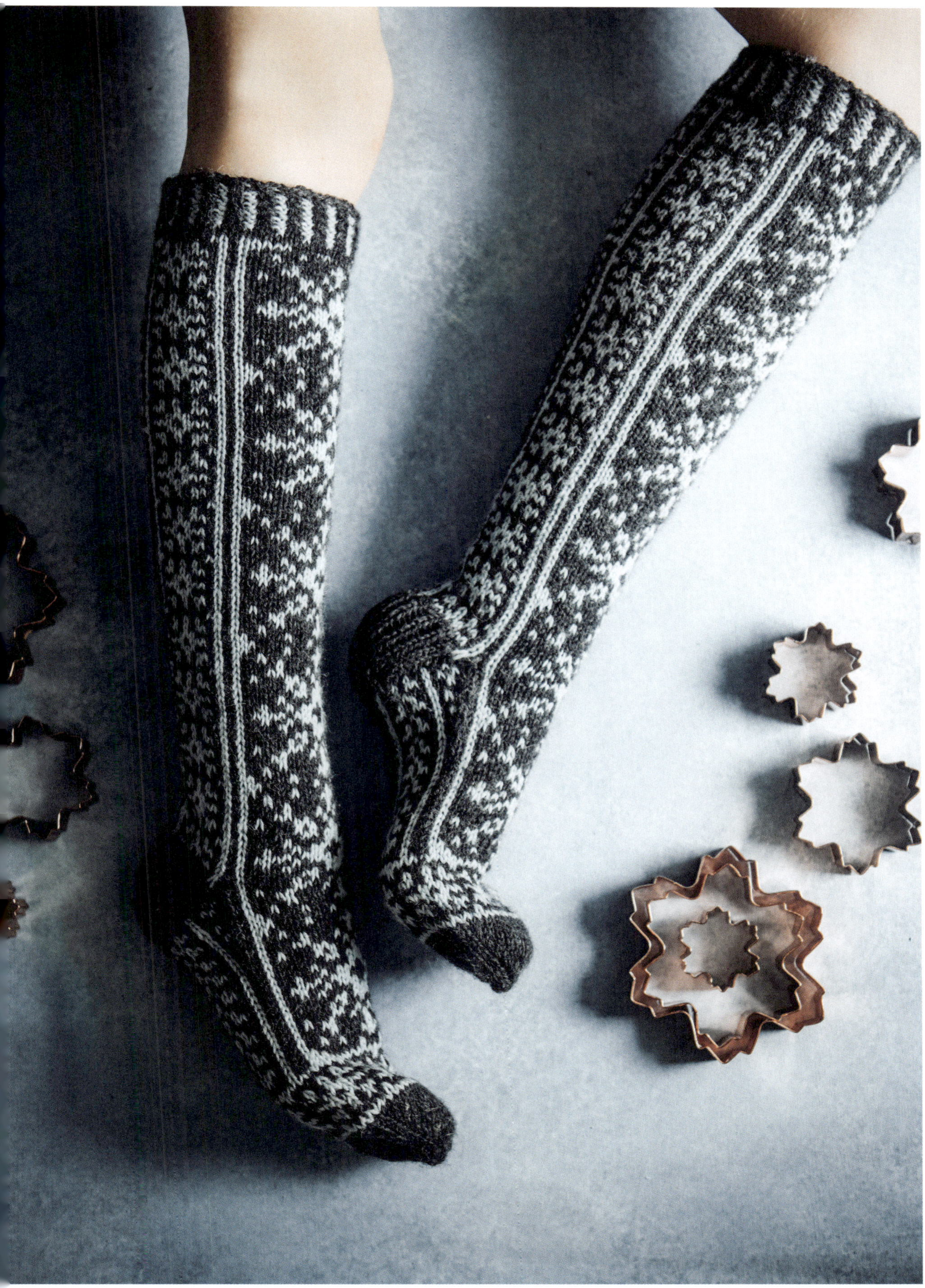

1. R (Hin-R): Die Arbeit wenden, *1 M abheben, ohne sie zu stricken, 1 M re, ab * bis R-Ende wiederholen.

2. R (Rück-R): Die Arbeit wenden, 1 M li abheben, ohne sie zu stricken, 1 M li, *1 M re, 1 M li, ab * bis R-Ende wiederholen.

Diese zwei R wiederholen, bis für die Fersenwand 24 R gestrickt sind und zuletzt eine Rück-R gestrickt wurde.

Die Käppchenabnahmen in der nächsten Hin-R beginnen und weiterhin verstärkt stricken, bis noch 9 M auf der Nd sind. 1 Übz stricken und die Arbeit wenden. Auf der anderen Nd sind 7 M. 1 M li abheben, ohne sie zu stricken, und verstärkt stricken, bis 9 M übrig sind. 2 M li zusstr, die Arbeit wenden. 1 M re abheben, ohne sie zu stricken, und verstärkt stricken, bis noch 8 M auf der Nd sind. 1 Übz stricken und die Arbeit wenden. 1 M li abheben, ohne sie zu stricken, und verstärkt stricken, bis 8 M übrig sind. 2 M li zusstr und die Arbeit wenden.

So fortfahren, dabei werden die äußeren M in jeder R reduziert, die mittleren M bleiben gleich (8 M).

Wenn die äußeren M aufgebraucht sind, die M der Fersenwand auf 2 Nd verteilen (4-4). 4 M re stricken, sodass der Faden in der Fersenmitte zwischen der 1. und 4. Nd liegt.

FUSSTEIL

Aus dem Fersenrand mit der 1. Nd 14 M auffassen, mit der 4. Nd aus dem anderen Fersenrand ebenfalls 14 M auffassen. Die Arbeit hat jetzt 61 M. Mit dem Einstrickmuster laut Strickschrift B mit der 1. Rd beginnen. Die aus dem Fersenrand aufgefassten M re verschränkt stricken.

Für die Zwickelabnahmen in den in der Strickschrift B angegebenen Rd (2, 4, 6, 8, 10 und 12) am Ende der 1. Nd 2 M re zusstr, am Anfang der 4. Nd 1 ssk oder Übz stricken. Die grau markierten Karos stellen keine Maschen dar. Nach den Zwickelabnahmen sind 49 M übrig (12-13-12-12). Mit dem Einstrickmuster laut Strickschrift fortfahren.

Wenn 37 Rd laut Strickschrift B gestrickt sind, noch die letzte Rd stricken, dabei am Ende der 4. Nd 1 M abnehmen. Die M auf den Nd verteilen: 12-12-12-12. Nun in der Grundfarbe eine breite Bandspitze arbeiten:

1. und 3. Nd: re stricken, bis noch 3 M übrig sind, 2 M re zusstr, 1 M re.

2. und 4. Nd: 1 M re, 1 ssk, die restlichen M re stricken.

Die Abnahmen zunächst in jeder 2. Rd stricken. Wenn noch 8 M pro Nd (insg. 32 M) übrig sind, die Abnahmen in jeder Rd stricken.

Wenn insg. noch 8 M übrig sind, den Faden abschneiden und durch die M ziehen.

Die Fadenenden vernähen und die Socken leicht dämpfen.

STRICKSCHRIFT B

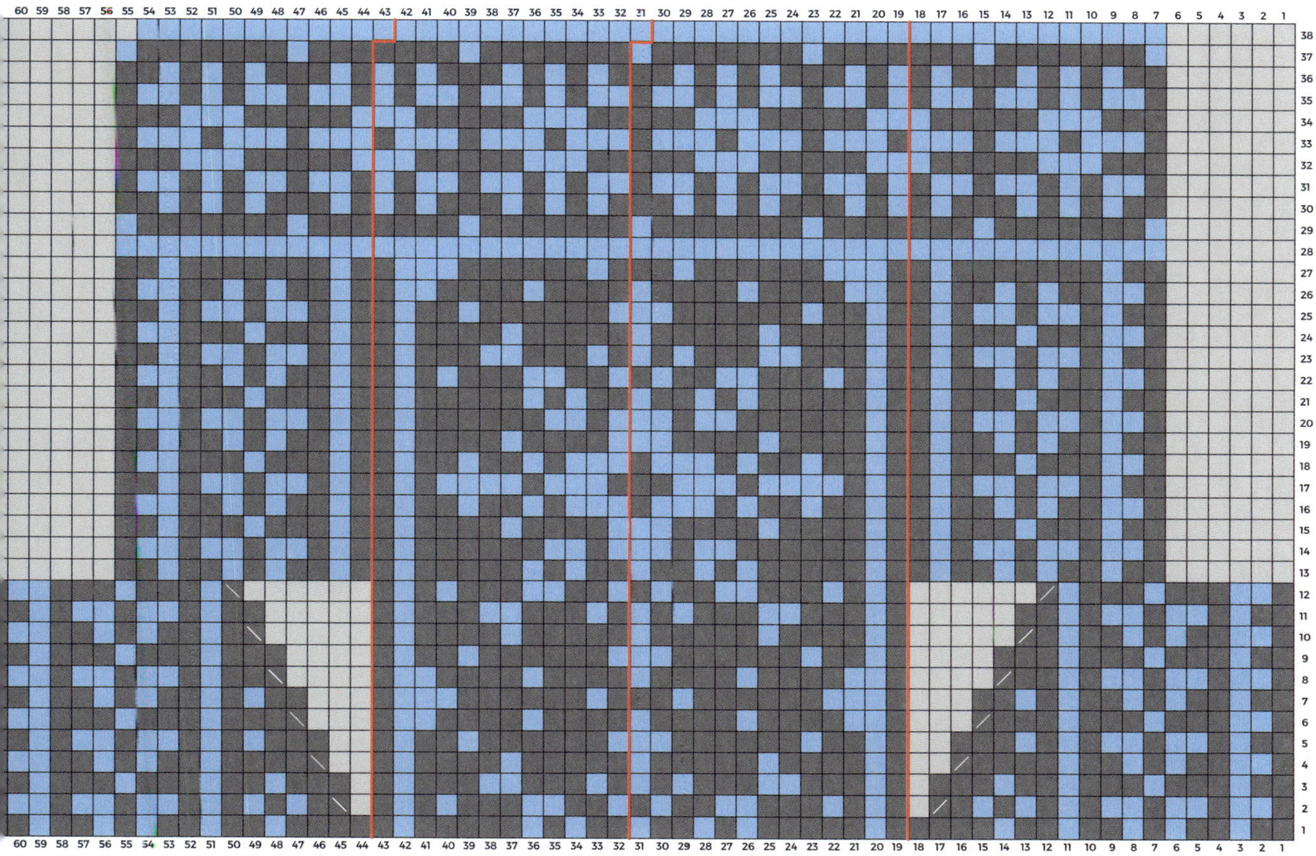

- 1 M rechts (Grundfarbe)
- 1 M rechts (Musterfarbe)
- 1 M links (Musterfarbe)
- Spiralbündchen = 1 M abheben, ohne sie zu stricken, die folgende M einmal von vorn und einmal von hinten rechts abstricken, die abgehobene M über die gestrickten M ziehen (Grundfarbe)
- ssk: 2 M nacheinander wie zum Rechtsstricken abheben, zurück auf die linke Nd legen und von hinten zusstr (Grundfarbe)
- 2 M rechts verschränkt (Grundfarbe)
- ssk: 2 M nacheinander wie zum Rechtsstricken abheben, zurück auf die linke Nd legen und von hinten zusstr (Musterfarbe)
- 2 M rechts verschränkt (Musterfarbe)
- keine Masche
- Nadelverteilung

STRICKSCHRIFT A1, SCHAFT (MITTEL)

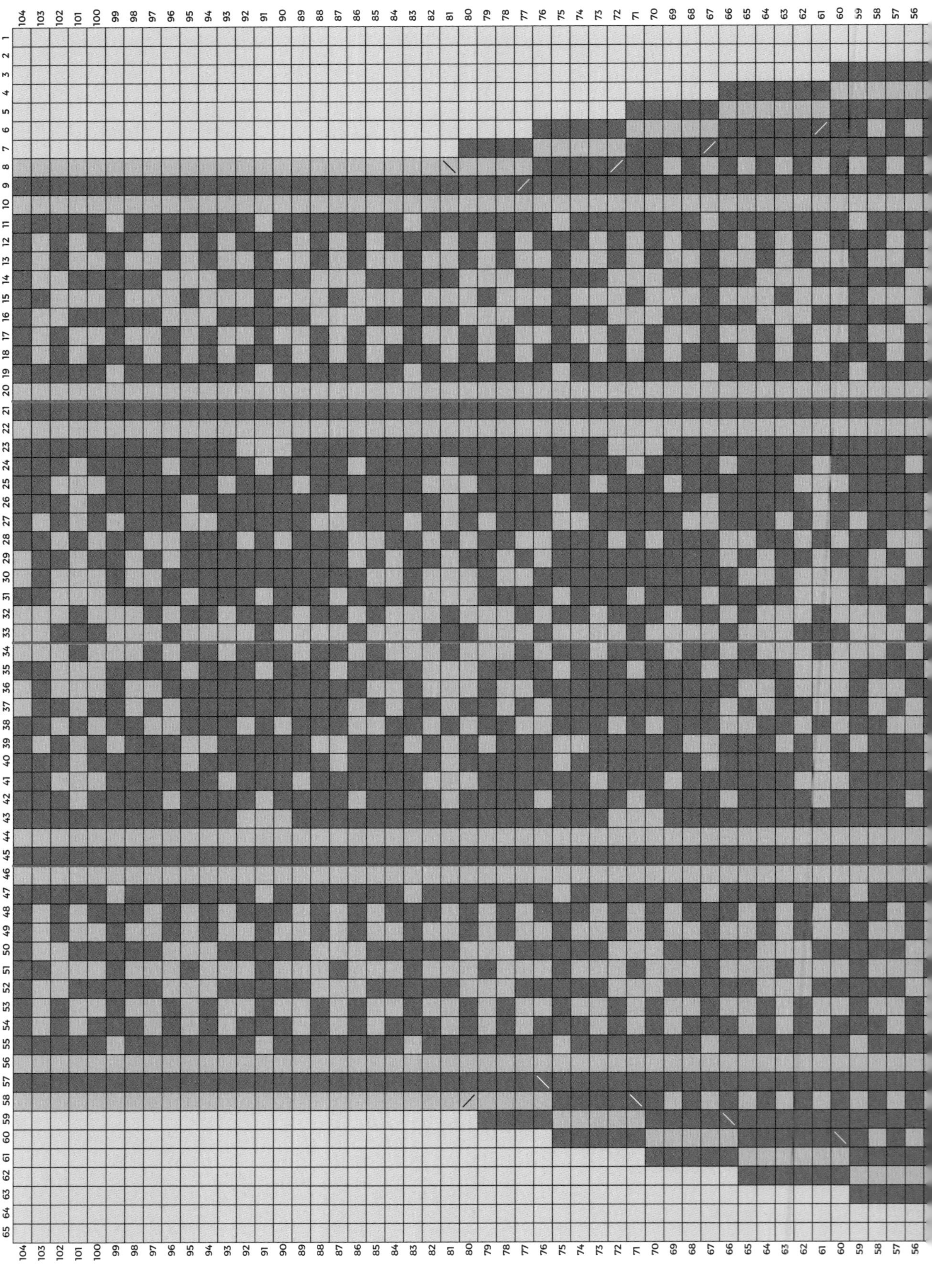

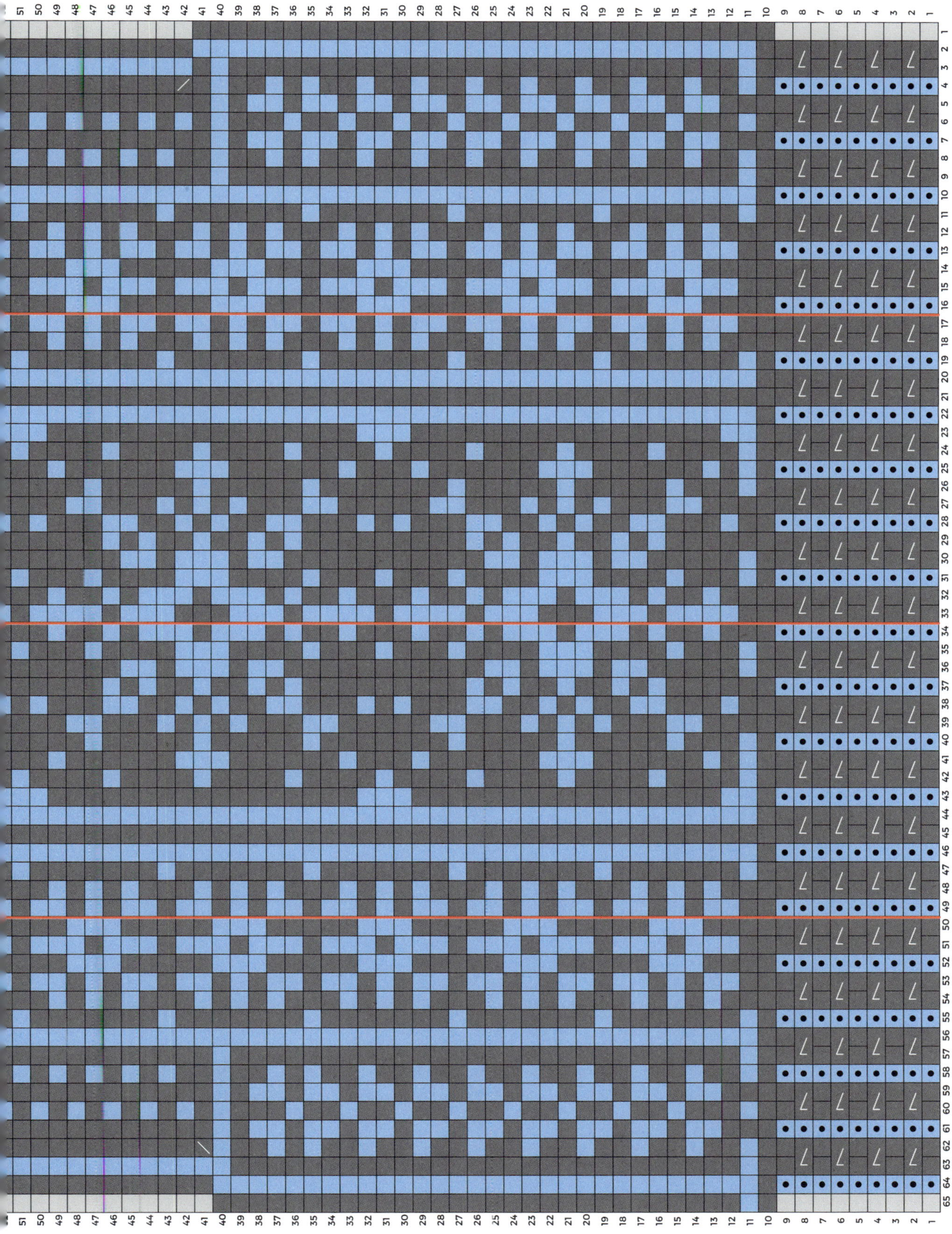

STRICKSCHRIFT A2, SCHAFT (BREIT)

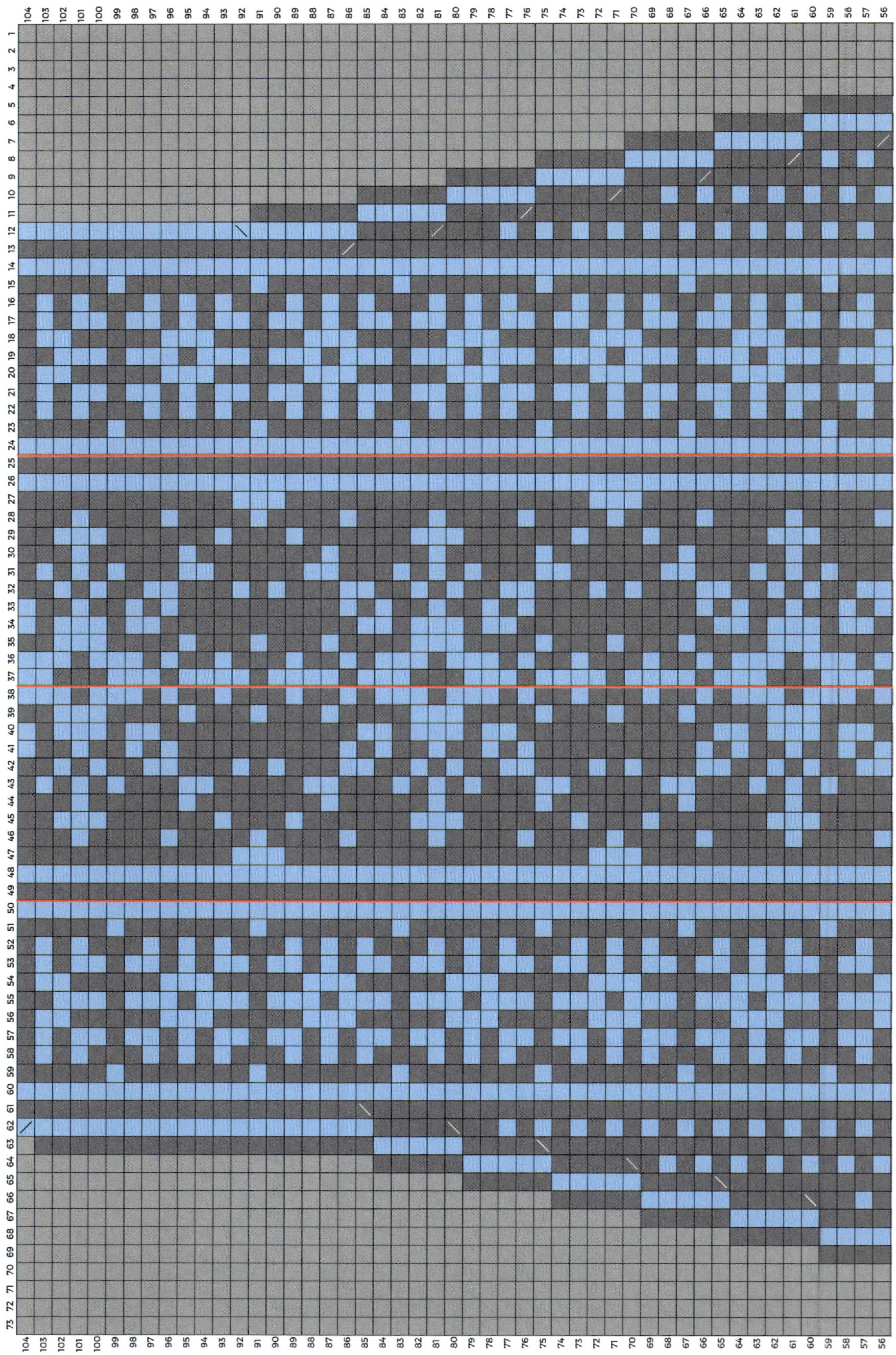

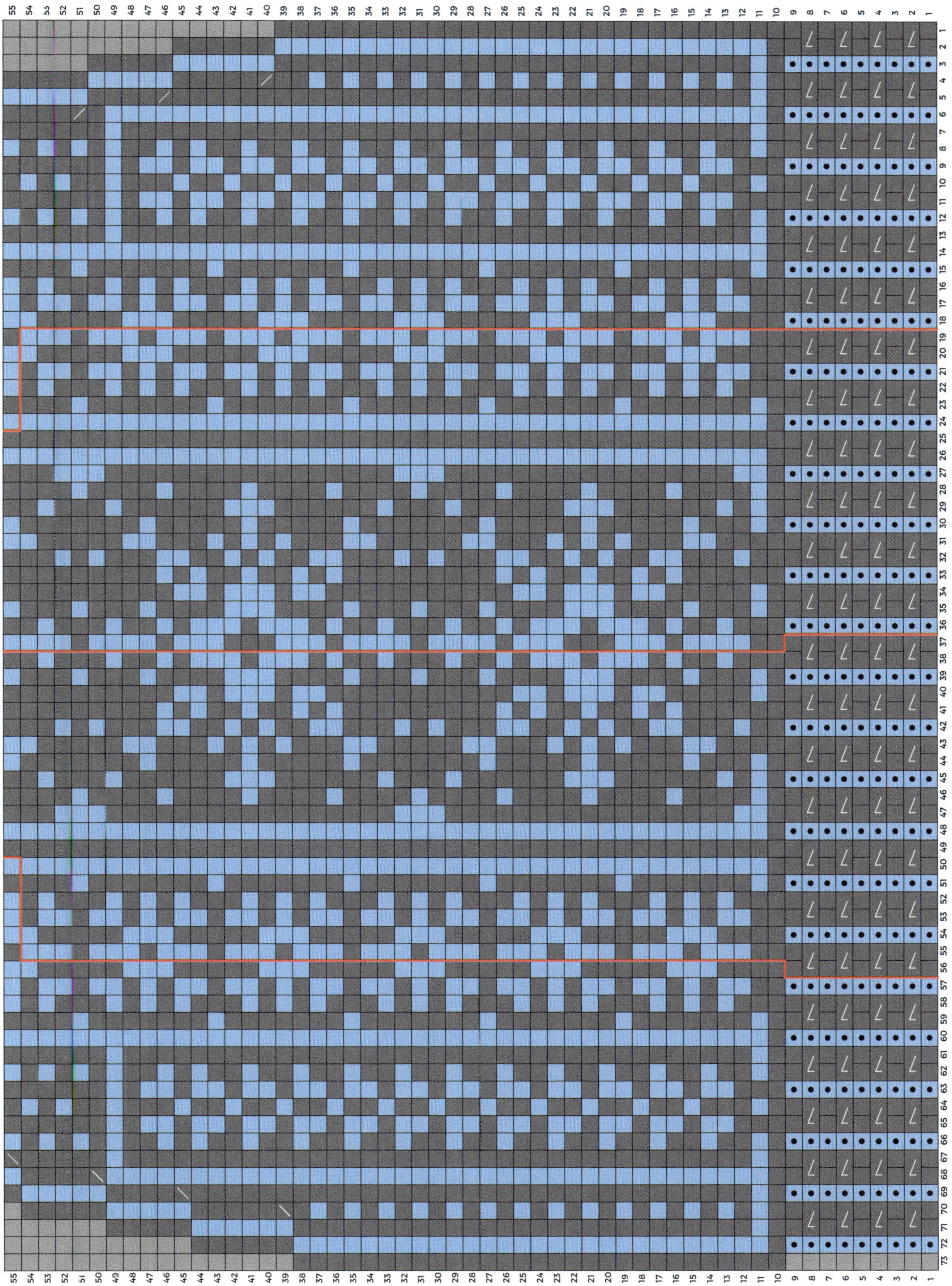

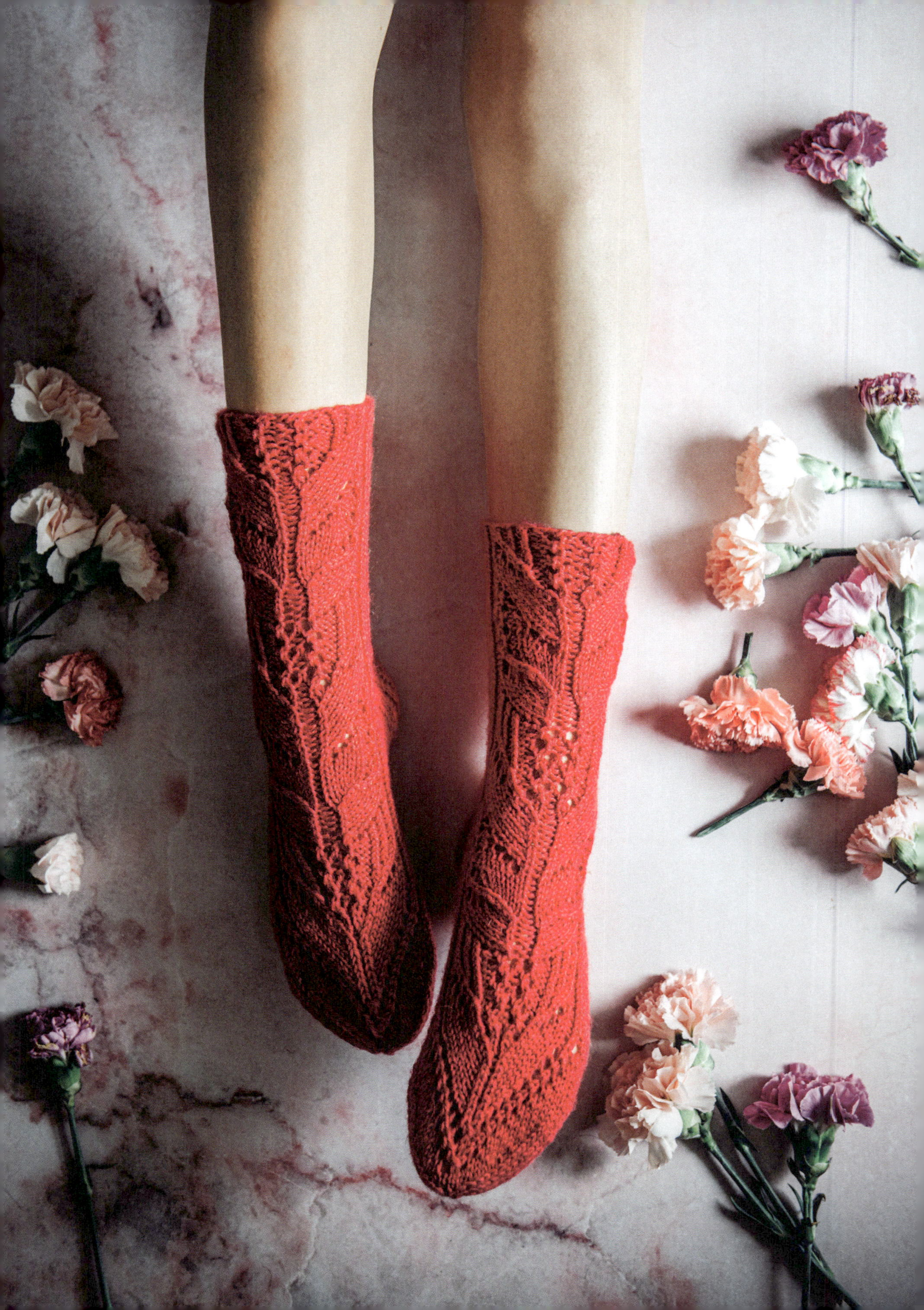

Rio de Janeiro

Tanzen und Feiern, bunte Farben und fröhliches Lachen von morgens bis abends. Die Rhythmen des Sambakarnevals in Rio haben auch zu diesen Spitzensocken gefunden, die in leuchtendem Fuchsia eine ausgelassene und fröhliche Stimmung erzeugen.

GRÖSSE: 37/39/41

GARN UND GARNVERBRAUCH: Novita 7 Veljestä, 105/110/120 g Anemone (Fb 555)

NADELSPIEL: 3,5 mm

MASCHENPROBE: 21 M und 26 Rd = 10 cm x 10 cm

BEVOR SIE BEGINNEN

Alle Größen sind in den gleichen Strickschriften gezeichnet. Die Anleitung gibt an, welche Runden in den Strickschriften für welche Größe gestrickt werden müssen. Die Anleitung für die Ferse gilt für alle Größen.

SCHAFT

GRÖSSE 37:

47 M anschlagen und auf den Nd verteilen: 11-13-12-11. Den Schaft wie folgt stricken:

1. Nd: 1 M re, 2 M li, 2 M re, 2 M li, 2 M re, 2 M li.

2. und 3. Nd: Rd 1–54 laut Strickschrift A.

4. Nd: 2 M li, 2 M re, 2 M li, 2 M re, 2 M li, 1 M re. Noch eine Rd wie folgt: Mit der 1. Nd im Bündchenmuster wie zuvor, mit der 2. und 3. Nd im Muster laut Strickschrift (Rd 55), mit der 4. Nd re stricken.

GRÖSSE 39:

49 M anschlagen und auf den Nd verteilen: 12-13-12-12. Den Schaft wie folgt stricken:

1. Nd: 1 M re, 2 M li, 2 M re, 2 M li, 2 M re, 2 M li, 1 M re.

2. und 3. Nd: Rd 1–51 laut Strickschrift A.

4. Nd: 1 M re, 2 M li, 2 M re, 2 M li, 2 M re, 2 M li, 1 M re.

Noch eine Rd wie folgt: Mit der 1. Nd im Bündchenmuster wie zuvor, mit der 2. und 3. Nd im Muster laut Strickschrift (Rd 52), mit der 4. Nd re stricken.

GRÖSSE 41:

51 M anschlagen und auf den Nd verteilen: 13-13-12-13. Den Schaft wie folgt stricken:

1. Nd: 1 M re, 2 M li, 2 M re, 2 M li, 2 M re, 2 M li, 2 M re.

2. und 3. Nd: Rd 1–47 laut Strickschrift A.

4. Nd: 2 M re, 2 M li, 2 M re, 2 M li, 2 M re, 2 M li, 1 M re.

Noch eine Rd wie folgt: Mit der 1. Nd im Bündchenmuster wie zuvor, mit der 2. und 3. Nd im Muster laut Strickschrift (Rd 48), mit der 4. Nd re stricken.

FERSE

Mit der umgekehrt verstärkten Fersenwand beginnen, dazu die M der 1. Nd re auf die 4. Nd stricken (insg. 22/24/26 M).

Die restlichen M bleiben ungestrickt. Die Arbeit wenden, die 1. M li abheben, ohne sie zu stricken, die übrigen M li stricken. Für Größe 37 noch 2 M zunehmen, für Größe 41 noch 2 M abnehmen, damit die Fersenwand 24 M hat.

1. R (Hin-R): Die Arbeit wenden, 1 M re abheben, ohne sie zu stricken, 1 M re, *1 M li abheben mit dem Faden vor der Arbeit, 1 M re, ab * bis R-Ende wiederholen.

2. R (Rück-R): Die Arbeit wenden, 1 M li abheben, ohne sie zu stricken, die übrigen M li stricken.

Diese zwei R wiederholen, bis für die Fersenwand 24 R gestrickt sind und zuletzt eine Rück-R gestrickt wurde.

Die Käppchenabnahmen in der nächsten Hin-R beginnen und weiterhin verstärkt stricken, bis noch 9 M auf der Nadel sind. 1 ssk oder Übz stricken und die Arbeit wenden. Auf der anderen Nd sind 7 M. 1 M li abheben, ohne sie zu stricken, und li stricken, bis 9 M übrig sind. 2 M li zusstr und die Arbeit wenden. 1 M re abheben, ohne sie zu stricken, und verstärkt stricken, bis 8 M übrig sind. 1 ssk oder Übz stricken und die Arbeit wenden. 1 M li abheben, ohne sie zu stricken, und li stricken, bis 8 M übrig sind. 2 M li zusstr und die Arbeit wenden. So fortfahren, dabei werden die äußeren M in jeder R reduziert, die mittleren M bleiben gleich (8 M).

Wenn die äußeren M aufgebraucht sind, die M der Fersenwand auf 2 Nd verteilen (4-4). 4 M re stricken, sodass der Faden in der Fersenmitte zwischen der 1. und der 4. Nd liegt.

FUSSTEIL

Aus dem linken Fersenrand mit der freien Nd 14 M auffassen. Die 4 M der 1. Nd, danach die 14 aufgefassten M re verschränkt stricken. Mit der 2. und 3. Nd das Muster laut Strickschrift B arbeiten, mit Rd 8/5/1 beginnen.

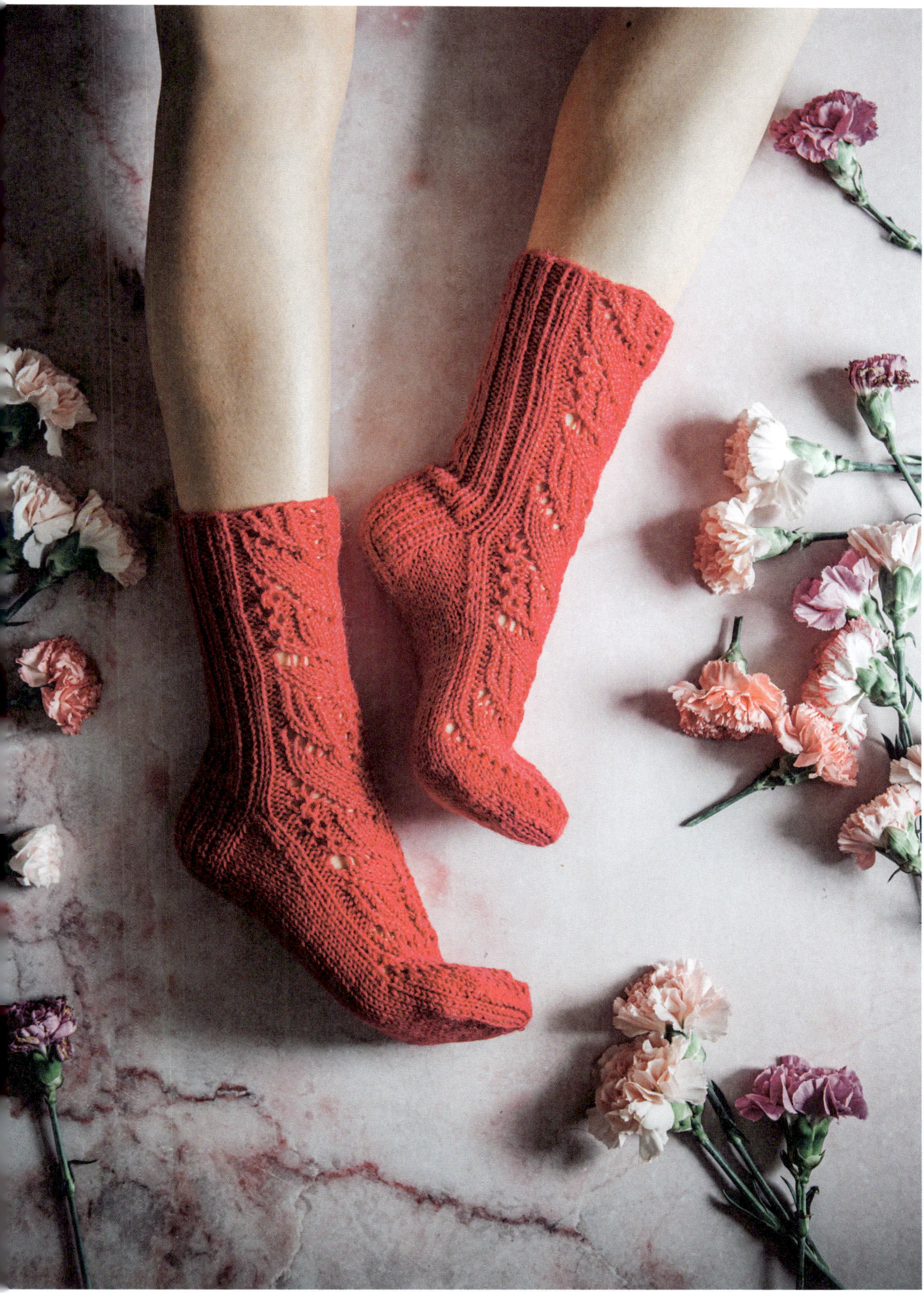

Aus dem rechten Fersenrand 14 M auffassen und re verschränkt stricken, dabei noch die 4 M der 4. Nd auf dieselbe Nd stricken. Die Arbeit hat jetzt 61 M.

Mit den Zwickelabnahmen beginnen: Am Ende der 1. Nd 2 M re zusstr, am Anfang der 4. Nd in jeder 2. Rd 1 ssk oder Übz stricken. Mit der 2. und 3. Nd weiter im Muster laut Strickschrift B stricken. Mit den Zwickelabnahmen fortfahren, bis 47/49/51 M (11-13-12-11/12-13-12-12/13-13-12-13) übrig sind. Mit der 1. und 4. Nd weiter re und mit der 2. und 3. Nd im Muster laut Strickschrift B stricken.

Für Größe 37 die Rd 8–49 (insg. 42 Rd) für den Fußteil laut Strickschrift B stricken.

Für Größe 39 die Rd 5–49 (insg. 45 Rd) für den Fußteil laut Strickschrift B stricken.

Für Größe 41 die Rd 1–49 (insg. 49 Rd) für den Fußteil laut Strickschrift B stricken.

Wenn nach der Fersenwand die Rd 49 der Strickschrift gestrickt wurde, mit den Spitzenabnahmen beginnen. Mit der 1. und 4. Nd eine breite Bandspitze arbeiten. Die Abnahmen zunächst in jeder 2. R arbeiten, bis insg. 8/8/9 M pro Nd übrig sind. Danach in jeder Rd abnehmen.

Achtung! Für Größe 37 die erste Abnahmerunde nicht vornehmen.

1. Nd: re stricken, bis noch 3 M übrig sind, 2 M re zusstr, 1 M re.

4. Nd: 1 M re, 1 ssk, die restlichen M re stricken.

2. und 3. Nd: die Spitzenabnahmen laut Strickschrift C (Rd 1–13) stricken.

Wenn noch 9/9/11 M übrig sind, den Faden abschneiden und durch die M ziehen.

Die Fadenenden vernähen und die Socken leicht dämpfen.

- 1 M rechts
- 1 M rechts verschränkt
- 1 M links
- 1 Umschlag
- 2 M re zusstr
- ssk: 2 M nacheinander wie zum Rechtsstricken abheben, zurück auf die linke Nd legen und von hinten zusstr
- 1 M abheben, 2 M re zusstr, die abgehobene M über die gestrickten M ziehen
- keine Masche
- Nadelverteilung

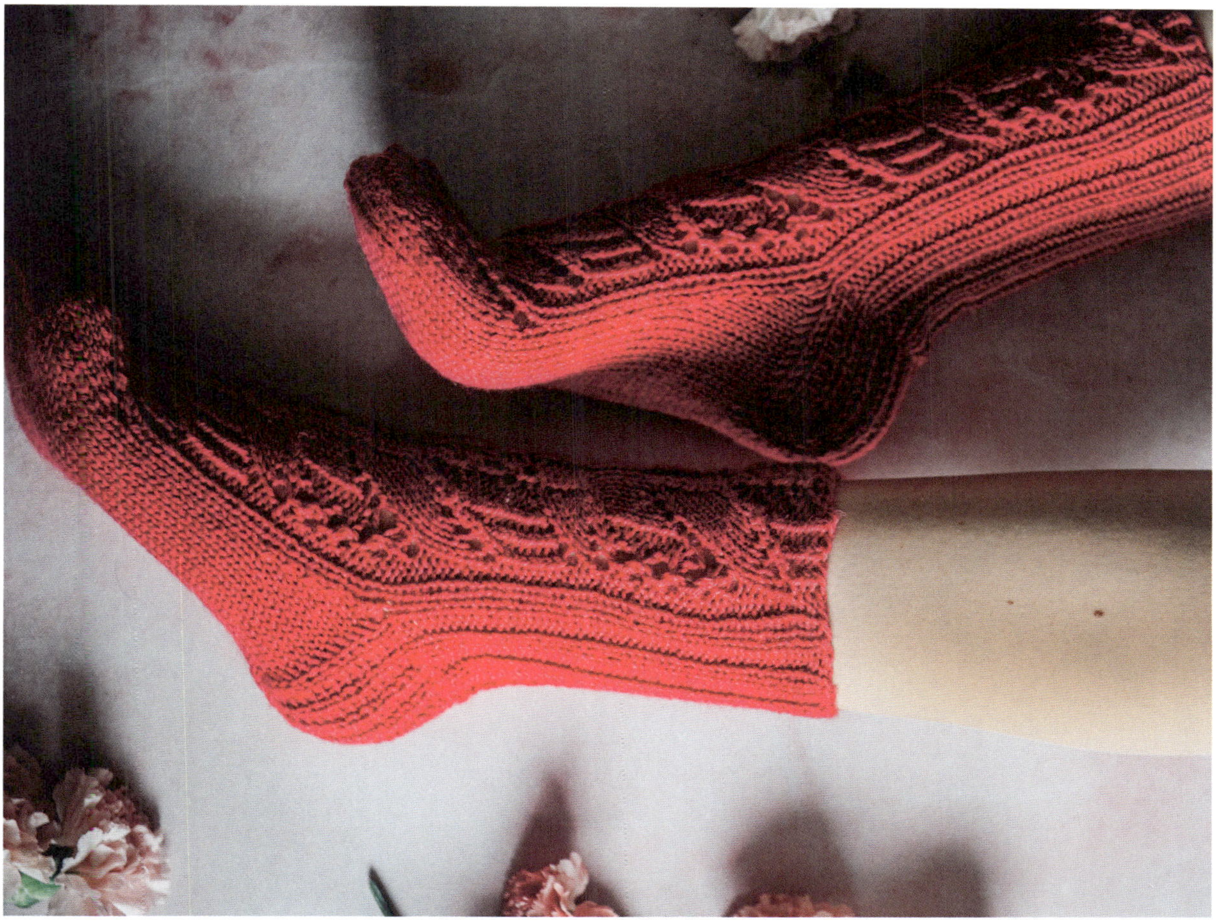

STRICKSCHRIFT C

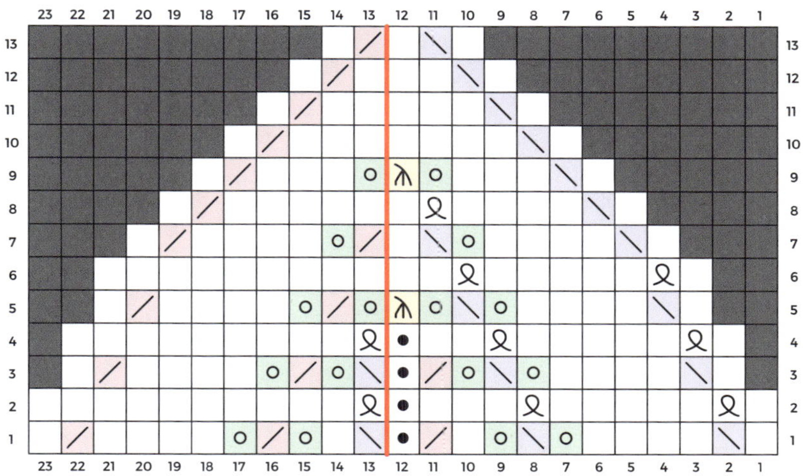

STRICKSCHRIFT A

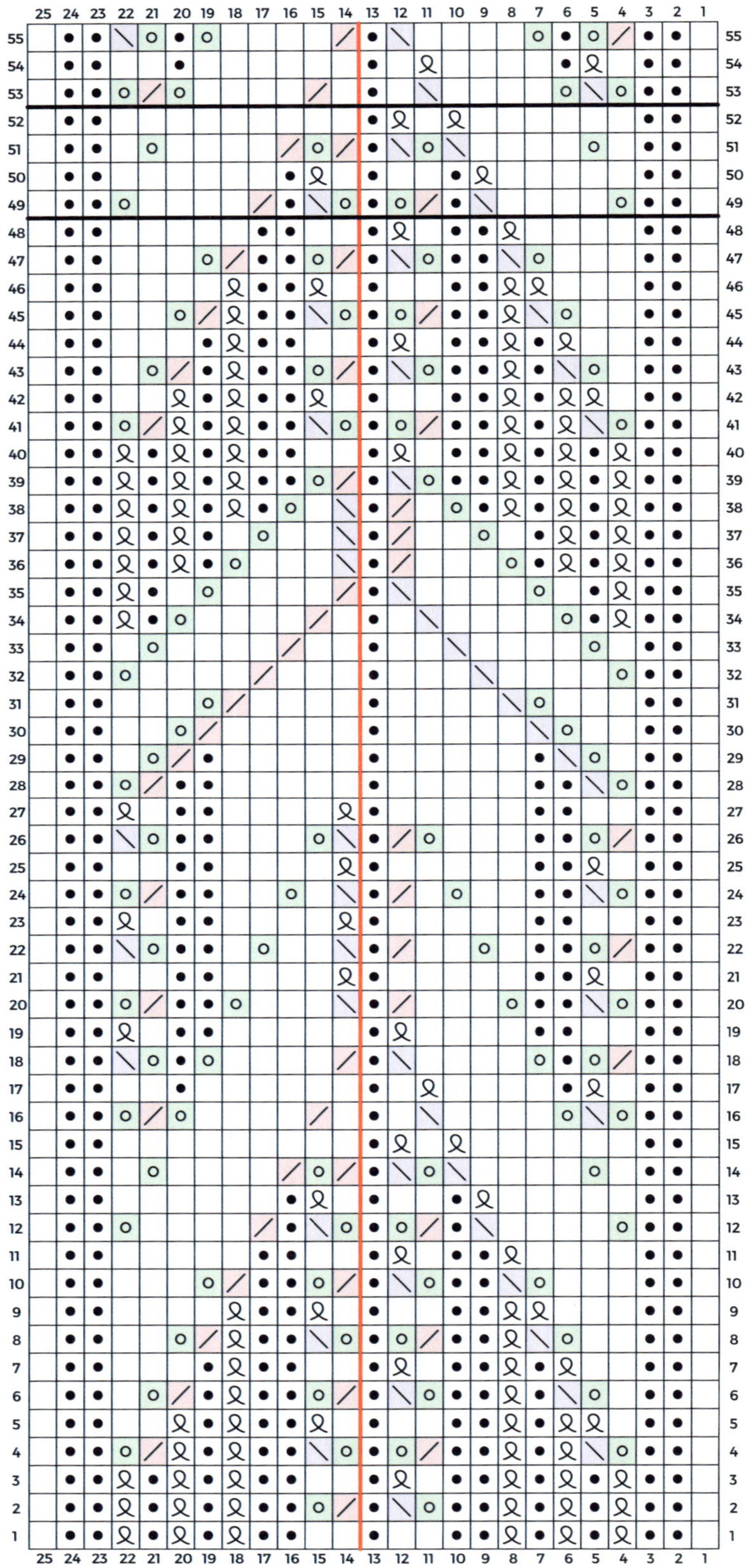

STRICKSCHRIFT B

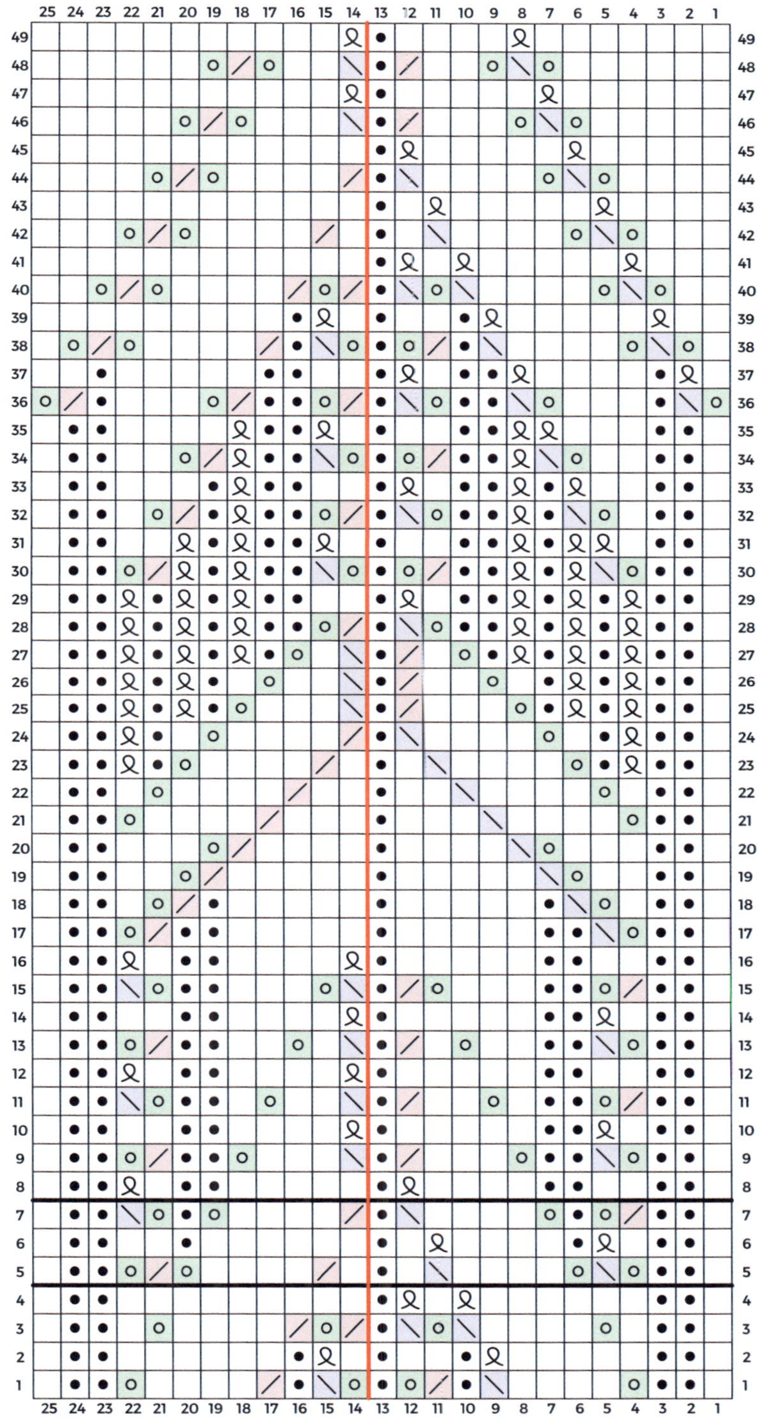

1 M rechts

1 M rechts verschränkt

1 M links

1 Umschlag

2 M re zusstr

ssk: 2 M nacheinander wie zum Rechtsstricken abheben, zurück auf die linke Nd legen und von hinten zusstr

1 M abheben, 2 M re zusstr, die abgehobene M über die gestrickten M ziehen

keine Masche

Nadelverteilung

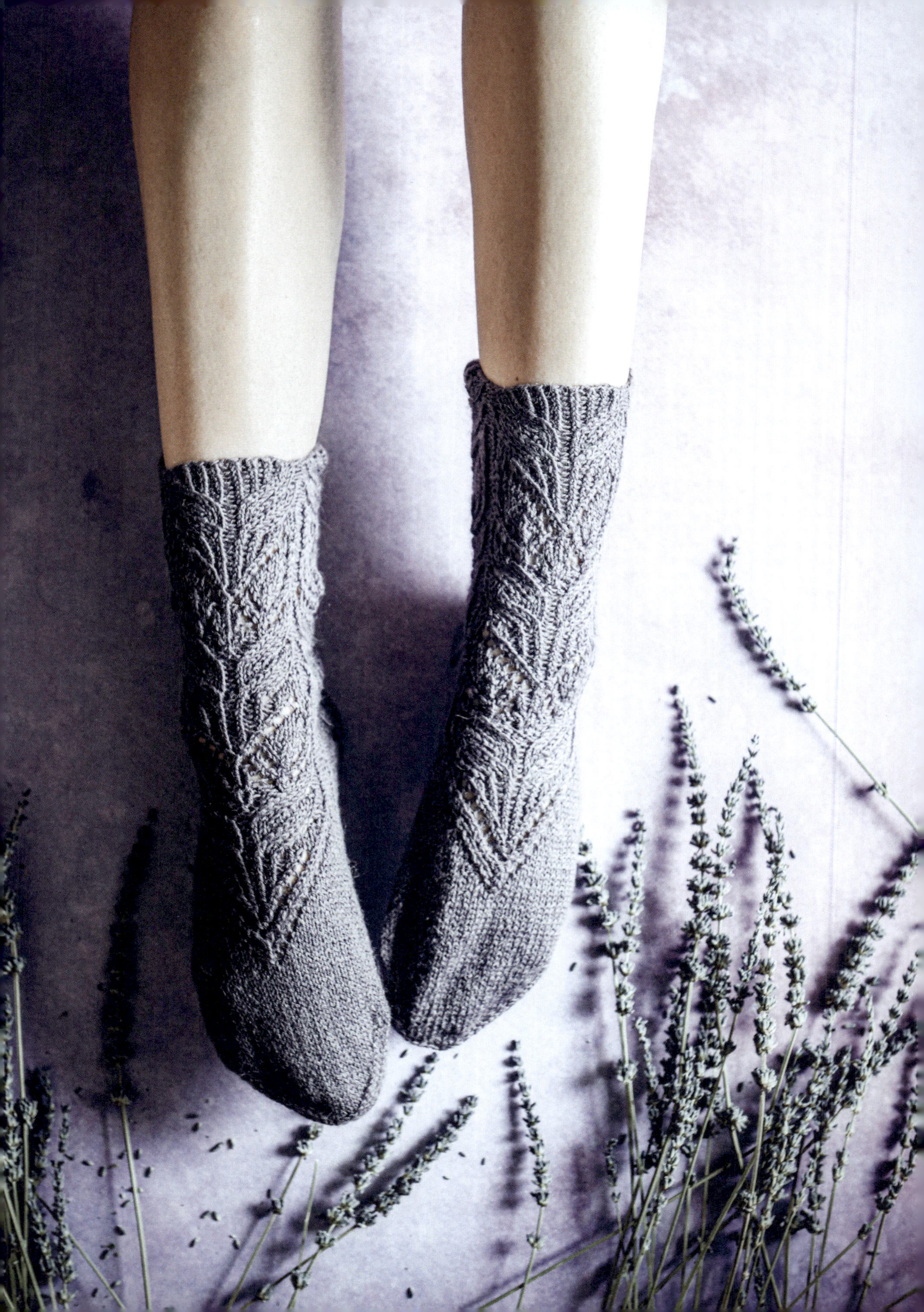

Honolulu

Die atemberaubenden Sandstrände von Hawaii sind das Paradies auf Erden und schenken einen entspannten Aufenthalt in den schaukelnden Wellen. In den bezaubernden Spitzensocken findet sich ein lebhaftes Zusammenspiel aus Schlingpflanzen und wunderschönen Blumen.

GRÖSSE: 38/39

GARN: Novita Venla, Lupine (Fb 764)

GARNVERBRAUCH: 75 g

NADELSPIEL: 2,5 mm

MASCHENPROBE: 28 M und 36 Rd = 10 cm x 10 cm

BEVOR SIE BEGINNEN

In den Strickschriften ist jeweils die Nadelverteilung dargestellt. Sie variiert jedoch im Verlauf der Arbeit mit den Abnahmen und Zunahmen. Kontrollieren Sie bitte die richtige Nadelverteilung, bevor die Ferse beginnt.

SCHAFT

63 M anschlagen und auf den Nd verteilen: 16-16-15-16. Alle 55 Rd laut Strickschrift A stricken.

FERSE

Mit der verstärkten Fersenwand beginnen, dazu die M der 1. Nd auf die 4. Nd stricken (insg. 32 M). Die restlichen M bleiben ungestrickt. Die Arbeit wenden, die 1. M li abheben, ohne sie zu stricken, die übrigen M li stricken.

1. R (Hin-R): Die Arbeit wenden, *1 M abheben, ohne sie zu stricken, 1 M re, ab * bis R-Ende wiederholen.

2. R (Rück-R): Die Arbeit wenden, 1 M li abheben, ohne sie zu stricken, die übrigen M li stricken.

Diese zwei R wiederholen, bis für die Fersenwand 32 R gestrickt sind und zuletzt eine Rück-R gestrickt wurde.

Die Käppchenabnahmen in der nächsten Hin-R beginnen und weiterhin verstärkt stricken, bis noch 11 M auf der Nd sind. 1 ssk oder Übz stricken und die Arbeit wenden. Auf der anderen Nd sind 9 M. 1 M li abheben, ohne sie zu stricken, und verstärkt stricken, bis 11 M übrig sind. 2 M li zusstr, die Arbeit wenden. 1 M abheben, ohne sie zu stricken, und verstärkt stricken, bis noch 10 M auf der Nd sind. 1 ssk oder Übz stricken und die Arbeit wenden. 1 M li abheben, ohne sie zu stricken, und verstärkt stricken, bis 10 M übrig sind. 2 M li zusstr und die Arbeit wenden.

So fortfahren, dabei werden die äußeren M in jeder R reduziert, die mittleren M bleiben gleich (12 M).

Wenn die äußeren M aufgebraucht sind, die M der Fersenwand auf 2 Nd verteilen (6-6). 6 M re stricken, sodass der Faden in der Fersenmitte zwischen der 1. und der 4. Nd liegt.

FUSSTEIL

Aus dem linken Fersenrand mit der freien Nd 18 M auffassen. Die 6 M der 1. Nd, danach die 18 aufgefassten M re verschränkt stricken. Mit der 2. und 3. Nd das Muster laut Strickschrift B arbeiten, mit Rd 1 beginnen.

Aus dem rechten Fersenrand 18 M auffassen und re verschränkt stricken, dabei noch die 6 M der 4. Nd auf dieselbe Nd stricken. Die Arbeit hat jetzt 79 M.

Mit den Zwickelabnahmen beginnen: Am Ende der 1. Nd 2 M re zusstr, am Anfang der 4. Nd in jeder 2. Rd 1 ssk oder Übz stricken. Mit der 2. und 3. Nd weiter im Muster stricken. Mit den Zwickelabnahmen fortfahren, bis 63 M (16-16-15-16) übrig sind. Mit der 1. und 4. Nd weiter re und mit der 2. und 3. Nd im Muster stricken.

Wenn alle 44 Rd laut Strickschrift B gestrickt sind, die Socken glatt re fertig stricken. Wenn nach der Fersenwand 60 Rd gestrickt sind, eine breite Bandspitze arbeiten.

Die Abnahmen zunächst in jeder 2. Rd stricken. Wenn insg. noch 39 M (10-10-9-10) übrig sind, die Abnahmen in jeder Rd stricken.

1. und 3. Nd: re stricken, bis noch 3 M übrig sind, 2 M re zusstr, 1 M re.

2. und 4. Nd: 1 M re, 1 ssk, die restlichen M re stricken.

Wenn insg. noch 11 M übrig sind, den Faden abschneiden und durch die M ziehen.

Die Fadenenden vernähen und die Socken leicht dämpfen.

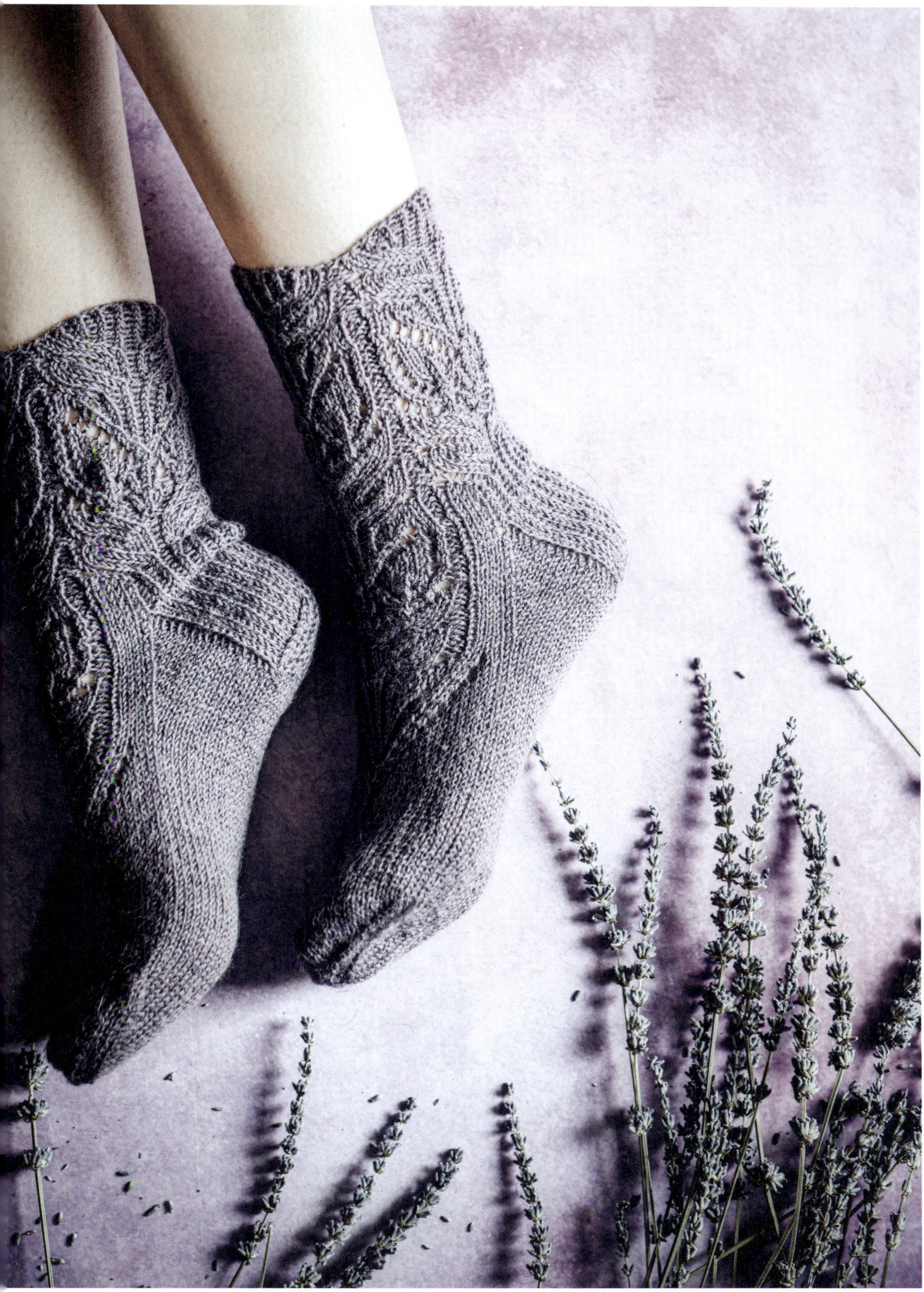

STRICKSCHRIFT A

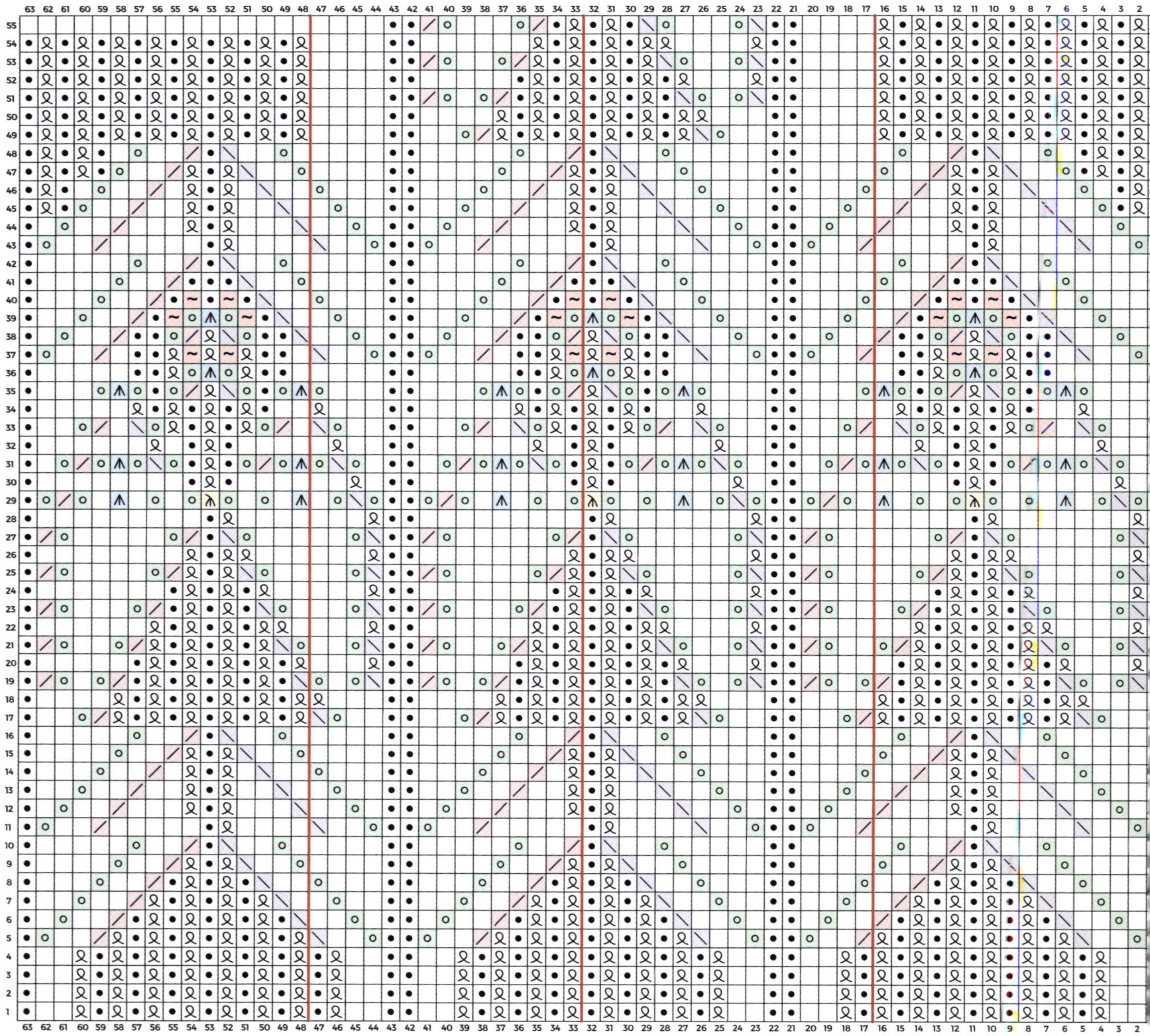

STRICKSCHRIFT B

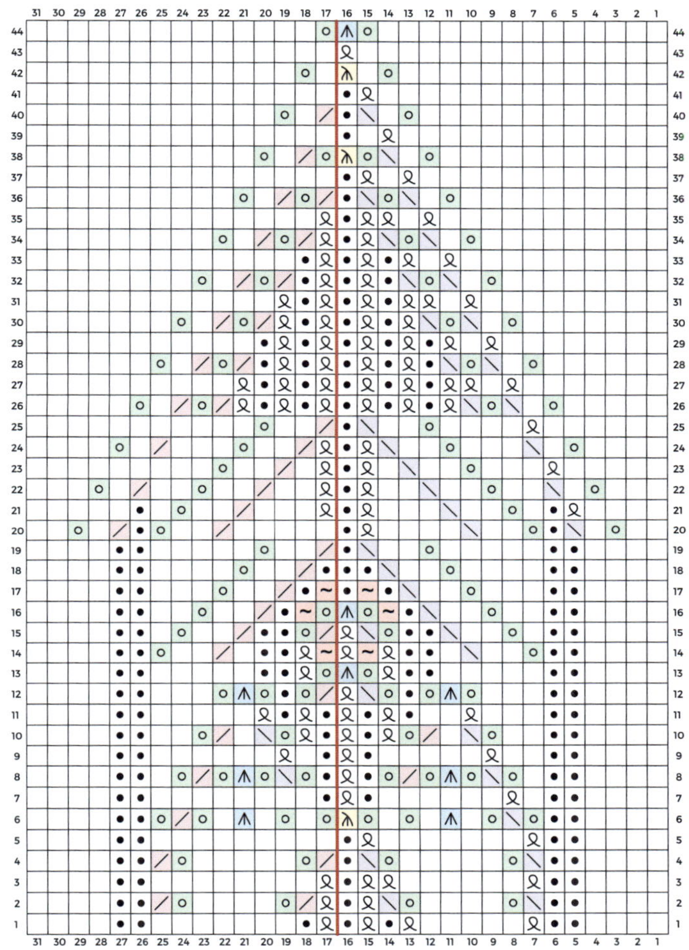

- 1 M rechts
- 1 M rechts verschränkt
- 1 M links
- 1 M links verschränkt
- 1 M Umschlag
- ssk: 2 M nacheinander wie zum Rechtsstricken abheben, zurück auf die linke Nd legen und von hinten zusstr
- 2 M re zusstr
- 1 M abheben, 2 M re zusstr, die abgehobene M über die gestrickten M ziehen
- 2 M wie zum Rechtsstricken abheben, 1 M re, die abgehobenen M über die gestrickte M ziehen
- Nadelverteilung

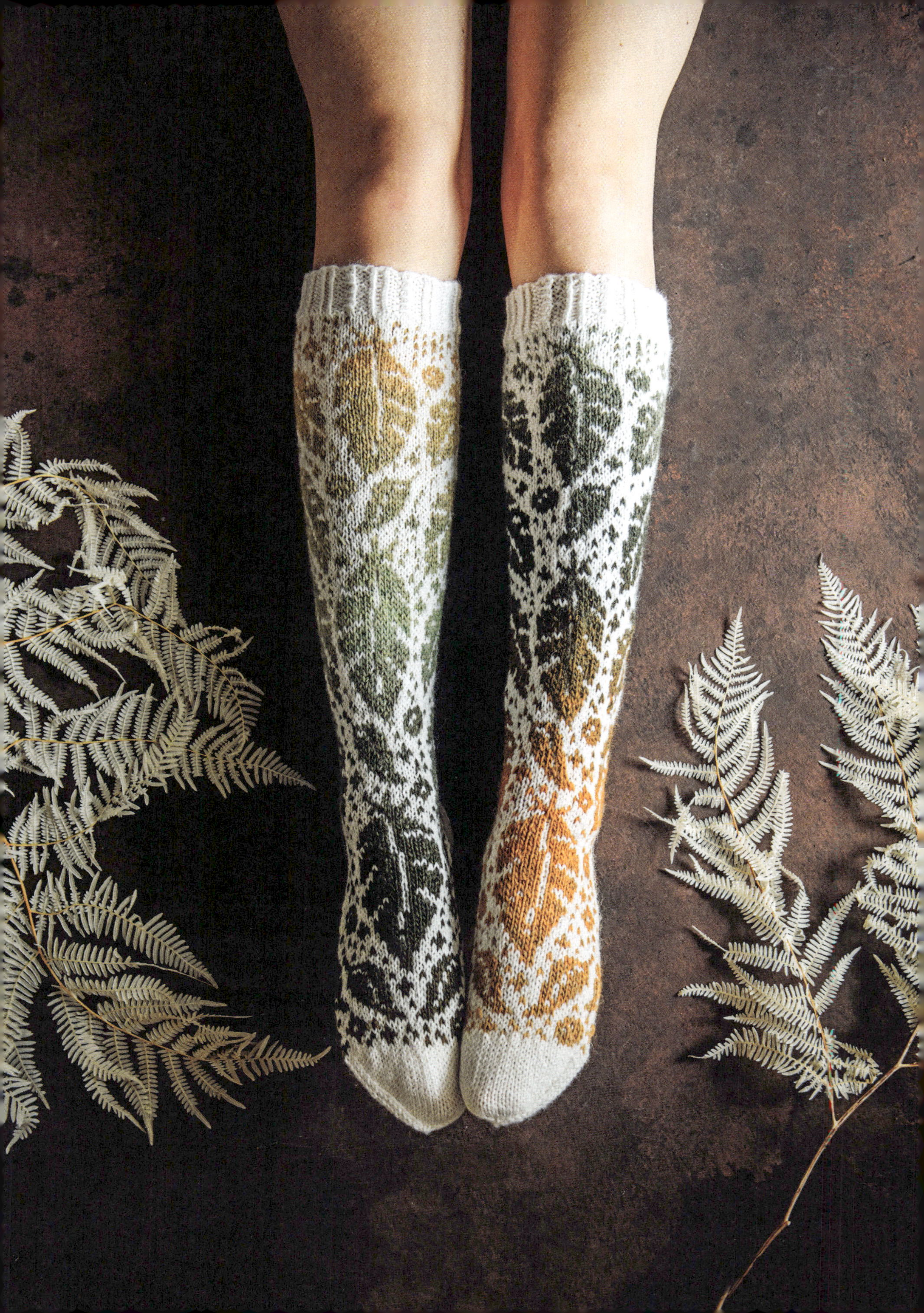

Sprechende Feder

Diese Socken mit Federmotiv sind inspiriert von der alten Legende der nordamerikanischen Indianer über die sprechende Feder. Der Träger dieses Kraftgegenstandes hatte einen besonderen Status, und mit der Feder kamen die weisen Worte, denen die anderen still und respektvoll zuhörten. Die durch das Einstrickmuster schwebenden Federn, besonders lebendig durch den Farbverlauf, lassen Sie für eine Weile innehalten von der Geschäftigkeit des Alltags, um zuzuhören und zu verstehen.

GRÖSSE: 39

WADENUMFANG: 35-39 cm

GARN UND GARNVERBRAUCH: Grundfarbe Novita Nalle, 110 g Weiß (Fb 011) und Musterfarbe Novita Kajastus, 70 g Herbstharmonie (Fb 830)

NADELSPIEL: 3,0 mm

MASCHENPROBE: 24 M und 32 Rd = 10 cm x 10 cm

BEVOR SIE BEGINNEN

Die Strickschrift wird von unten nach oben und von rechts nach links gelesen. Für das Bündchen können Sie eine halbe Nummer kleinere Nadeln verwenden, damit es fester wird. Wenn die Socken für dickere Waden passen sollen, können Sie für das Einstrickmuster ein Nadelspiel 3,5 mm nehmen. So passt der Schaft für Waden mit einem Umfang von über 40 cm.

SCHAFT

76 M in der Grundfarbe anschlagen und auf den Nd verteilen: 19-19-19-19. Das Bündchenmuster laut Strickschrift A beginnen und 11 Rd stricken.

Nach dem Bündchenmuster ab Rd 12 mit dem Einstrickmuster beginnen und den Schaft laut Strickschrift arbeiten, in den unten genannten Rd im Anfangsbereich der 1. Nd und im Endbereich der 4. Nd an einer passenden Stelle abnehmen.

Abnahmerunden: 40, 55, 71, 83, 90, 95, 100 und 105. Es sind 60 M übrig.

Bitte beachten! Die M in der 75. Rd verteilen: 20-15-15-20. Wenn alle 110 Rd für den Schaft gestrickt sind, die M auf den Nd verteilen: 15-15-15-15.

FERSE

Die Fersenwand in der Grundfarbe verstärkt stricken, dazu die M der 1. Nd re auf die 4. Nd stricken (insg. 30 M), dabei weiterhin im Bündchenmuster arbeiten. Die restlichen M bleiben ungestrickt. Die Arbeit wenden. Die 1. M li abheben, ohne sie zu stricken, die restlichen M li stricken.

1. R (Hin-R): Die Arbeit wenden, *1 M abheben, ohne sie zu stricken, 1 M re, ab * bis R-Ende wiederholen.

2. R (Rück-R): Die Arbeit wenden, 1 M li abheben, ohne sie zu stricken, 1 M li, *1 M re, 1 M li, ab * bis R-Ende wiederholen.

Diese zwei R wiederholen, bis für die Fersenwand 30 R gestrickt sind und zuletzt eine Rück-R gestrickt wurde.

Die Käppchenabnahmen in der nächsten Hin-R beginnen und weiterhin verstärkt stricken, bis noch 11 M auf der Nd sind. 1 Übz stricken und die Arbeit wenden. Auf der anderen Nd sind 9 M. 1 M li abheben, ohne sie zu stricken, und verstärkt stricken, bis 11 M übrig sind. 2 M li zusstr, die Arbeit wenden. 1 M re abheben, ohne sie zu stricken, und verstärkt stricken, bis noch 10 M auf der Nd sind. 1 Übz stricken und die Arbeit wenden. 1 M li abheben, ohne sie zu stricken, und verstärkt stricken, bis 10 M übrig sind.
2 M li zusstr und die Arbeit wenden.

So fortfahren, dabei werden die äußeren M in jeder R reduziert, die mittleren M bleiben gleich (10 M).

Wenn die äußeren M aufgebraucht sind, die M der Fersenwand auf 2 Nd verteilen (5-5). 5 M re stricken, sodass der Faden in der Fersenmitte zwischen der 1. und der 4. Nd liegt.

FUSSTEIL

Aus dem Fersenrand mit der 1. Nd 17 M auffassen, mit der 4. Nd aus dem anderen Fersenrand ebenfalls 17 M auffassen. Die Arbeit hat jetzt 74 M. Mit dem Einstrickmuster fortfahren, mit der 1. Rd laut Strickschrift B beginnen. Die aus dem Fersenrand aufgefassten M re verschränkt stricken.

Für die Zwickelabnahmen in den in der Strickschrift B angegebenen Rd (2, 4, 6, 8, 10, 12, 14 und 16) am Ende der 1. Nd 2 M re zusstr, am Anfang der 4. Nd 1 ssk oder Übz stricken. Die grau markierten Karos stellen keine Maschen dar. Nach den Zwickelabnahmen sind 58 M übrig (14-15-15-14). Mit dem Einstrickmuster laut Strickschrift fortfahren.

Wenn alle 41 Rd laut Strickschrift B gestrickt sind, die M auf den Nd verteilen: (14-15-15-14) und in der Grundfarbe eine breite Bandspitze arbeiten:

1. und 3. Nd: re stricken, bis noch 3 M übrig sind, 2 M re zusstr, 1 M re.

2. und 4. Nd: 1 M re, 1 ssk, die restlichen M re stricken.

Die Abnahmen zunächst in jeder 2. Rd stricken. Wenn noch 38 M (9-10-10-9) übrig sind, die Abnahmen in jeder Rd stricken.

Wenn insg. noch 10 M (2-3-3-2) übrig sind, den Faden abschneiden und durch die M ziehen.

Die Fadenenden vernähen und die Socken leicht dämpfen.

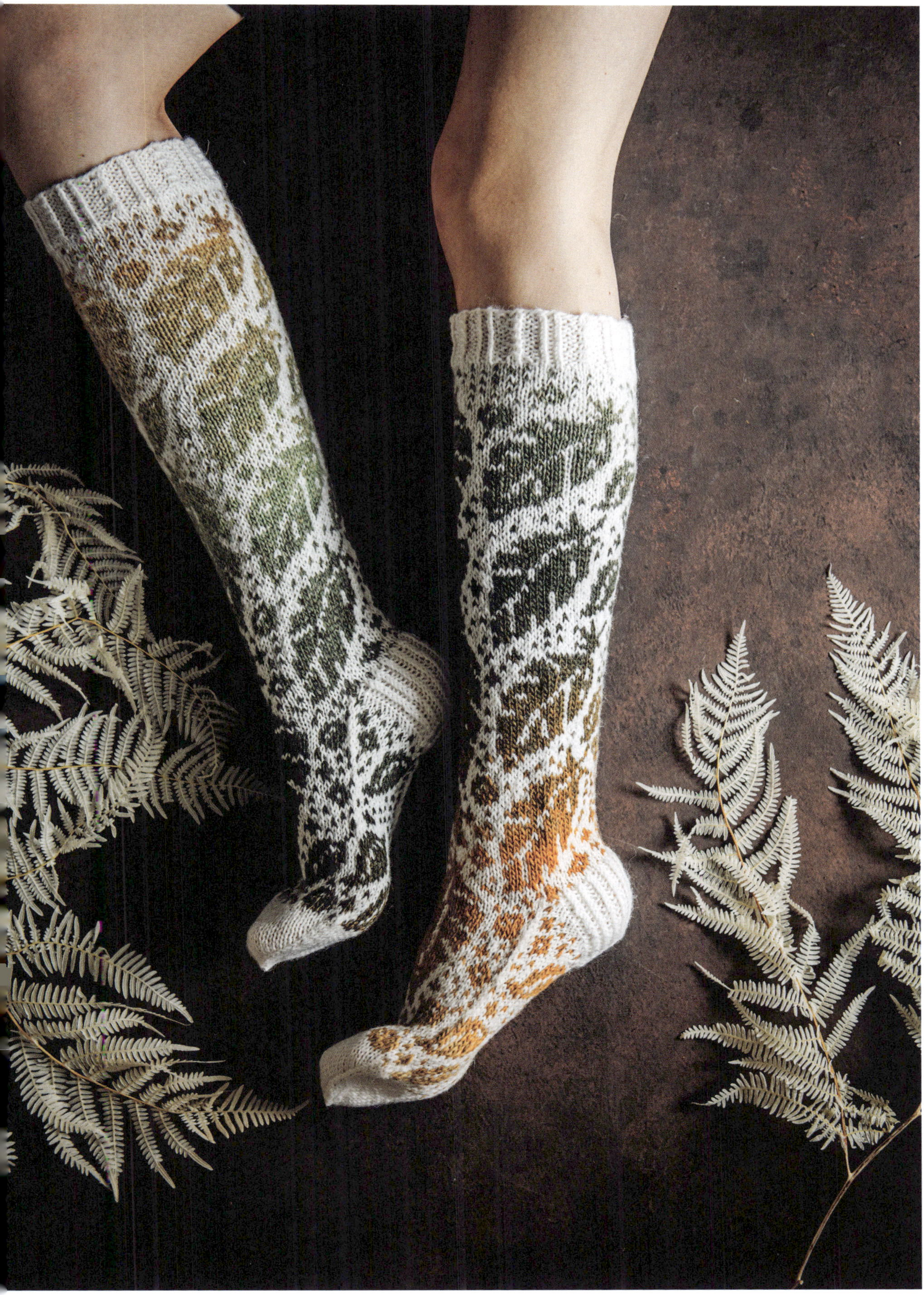

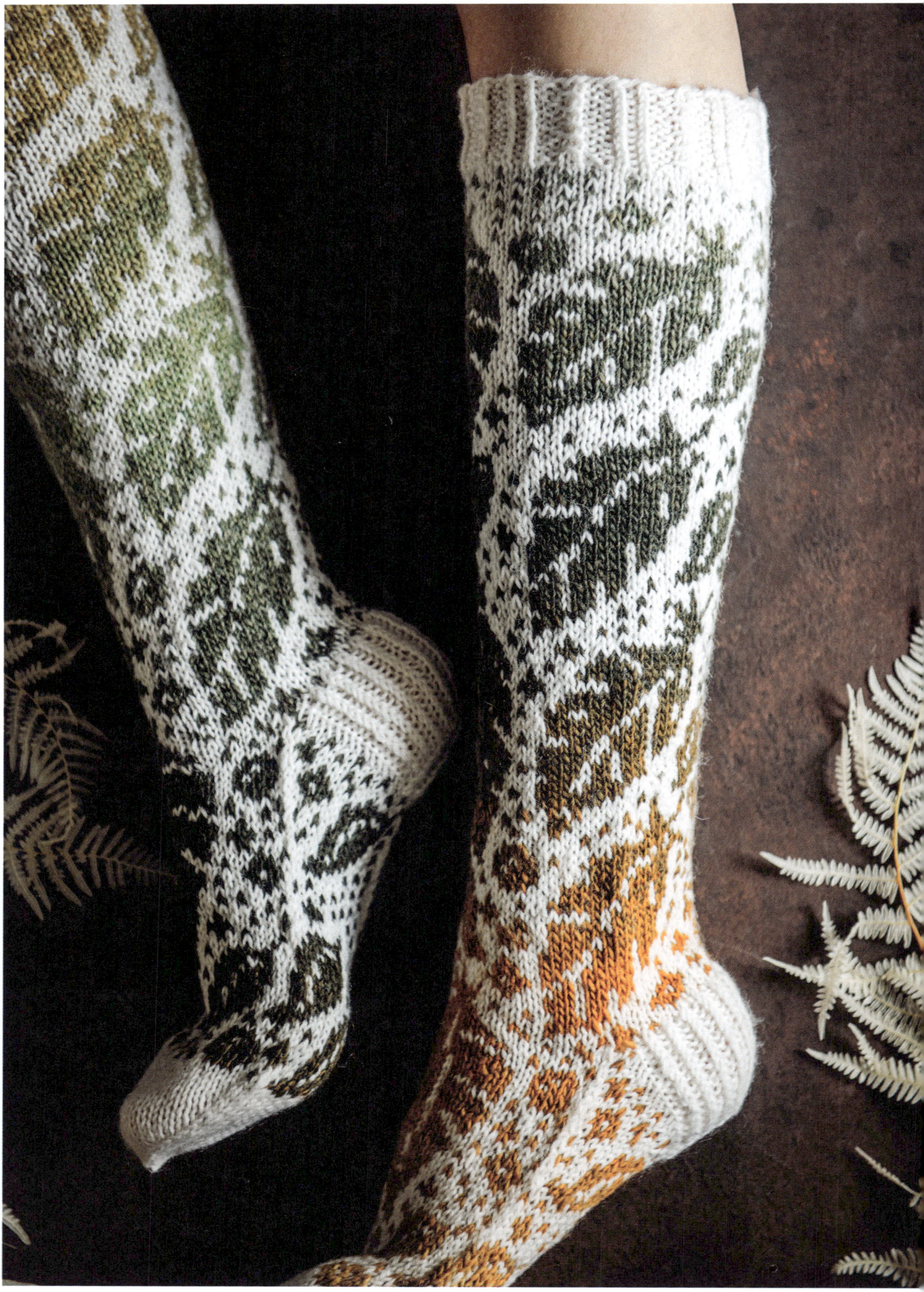

- 1 M rechts (Grundfarbe)
- 1 M rechts (Musterfarbe)
- 1 M rechts verschränkt (Musterfarbe)
- 1 M links (Grundfarbe)
- 1 Umschlag, 2 M re, den Umschlag über die gestrickten M ziehen
- 2 M re zusstr (Grundfarbe)
- ssk: 2 M nacheinander wie zum Rechtsstricken abheben, zurück auf die linke Nd legen und von hinten zusstr (Grundfarbe)
- keine Masche
- Nadelverteilung

STRICKSCHRIFT B

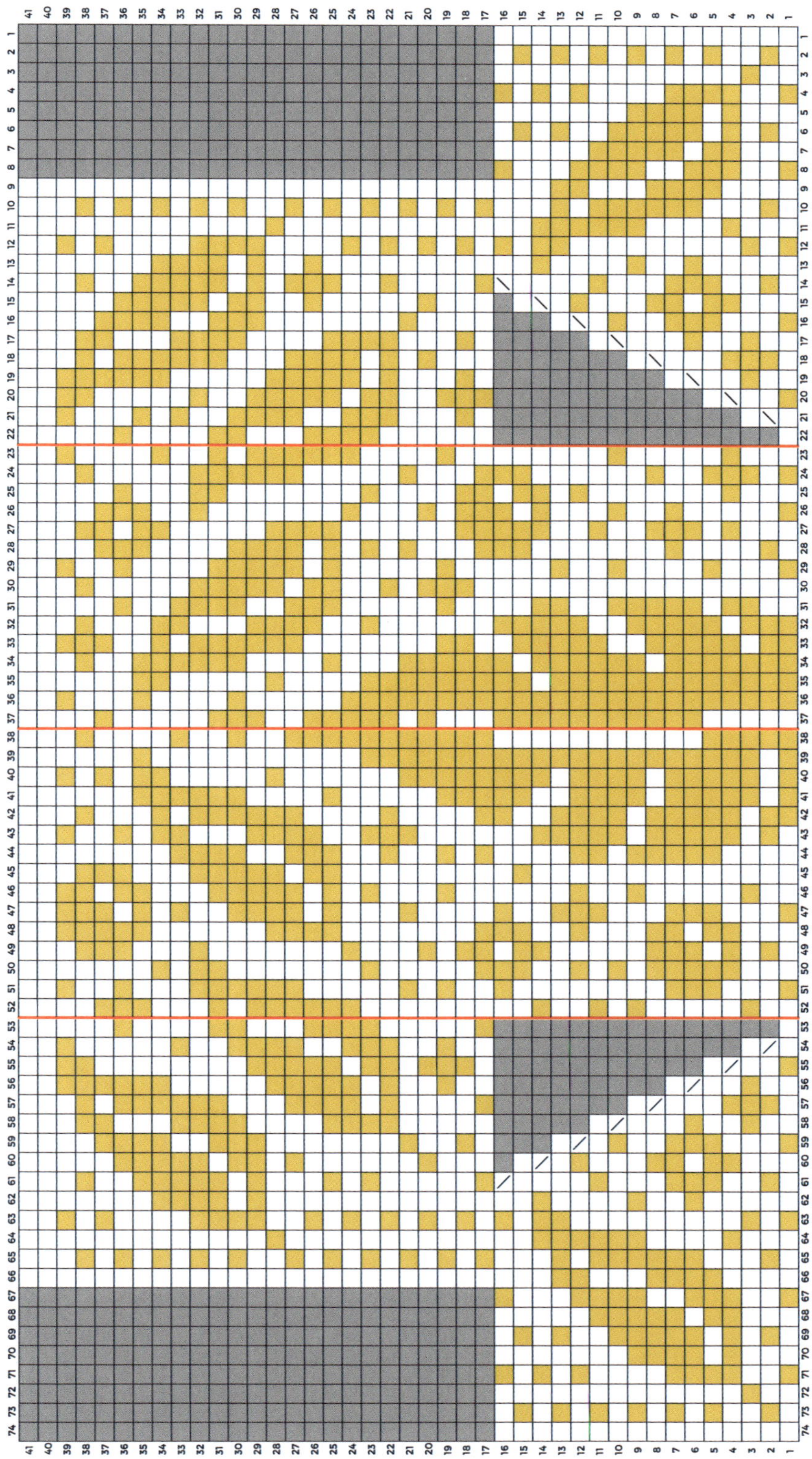

STRICKSCHRIFT A

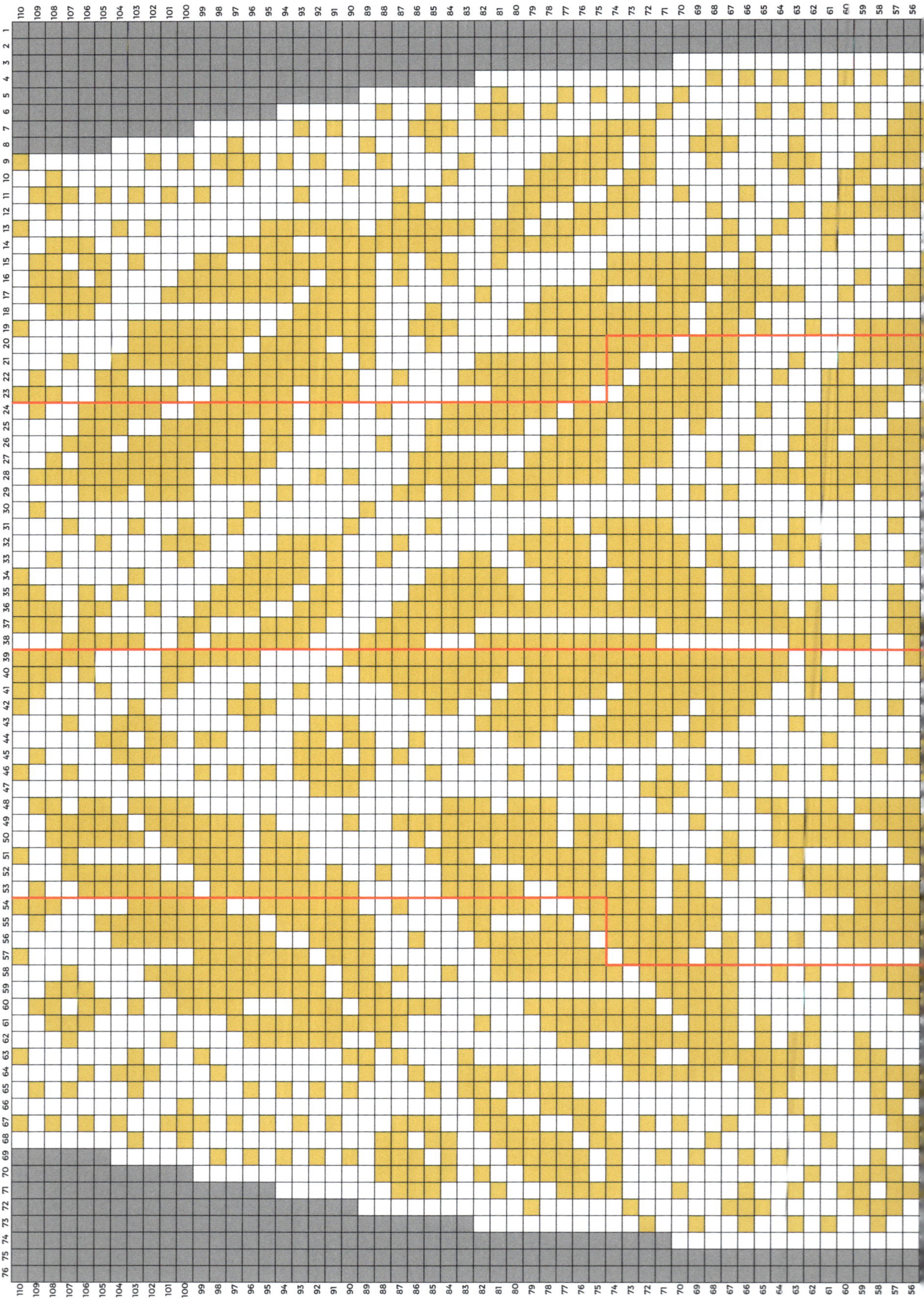

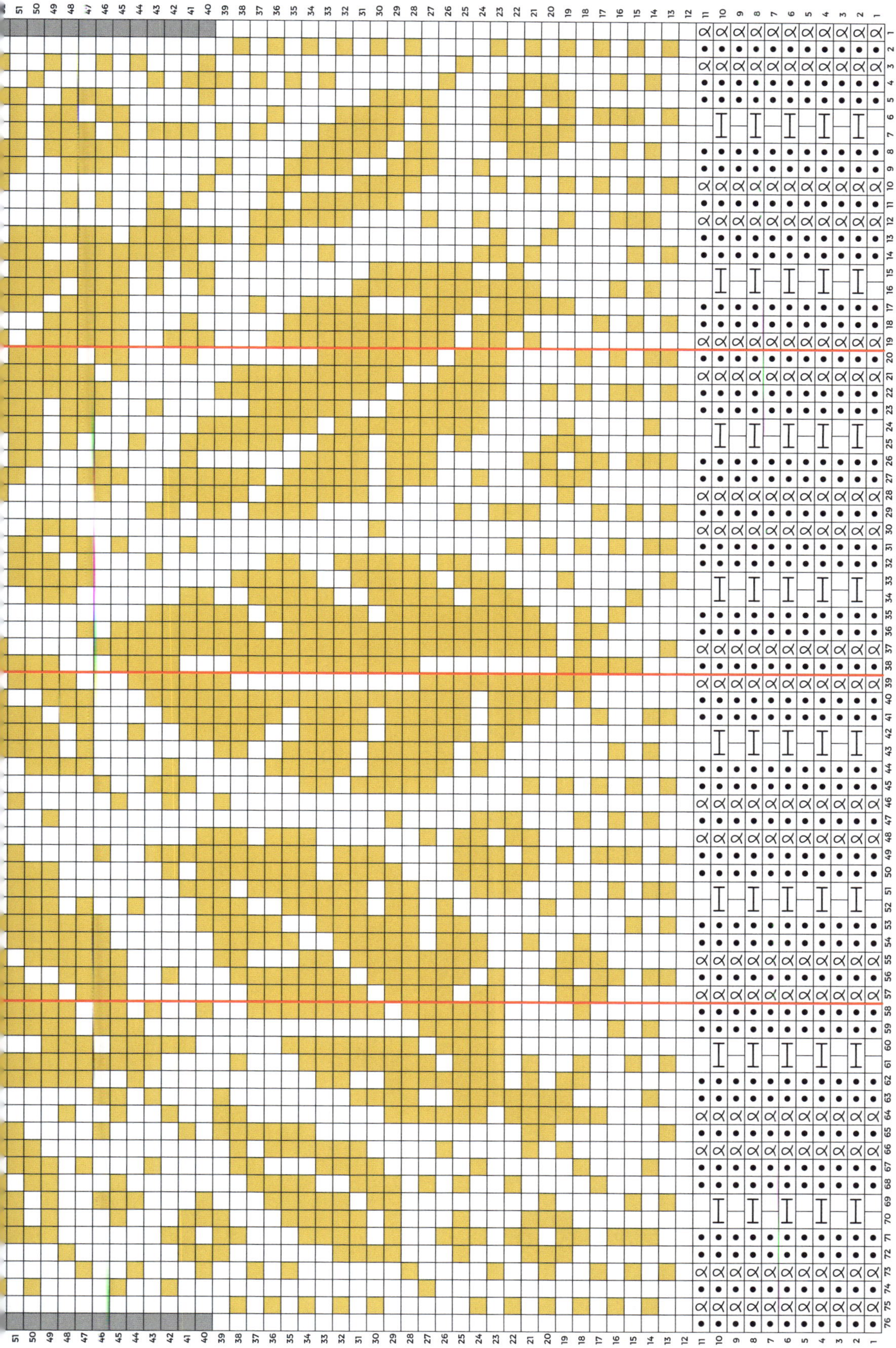

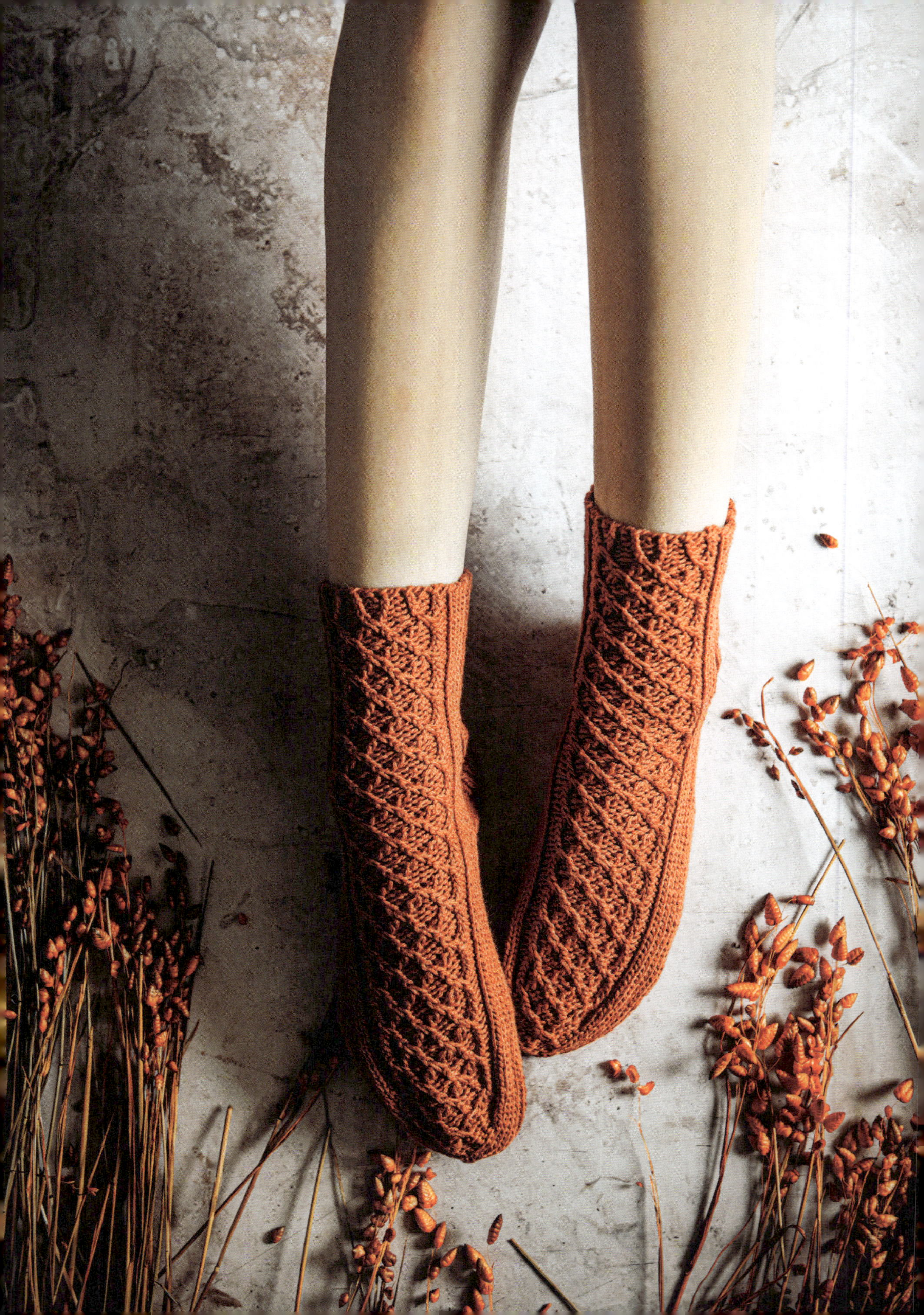

San Francisco

Über der Meerenge Golden Gate befindet sich eine von der untergehenden Sonne vergoldete Brücke mit einer leuchtend orangefarbenen Oberfläche, als ob sie uns die Geheimnisse der Stadt leise zuflüstert. Wie die Stahlseile der Brücke überschneiden sich die Zopfreihen auf den Socken, denen der seidige Glanz des Woolly Wood-Garns eine sinnliche Eleganz verleiht.

GRÖSSE: 38/39
GARN: Novita Woolly Wood, Herbstlaub (Fb 281)
GARNVERBRAUCH: 100 g
NADELSPIEL: 3,0 mm, 2 Hilfsnadeln
MASCHENPROBE: 23 M und 30 Rd = 10 x 10 cm

BEVOR SIE BEGINNEN

Die im Text verwendete Abkürzung verschr bedeutet verschränkt.

SCHAFT

55 M anschlagen und auf den Nd verteilen: 15-14-14-12. Zunächst 4 Rd im Bündchenmuster wie folgt stricken:

1. Nd: 3 M re, 2 M li, 3 M re, 2 M li, 3 M re, 2 M li.

2. Nd: 4 M re, 2 M li, 1 M re verschr, 2 M li, 1 M re verschr, 2 M li, 1 M re verschr, 1 M li.

3. Nd: 1 M li, 1 M re verschr, 2 M li, 1 M re verschr, 2 M li, 1 M re verschr, 2 M li, 4 M re.

4. Nd: 2 M li, 3 M re, 2 M li, 3 M re, 2 M li.

Dann den Schaft wie folgt weiterstricken: Mit der 1. und 4. Nd weiter im Bündchenmuster und mit der 2. und 3. Nd im Muster ab der 1. Rd laut Strickschrift A, die Rd 1–6 wiederholen.

Wenn für den Schaft 33 Rd gestrickt sind und zuletzt Rd 5 der Strickschrift gestrickt wurde, noch eine Rd wie folgt arbeiten: Mit der 1. Nd im Bündchenmuster wie zuvor, mit der 2. und 3. Nd im Muster laut Strickschrift (Rd 6) und mit der 4. Nd re M stricken.

FERSE

Mit der versetzt verstärkten Fersenwand beginnen, dazu die M der 1. Nd auf die 4. Nd stricken (insg. 27 M). Die restlichen M bleiben ungestrickt. Die Arbeit wenden, die 1. M li abheben, ohne sie zu stricken, die übrigen M li stricken. Gleichzeitig 1 M zunehmen, damit die Ferse 28 M hat.

1. R (Hin-R): Die Arbeit wenden, *1 M abheben, 1 M re, ab * bis R-Ende wiederholen.

2. R (Rück-R): Die Arbeit wenden, 1 M li abheben, ohne sie zu stricken, die übrigen M li stricken.

3. R (Hin-R): Die Arbeit wenden, 1 M abheben, 1 M re, *1 M re, 1 M abheben, ab * wiederholen, bis noch 2 M übrig sind, 2 M re.

4. R (Rück-R): Die Arbeit wenden, 1 M li abheben, ohne sie zu stricken, die übrigen M li stricken.

Diese vier R wiederholen, bis für die Fersenwand 28 R gestrickt sind und zuletzt die 4. R gestrickt wurde.

Die Käppchenabnahmen in der nächsten Hin-R beginnen und weiterhin verstärkt stricken, bis noch 9 M auf der Nd sind. 1 ssk oder Übz stricken und die Arbeit wenden. Auf der anderen Nd sind 7 M. 1 M li abheben, ohne sie zu stricken, und verstärkt stricken, bis 9 M übrig sind. 2 M li zusstr, die Arbeit wenden. 1 M abheben, ohne sie zu stricken, und verstärkt stricken, bis noch 8 M auf der Nd sind. 1 ssk oder Übz stricken und die Arbeit wenden. 1 M li abheben, ohne sie zu stricken, und verstärkt stricken, bis 8 M übrig sind. 2 M li zusstr und die Arbeit wenden.

So fortfahren, dabei werden die äußeren M in jeder R reduziert, die mittleren M bleiben gleich (12 M).

Wenn die äußeren M aufgebraucht sind, die M der Fersenwand auf 2 Nd verteilen (6-6). 6 M re stricken, sodass der Faden in der Fersenmitte zwischen der 1. und 4. Nd liegt.

FUSSTEIL

Aus dem linken Fersenrand mit der freien Nd 16 M auffassen. 6 M der 1. Nd stricken, dann die 16 aufgefassten M re verschr stricken. Mit der 2. und 3. Nd das Muster laut Strickschrift A stricken, mit R 1 beginnen und die R 1-6 wiederholen. Aus dem rechten Fersenrand 16 M auffassen und re verschr stricken, auf dieselbe Nd noch die 6 M der 4. Nd stricken. Die Arbeit hat jetzt 72 M.

Mit den Zwickelabnahmen beginnen: Am Ende der 1. Nd 2 M re zusstr, am Anfang der 4. Nd in jeder 2. Rd 1 ssk oder Übz stricken. Mit der 2. und 3. Nd weiter im Muster laut Strickschrift A stricken, dabei Rd 1-6 wiederholen. Mit den Zwickelabnahmen fortfahren, bis noch 56 M (14-14-14-14) übrig sind. Mit der 1. und 4. Nd weiterhin re, mit der 2. und 3. Nd im Muster stricken.

Wenn nach der Fersenwand 48 Rd gestrickt sind, mit den Spitzenabnahmen beginnen.

Mit der 1. und 4. Nd eine breite Bandspitze arbeiten. Die Abnahmen in jeder 2. R stricken, bis 10 M pro Nd übrig sind. Danach in jeder Rd abnehmen.

1. Nd: re stricken, bis 3 M übrig sind; 2 M re zusstr, 1 M re.

4. Nd: 1 M re, 1 ssk, die übrigen M re stricken.

2. und 3. Nd: Die Spitzenabnahmen laut Strickschrift B (Rd 1–15) stricken.

Wenn noch 8 M übrig sind, den Faden abschneiden und durch die M ziehen. Die Fadenenden vernähen und die Socken leicht dämpfen.

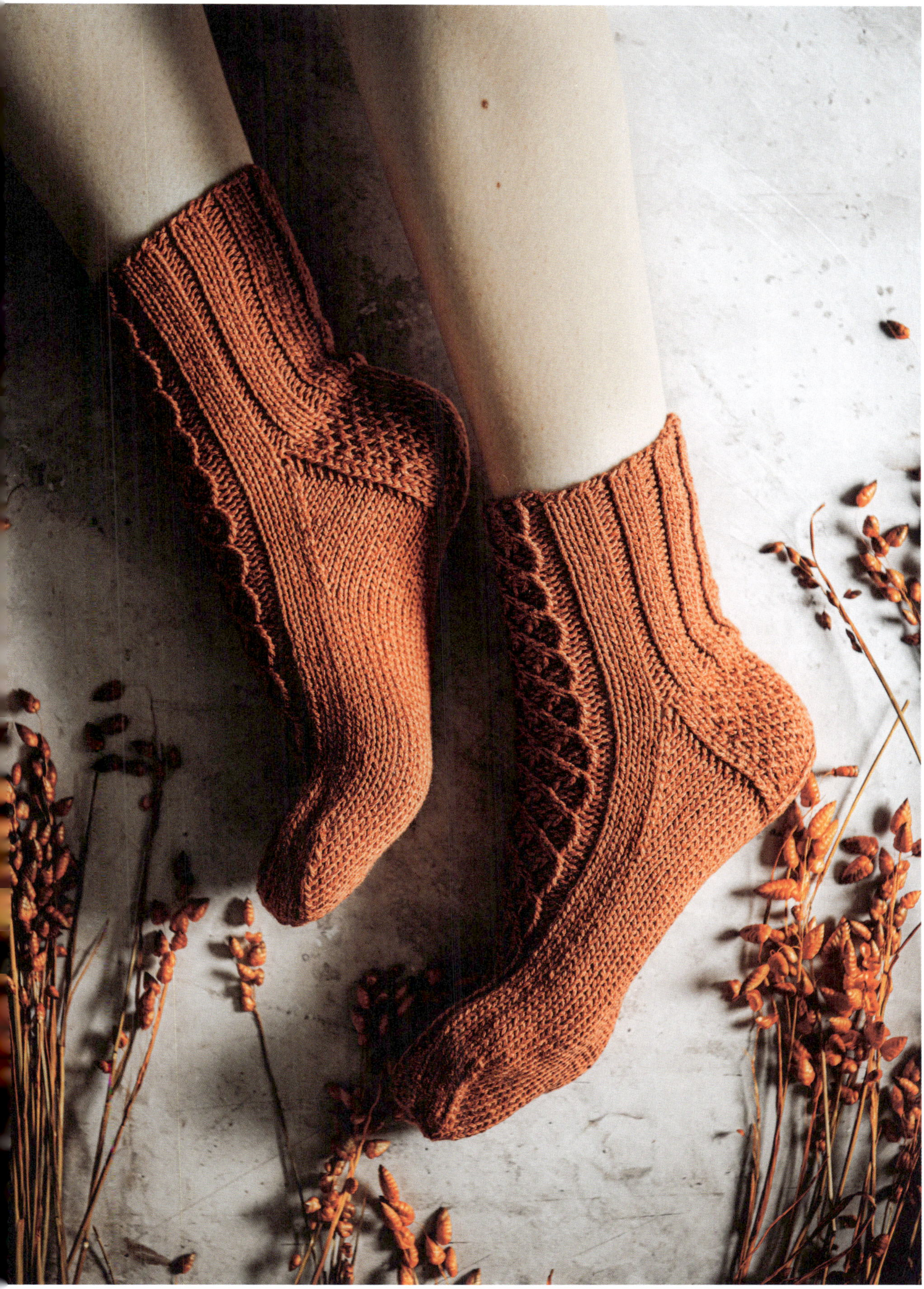

STRICKSCHRIFT A

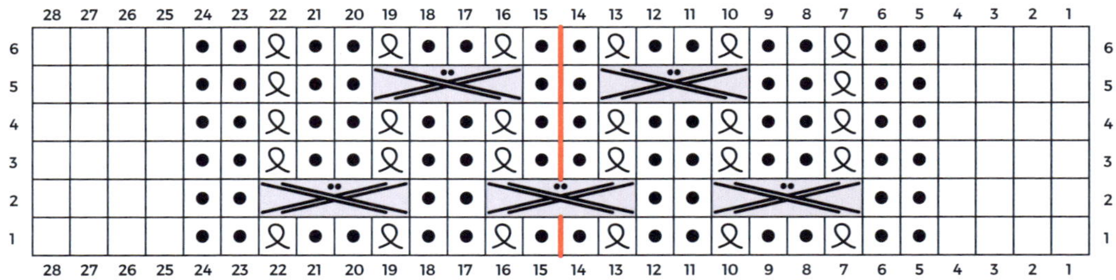

STRICKSCHRIFT B

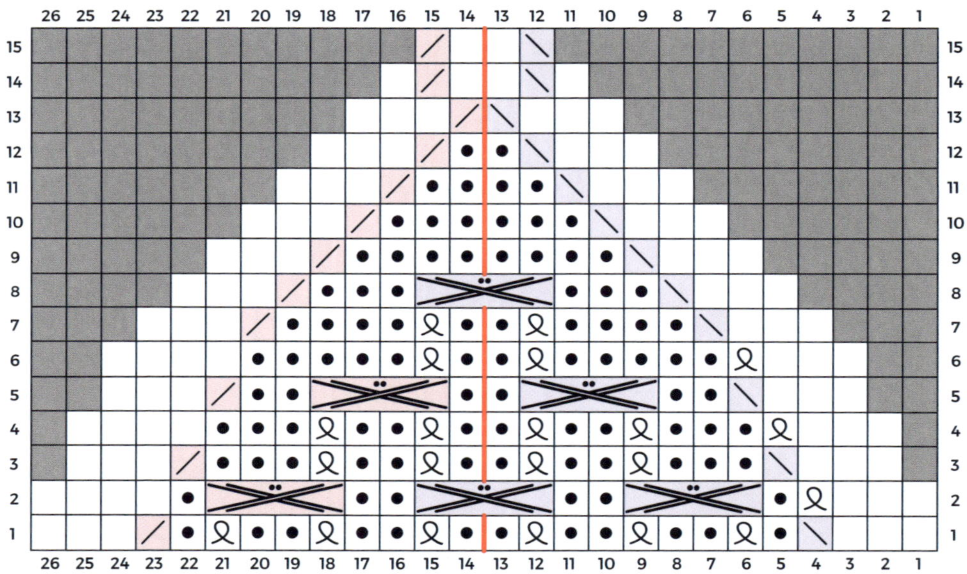

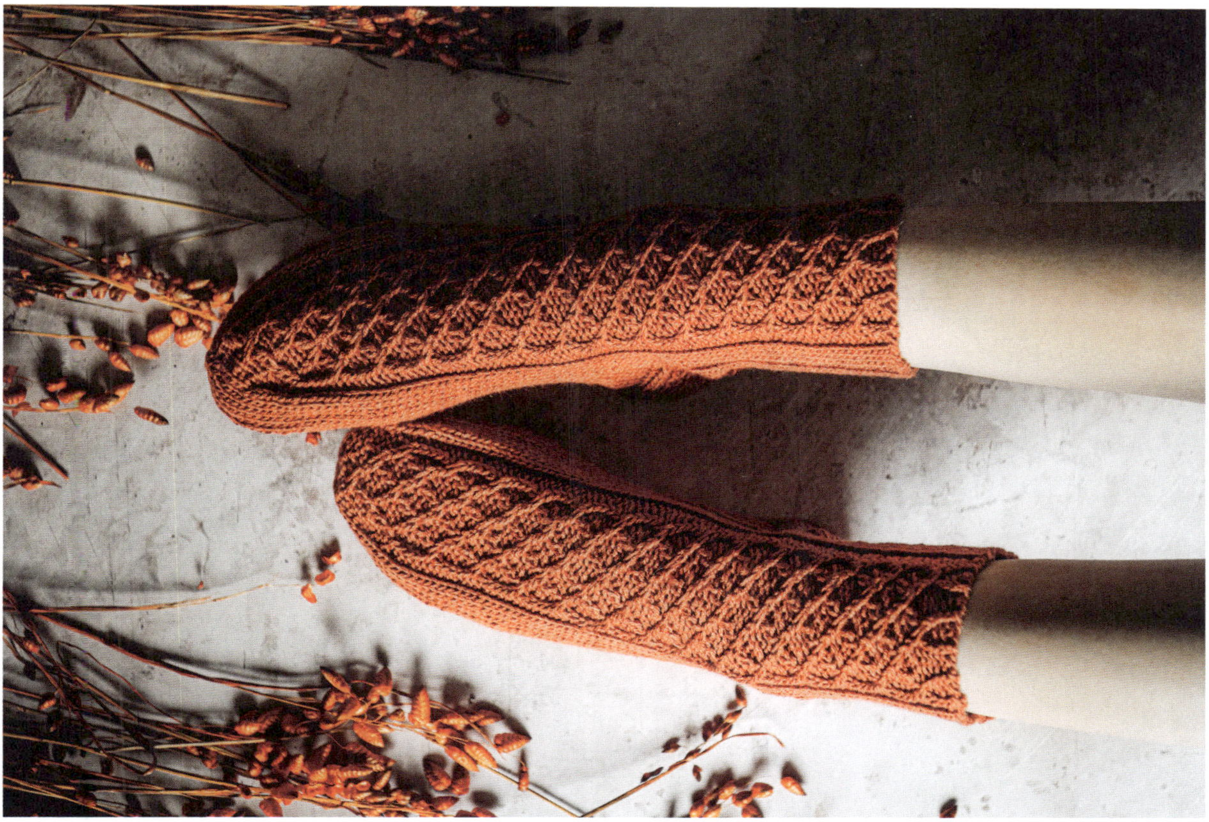

- 1 M rechts
- 1 M rechts verschränkt
- 1 M links
- ssk: 2 M nacheinander wie zum Rechtsstricken abheben, zurück auf die linke Nd legen und von hinten zusstr
- 2 M re zusstr
- 1 M auf eine Hilfsnadel vor die Arbeit legen, 2 M auf eine Hilfsnadel hinter die Arbeit legen, 1 M re, die 2 M von der Hilfsnadel hinter der Arbeit li, die M von der Hilfsnadel vor der Arbeit re
- 3 M auf eine Hilfsnadel hinter die Arbeit legen, 1 M re, die 2 letzten M zurück auf die linke Nd legen und li stricken, die übrige M von der Hilfsnadel re
- keine Masche

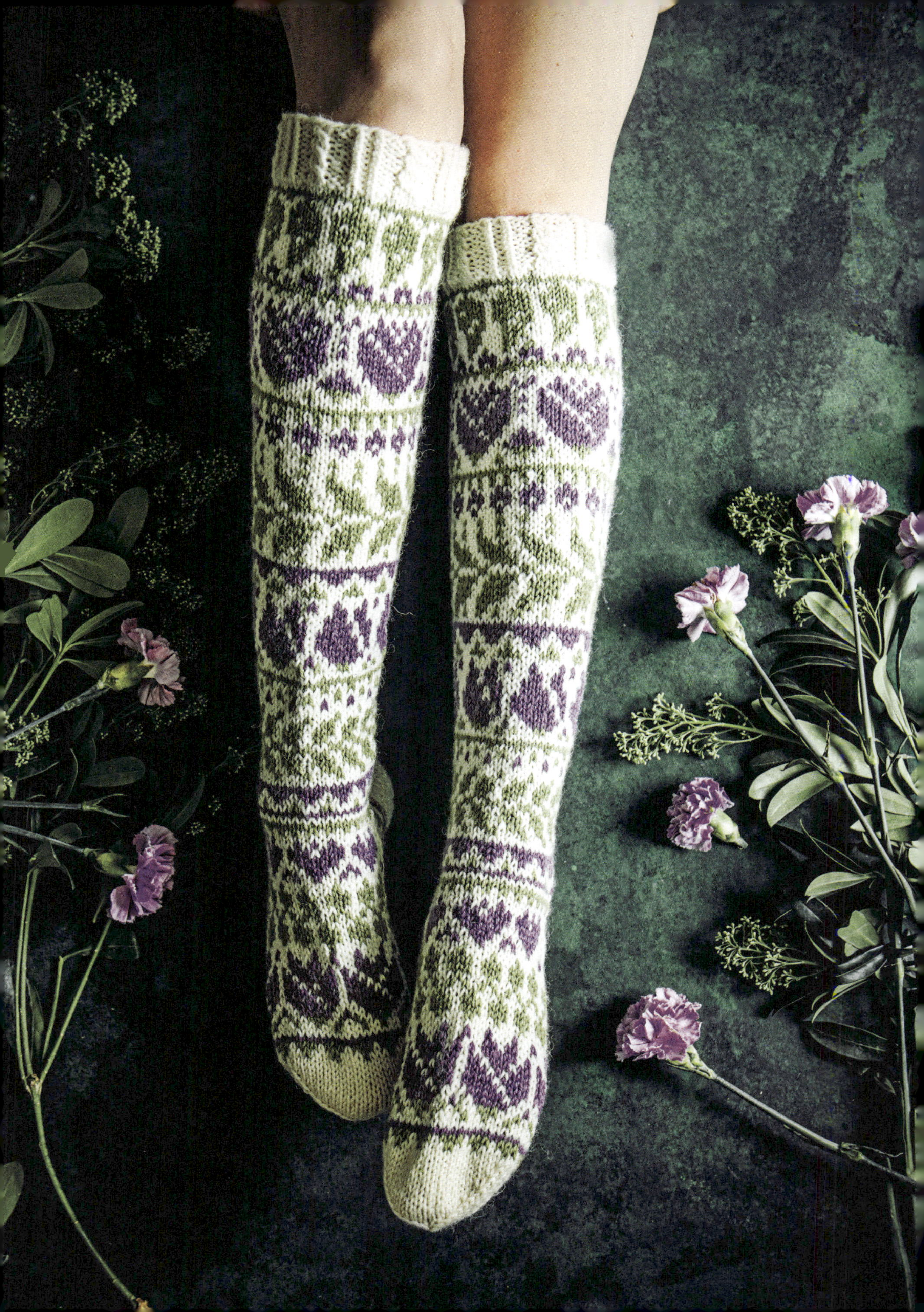

Amsterdam

Schließlich kommen wir nach Europa, wo wir zuerst Amsterdam, das Reich der Tulpen, erkunden. Diese Socken halten die Freude und den Jubel über unzählige Blumengärten, die pulsierende Schönheit bunter Tulpenbeete und den berauschenden Duft lieblicher Blumen fest.

GRÖSSE: 39

GARN UND GARNVERBRAUCH: Novita 7 Veljestä, Grundfarbe 110–130 g Naturweiß (Fb 010), Musterfarben 60–70 g Schleier (Fb 724) und 45–50 g Artischocke (Fb 330)

NADELSPIEL: 3,5 mm, Hilfsnadel

MASCHENPROBE: 20 M und 26 Rd = 10 cm x 10 cm

BEVOR SIE BEGINNEN

Die Strickschrift wird von unten nach oben und von rechts nach links gelesen.
Die Anleitung gilt für zwei Schäfte unterschiedlicher Größe (mittel und breit). Laut Strickschrift A1 gearbeitete Socken haben eine Schaftbreite, die für Waden mit einem Umfang von ca. 35–39 cm passt. Laut Strickschrift A2 gearbeitete Socken passen für Waden mit einem Umfang von ca. 40–45 cm.
Die Ferse und der Fußteil werden in beiden Größen nach derselben Anleitung gearbeitet.

SCHAFT (MITTEL)

64 M in Naturweiß anschlagen und auf den Nd verteilen: 15-17-16-16.

Das Bündchenmuster laut Strickschrift A1, Rd 1–10 stricken. Noch Rd 11 stricken, dabei 2 M zunehmen und die M auf den Nd verteilen: 16- 17-16-17.

Das Einstrickmuster laut Strickschrift A1 ab der 12. Rd beginnen und den Schaft laut der Strickschrift arbeiten, dabei in den unten genannten Rd im Anfangsbereich der 1. Nd und im Endbereich der 4. Nd an geeigneter Stelle abnehmen.

Abnahmen:

36. Rd: 1 M am Ende der 4. Nd abnehmen (die Arbeit hat 65 M).

48. Rd: 2 M abnehmen (die Arbeit hat 63 M).

60. Rd: 2 M abnehmen (die Arbeit hat 61 M).

Bitte beachten! In der 66. Rd die M neu auf den Nd verteilen: 18-13-12-18.

67. Rd: 2 M abnehmen (die Arbeit hat 59 M).

73. Rd: 2 M abnehmen (die Arbeit hat 57 M).

78. Rd: 2 M abnehmen (die Arbeit hat 55 M).

83. Rd: 2 M abnehmen (die Arbeit hat 53 M).

88. Rd: 2 M abnehmen (die Arbeit hat 51 M).

Wenn alle 102 Rd für den Schaft gestrickt sind, die M auf den Nd verteilen: 13-13-12-13.

SCHAFT (BREIT)

70 M in Naturweiß anschlagen und auf den Nd verteilen: 18-18-17-17.

Das Bündchenmuster laut Strickschrift A2, Rd 1–10 stricken. Noch Rd 11 stricken, dabei 3 M zunehmen und die M auf den Nd verteilen: 18-19-18-18.

Das Einstrickmuster laut Strickschrift A2 ab der 12. Rd beginnen und den Schaft laut der Strickschrift arbeiten, dabei in den unten genannten Rd im Anfangsbereich der 1. Nd und im Endbereich der 4. Nd an geeigneter Stelle abnehmen.

Abnahmen:

34. Rd: 2 M abnehmen (die Arbeit hat 71 M).

48. Rd: 2 M abnehmen (die Arbeit hat 69 M).

54. Rd: 2 M abnehmen (die Arbeit hat 67 M).

60. Rd: 2 M abnehmen (die Arbeit hat 65 M).

In der 66. Rd die M neu auf den Nd verteilen: 20-13-12-20.

67. Rd: 2 M abnehmen (die Arbeit hat 63 M).

72. Rd: 2 M abnehmen (die Arbeit hat 61 M).

76. Rd: 2 M abnehmen (die Arbeit hat 59 M).

80. Rd: 2 M abnehmen (die Arbeit hat 57 M).

84. Rd: 2 M abnehmen (die Arbeit hat 55 M).

88. Rd: 2 M abnehmen (die Arbeit hat 53 M).

91. Rd: 2 M abnehmen (die Arbeit hat 51 M).

Wenn alle 102 Rd für den Schaft gestrickt sind, die M auf den Nd verteilen: 13-13-12-13.

FERSE

Mit der versetzt verstärkten Fersenwand in Naturweiß beginnen, dazu die M der 1. Nd re auf die 4. Nd stricken, insg. 26 M. Die restlichen M bleiben ungestrickt. Die Arbeit wenden, die 1. M li abheben, ohne sie zu stricken, die übrigen M li stricken. Gleichzeitig 2 M abnehmen, damit die Fersenwand 24 M hat.

1. R (Hin-R): Die Arbeit wenden, *1 M abheben, 1 M re, ab * bis R-Ende wiederholen.

2. R (Rück-R): Die Arbeit wenden, 1 M li abheben, ohne sie zu stricken, die übrigen M li stricken.

3. R (Hin-R): Die Arbeit wenden, 1 M abheben, 1 M re, *1 M re, 1 M abheben, ab * wiederholen, bis noch 2 M übrig sind, 2 M re.

4. R (Rück-R): Die Arbeit wenden, 1 M li abheben, ohne sie zu stricken, die übrigen M li stricken.

Diese vier R wiederholen, bis für die Fersenwand 24 R gestrickt sind und zuletzt die 4. R gestrickt wurde.

Die Käppchenabnahmen in der nächsten Hin-R beginnen und weiterhin verstärkt stricken, bis noch 9 M auf der Nd sind. 1 Übz stricken und die Arbeit wenden. Auf der anderen Nd sind 7 M. 1 M li abheben, ohne sie zu stricken, und li stricken, bis 9 M übrig sind. 2 M li zusstr, die Arbeit wenden. 1 M re abheben, ohne sie zu stricken, und verstärkt stricken, bis noch 8 M auf der Nd sind. 1 Übz stricken und die Arbeit wenden. 1 M li abheben, ohne sie zu stricken, und li stricken, bis 8 M übrig sind. 2 M li zusstr und die Arbeit wenden.

So fortfahren, dabei werden die äußeren M in jeder R reduziert, die mittleren M bleiben gleich (8 M).

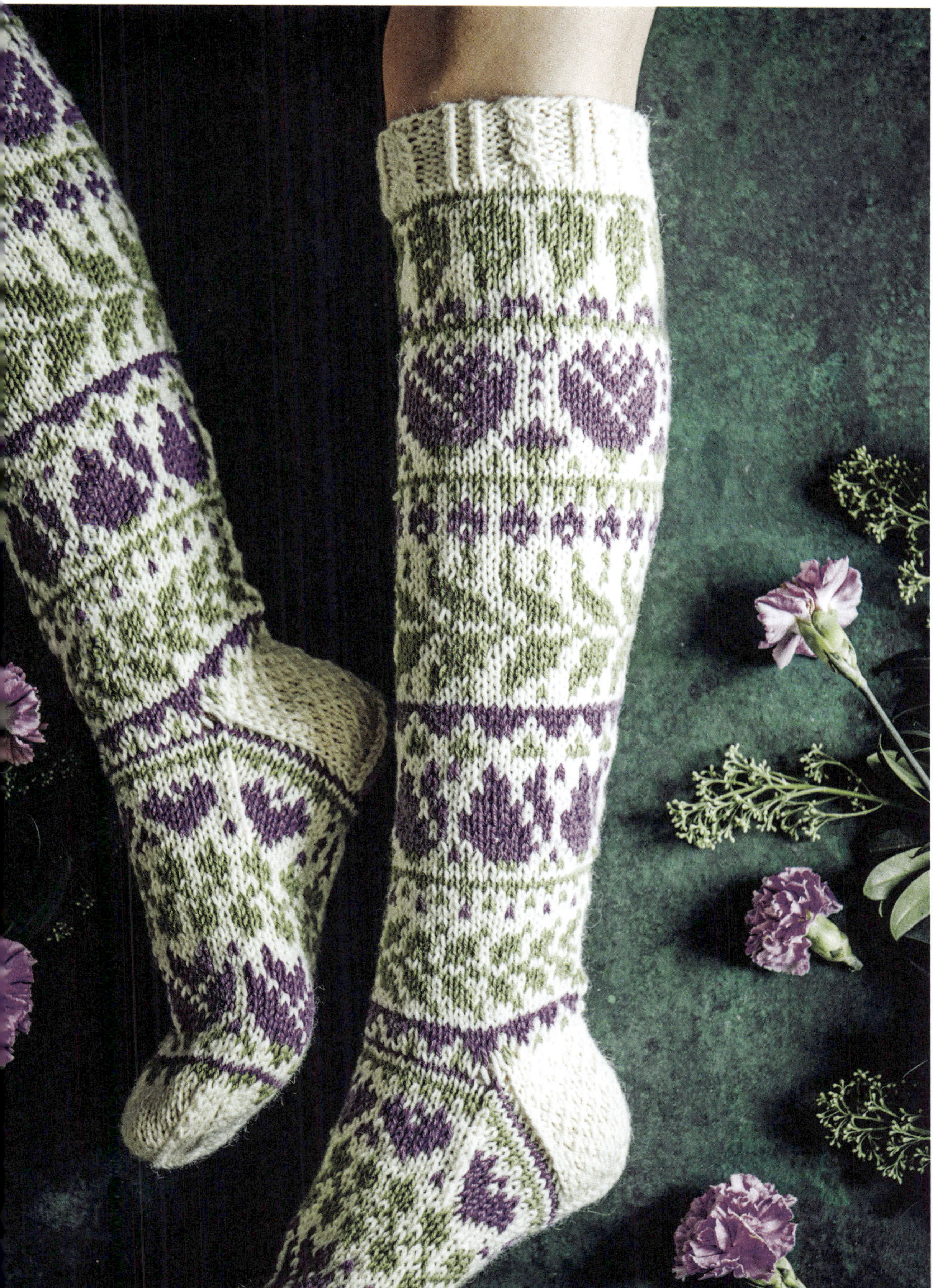

Wenn die äußeren M aufgebraucht sind, die M der Fersenwand auf 2 Nd verteilen (4-4). Die 4 M auf der 4. Nd re stricken, sodass der Faden in der Fersenmitte zwischen den Nd liegt.

FUSSTEIL

Aus dem Fersenrand mit der 1. Nd 14 M auffassen, mit der 4. Nd aus dem anderen Fersenrand ebenfalls 14 M auffassen. Die Arbeit hat jetzt 61 M. Mit dem Einstrickmuster laut Strickschrift B mit der 1. Rd beginnen. Die aus dem Fersenrand aufgefassten M re verschränkt stricken.

Für die Zwickelabnahmen in den in der Strickschrift B angegebenen Rd (2, 4, 6, 8, 10 und 12) am Ende der 1. Nd 2 M re zusstr und am Anfang der 4. Nd 1 ssk oder Übz stricken. Die grau markierten Karos stellen keine Maschen dar. Nach den Zwickelabnahmen sind 49 M übrig: 12-13-12-12. Mit dem Einstrickmuster laut Strickschrift fortfahren. In Rd 27 am Ende der 4. Nd 1 M abnehmen und die M auf den Nd verteilen: 12-12-12-12.

Wenn die 38 Rd laut Strickschrift B gestrickt sind, mit den Spitzenabnahmen beginnen und eine breite Bandspitze in der Grundfarbe arbeiten:

1. und 3. Nd: re stricken, bis noch 3 M übrig sind, 2 M re zusstr, 1 M re.

2. und 4. Nd: 1 M re, 1 ssk, die restlichen M re stricken.

Die Abnahmen zunächst in jeder 2. Rd stricken. Wenn noch 8 M pro Nd (insg. 32 M) übrig sind, die Abnahmen in jeder Rd stricken.

Wenn insg. noch 8 M übrig sind, den Faden abschneiden und durch die M ziehen.

Die Fadenenden vernähen und die Socken leicht dämpfen.

- 1 M rechts (Naturweiß)
- 1 M rechts (Schleier)
- 1 M rechts (Artischocke)
- 1 M rechts verschränkt (Naturweiß)
- 1 M links (Naturweiß)
- 1 M auf eine Hilfsnadel vor die Arbeit legen, 1 M re, die M der Hilfsnadel re (Naturweiß)
- ssk: 2 M nacheinander wie zum Rechtsstricken abheben, zurück auf die linke Nd legen und von hinten zusstr (Naturweiß)
- 2 M re zusstr (Naturweiß)
- keine Masche
- Nadelverteilung

STRICKSCHRIFT B

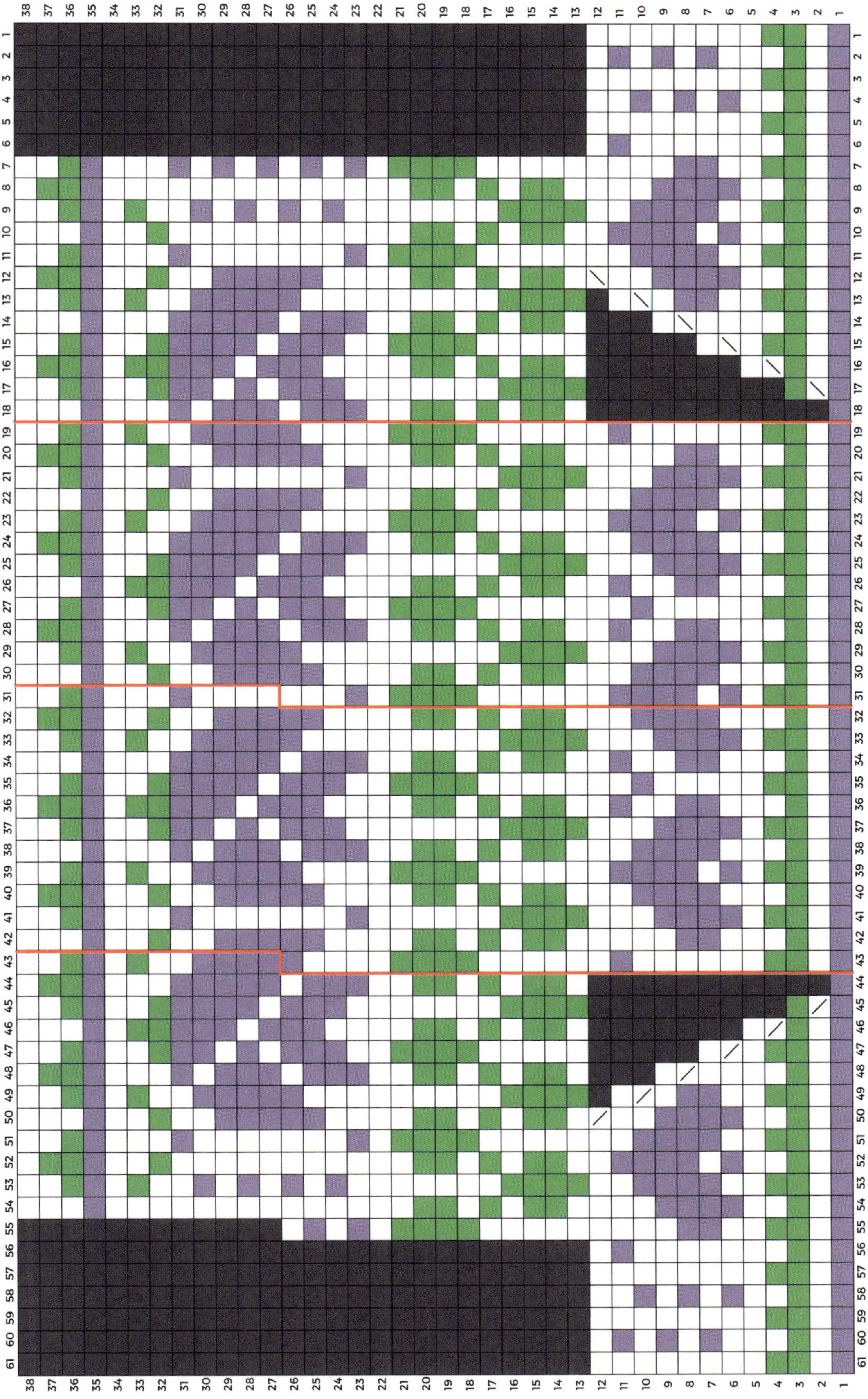

STRICKSCHRIFT A1, SCHAFT MITTEL

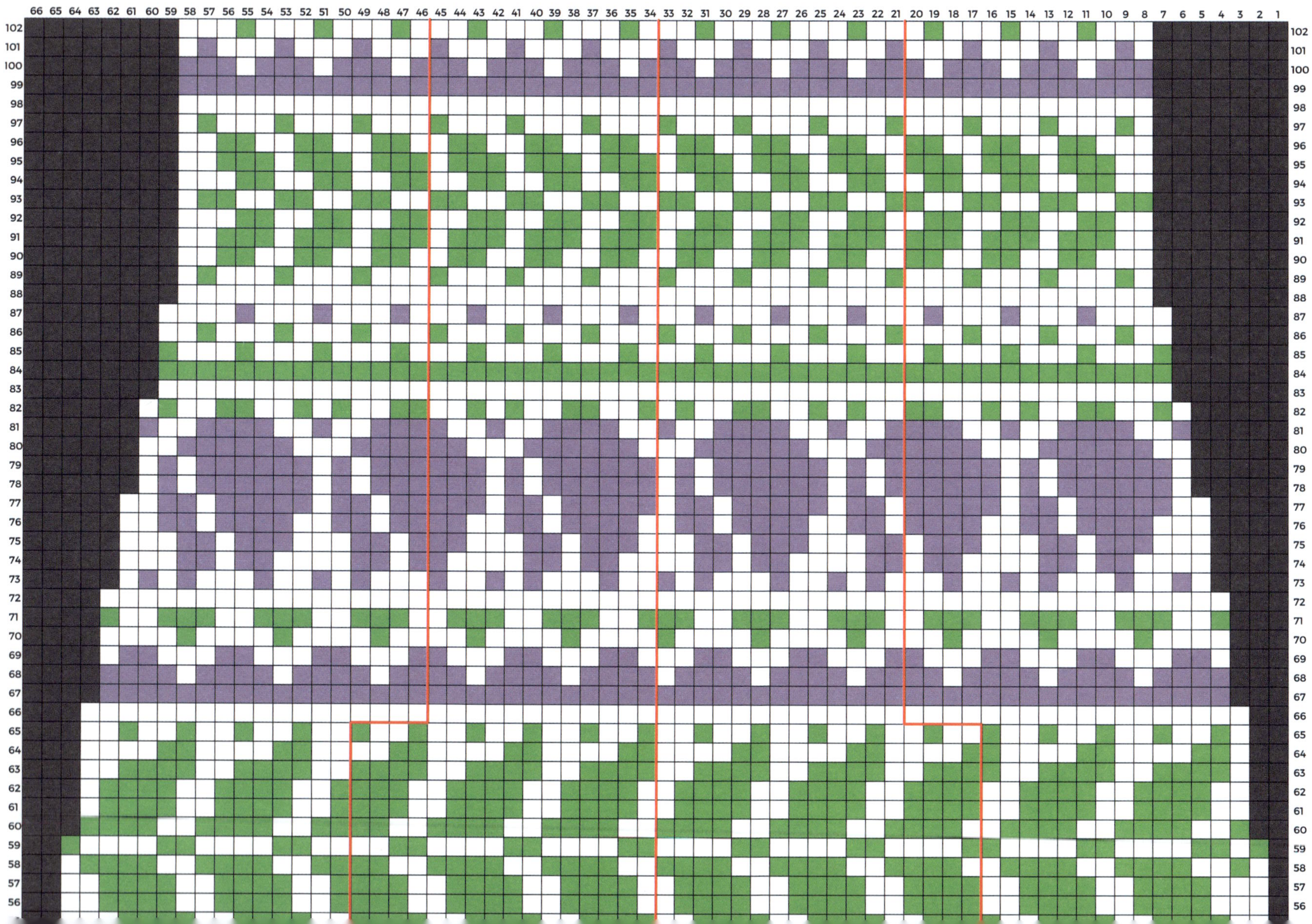

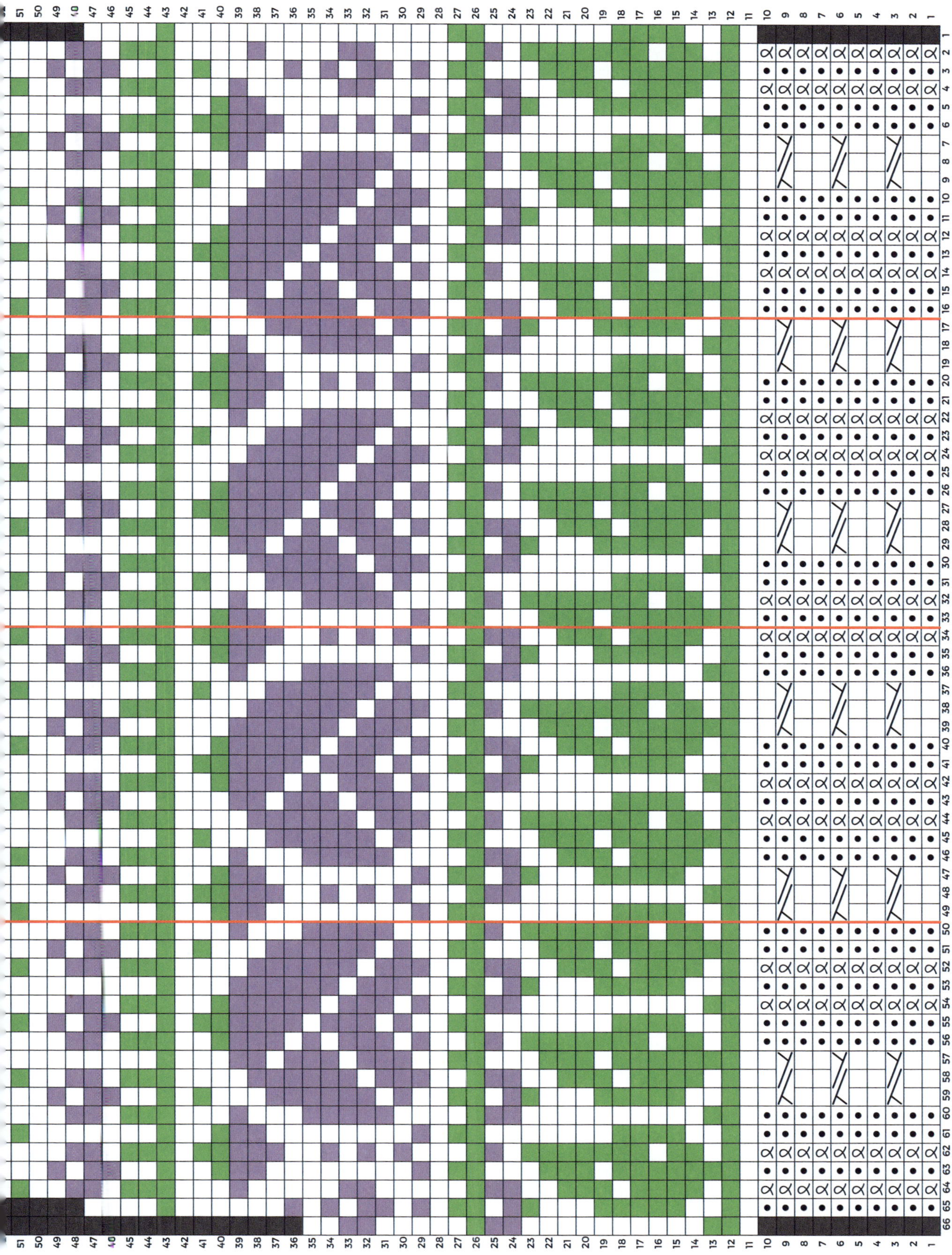

STRICKSCHRIFT A2, SCHAFT BREIT

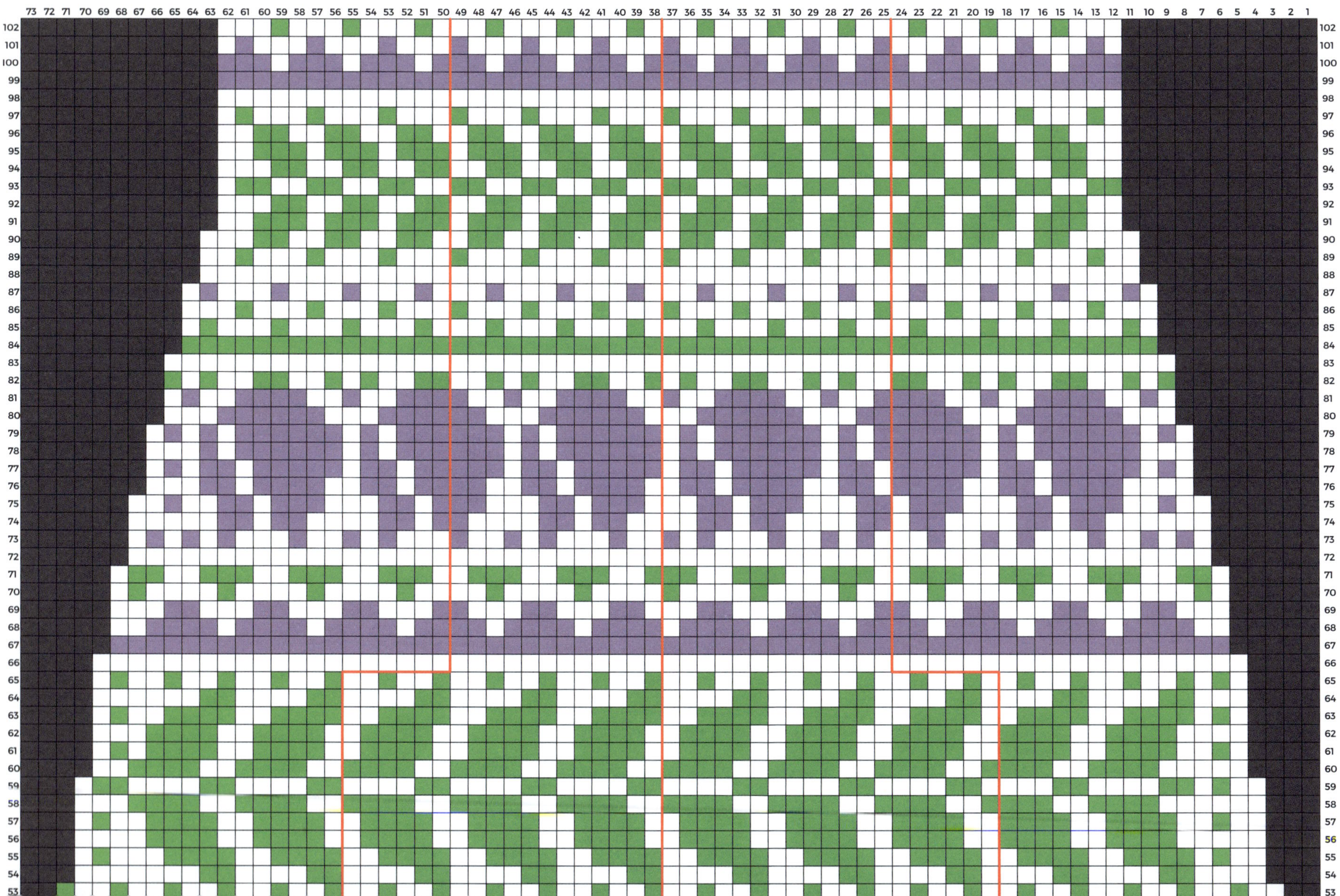

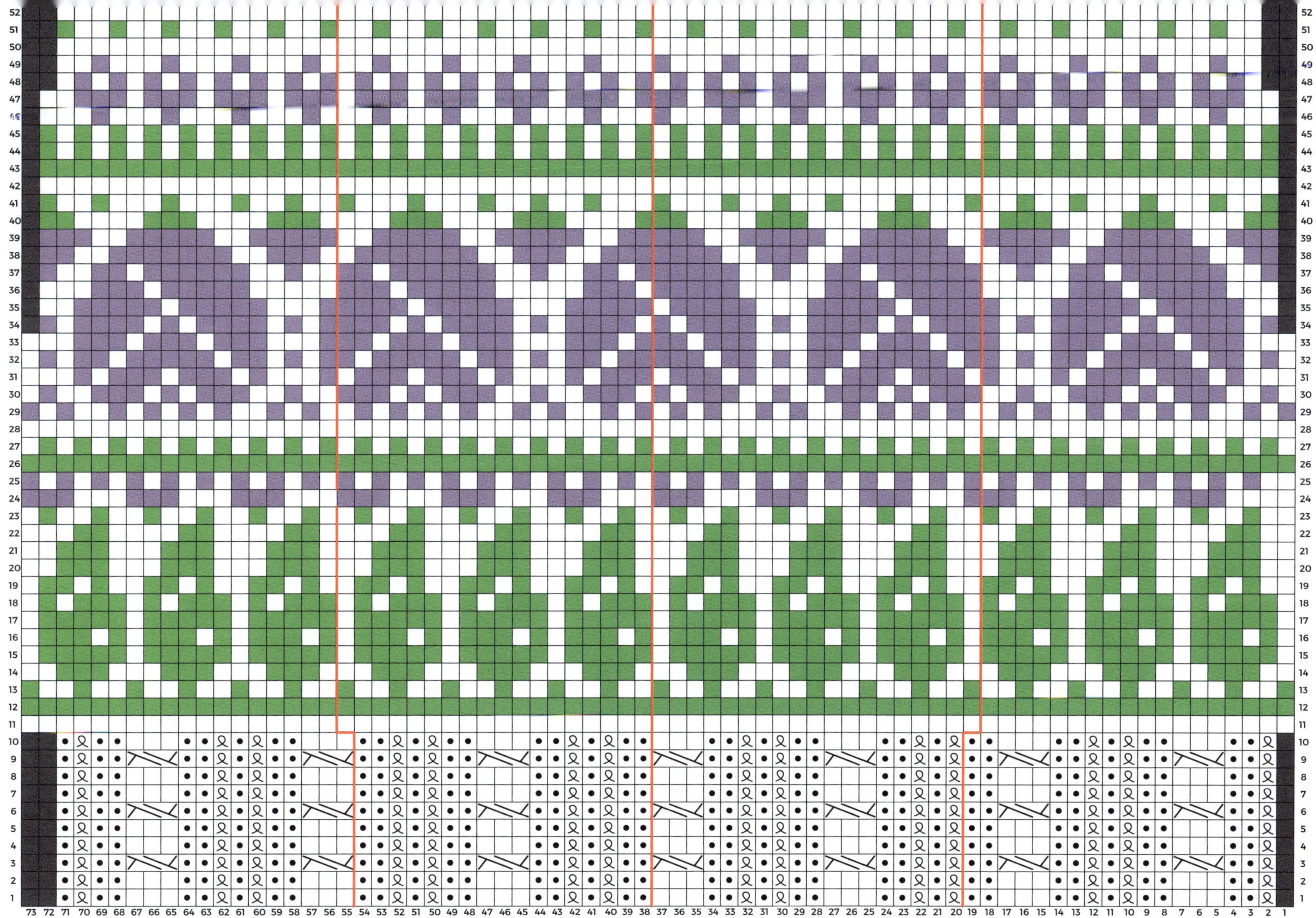

1 2 3 4 5 6 7 8 9 10 11 12 13 14 15 16 17 18 19 20 21 22 23 24 25 26 27 28 29 30 31 32 33 34 35 36 37 38 39 40 41 42 43 44 45 46 47 48 49 50 51 52
73 72 71 70 69 68 67 66 65 64 63 62 61 60 59 58 57 56 55 54 53 52 51 50 49 48 47 46 45 44 43 42 41 40 39 38 37 36 35 34 33 32 31 30 29 28 27 26 25 24 23 22 21 20 19 18 17 16 15 14 13 12 11 10 9 8 7 6 5 4 3 2 1

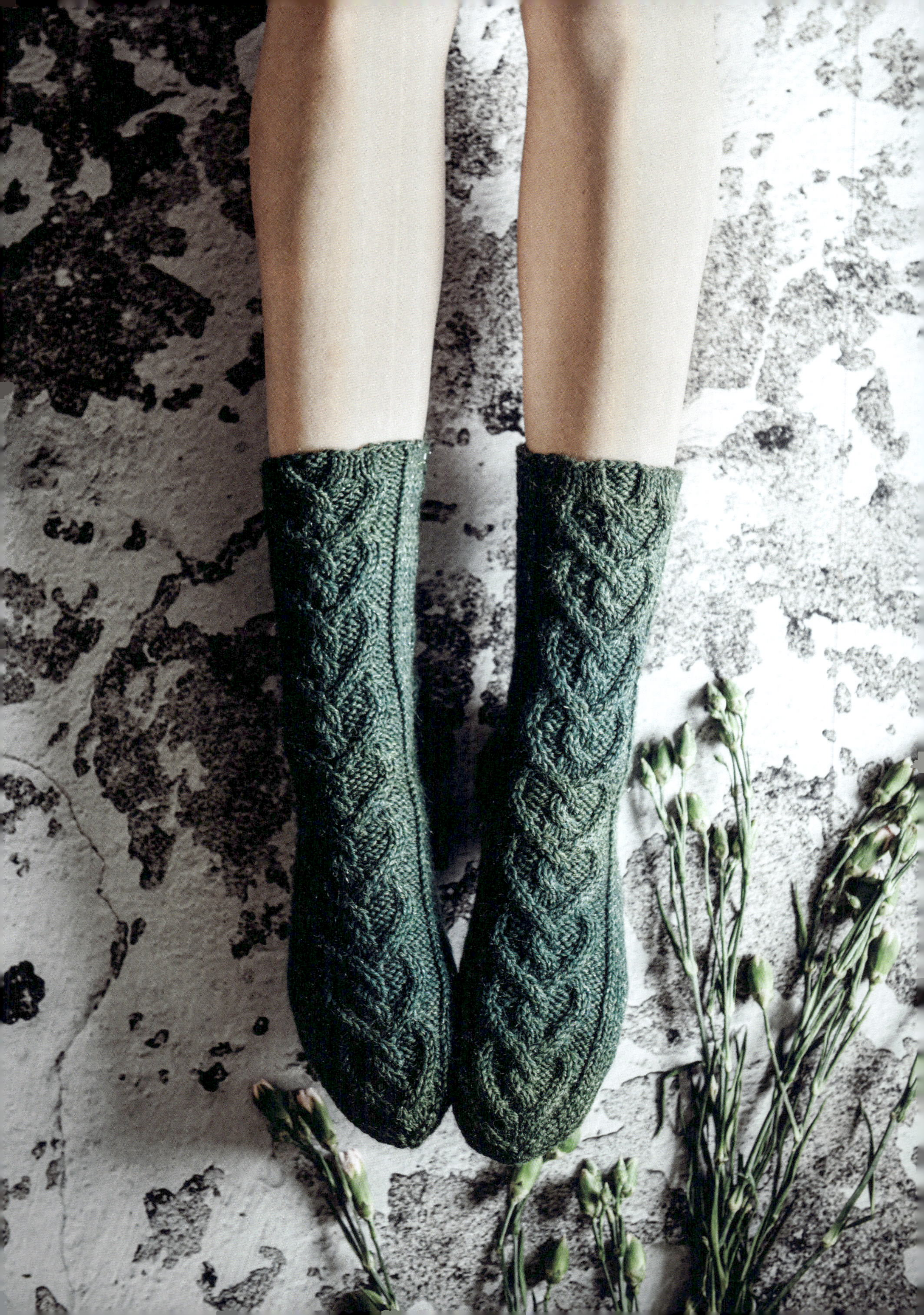

Skyfall

In Schottland begegnen wir kargen Heiden, geheimnisvoll und faszinierend. Der schwere, dunkle Duft ist zu spüren, wenn das erste kalte Wetter und die stumpfen Winde eintreffen. Das flackernde Schimmern im Sockengarn klingt wie Tauperlen im Moor in der Morgendämmerung. Die Ferse im Spitzenmuster bildet einen zarten Kontrast zum üppigen, zeitlosen Zopfmuster.

GRÖSSE: 38/39

GARN: Novita 7 Veljestä Lapintaika, Glasperle (Fb 877)

GARNVERBRAUCH: 120 g

NADELSPIEL: 3,5 mm, Hilfsnadel

MASCHENPROBE: 20 M und 26 Rd = 10 cm x 10 cm

BEVOR SIE BEGINNEN

Im Text verwendete Abkürzungen: U = Umschlag, verschr = verschränkt, ssk = 2 M nacheinander wie zum Rechtsstricken abheben, zurück auf die linke Nd legen und von hinten zusstr.

SCHAFT

48 M anschlagen und auf den Nd verteilen: 15-12-12-9. Alle 45 Rd laut Strickschrift A stricken.

FERSE

Mit der Fersenwand beginnen, dazu die M der 1. Nd auf die 4. Nd stricken wie folgt: 1 M re, 1 U, 1 ssk, 2 M re zusstr, 1 U, 1 M re, 2 M li, 4 M re, 1 M li, 2 M re. Die Arbeit wenden und 1 M li abheben, ohne sie zu stricken, 1 M li, 1 M re, 4 M li, 2 M re, 3 M li, 1 M li verschr, 2 M li, 2 M re, 4 M li, 1 M re, 2 M li (insg. 24 M). Dann die R 1–20 laut Strickschrift B arbeiten. In der Hin-R immer die 1. M re abheben, ohne sie zu stricken, und in der Rück-R die 1. M li abheben, ohne sie zu stricken.

Die Käppchenabnahmen in der nächsten Hin-R beginnen und glatt re stricken, bis noch 9 M auf der Nd sind. 1 ssk oder Übz stricken und die Arbeit wenden. Auf der anderen Nd sind 7 M. 1 M li abheben, ohne sie zu stricken, und li stricken, bis 9 M übrig sind. 2 M li zusstr, die Arbeit wenden. 1 M re abheben, ohne sie zu stricken, und re stricken, bis noch 8 M auf der Nd sind. 1 ssk oder Übz stricken und die Arbeit wenden. 1 M li abheben, ohne sie zu stricken, und li stricken, bis 8 M übrig sind. 2 M li zusstr und die Arbeit wenden.

So fortfahren, dabei werden die äußeren M in jeder R reduziert, die mittleren M bleiben gleich (8 M).

Wenn die äußeren M aufgebraucht sind, die M der Fersenwand auf 2 Nd verteilen (4-4). Die 4 M auf der 4. Nd re stricken, sodass der Faden in der Fersenmitte zwischen der 1. und der 4. Nd liegt.

FUSSTEIL

Aus dem linken Fersenrand mit der freien Nd 12 M auffassen. 4 M der 1. Nd stricken, dann die 12 aufgefassten M re verschränkt stricken. Mit der 2. und 3. Nd das Muster laut Strickschrift C stricken, mit R 1 beginnen und die R 1–10 wiederholen. Aus dem rechten Fersenrand 12 M auffassen und re verschränkt stricken, auf dieselbe Nd noch die 4 M der 4. Nd stricken. Die Arbeit hat jetzt 56 M.

Mit den Zwickelabnahmen beginnen: Am Ende der 1. Nd 2 M re zusstr, am Anfang der 4. Nd in jeder 3. Rd 1 ssk oder Übz stricken. Mit der 2. und 3. Nd weiter im Muster laut Strickschrift C stricken. Mit den Zwickelabnahmen fortfahren, bis noch 48 M (12-12-12-12) übrig sind. Mit der 1. und 4. Nd weiterhin re, mit der 2. und 3. Nd im Muster stricken.

Wenn nach der Fersenwand 44 Rd gestrickt sind und zuletzt Rd 4 der Strickschrift gestrickt wurde, mit den Spitzenabnahmen beginnen.

Mit der 1. und 4. Nd eine breite Bandspitze arbeiten. Die Abnahmen in jeder 2. Rd stricken, bis 8 M pro Nd übrig sind. Danach in jeder Rd abnehmen.

1. Nd: re stricken, bis 3 M übrig sind, 2 M re zusstr, 1 M re.

4. Nd: 1 M re, 1 ssk, die übrigen M re stricken.

2. und 3. Nd: Die Spitzenabnahmen laut Strickschrift D (Rd 1–13) stricken.

Wenn noch 8 M übrig sind, den Faden abschneiden und durch die M ziehen. Die Fadenenden vernähen und die Socken leicht dämpfen.

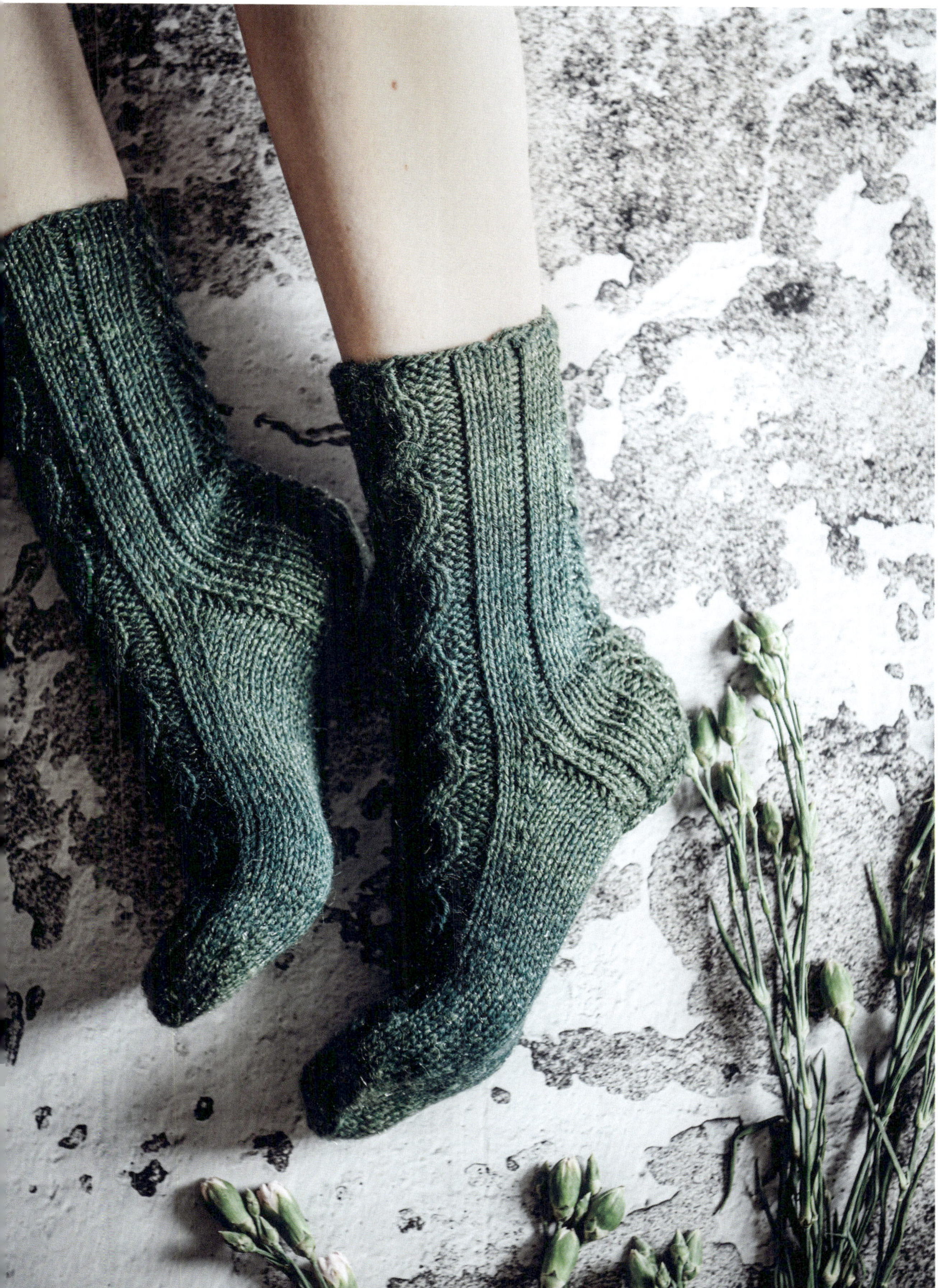

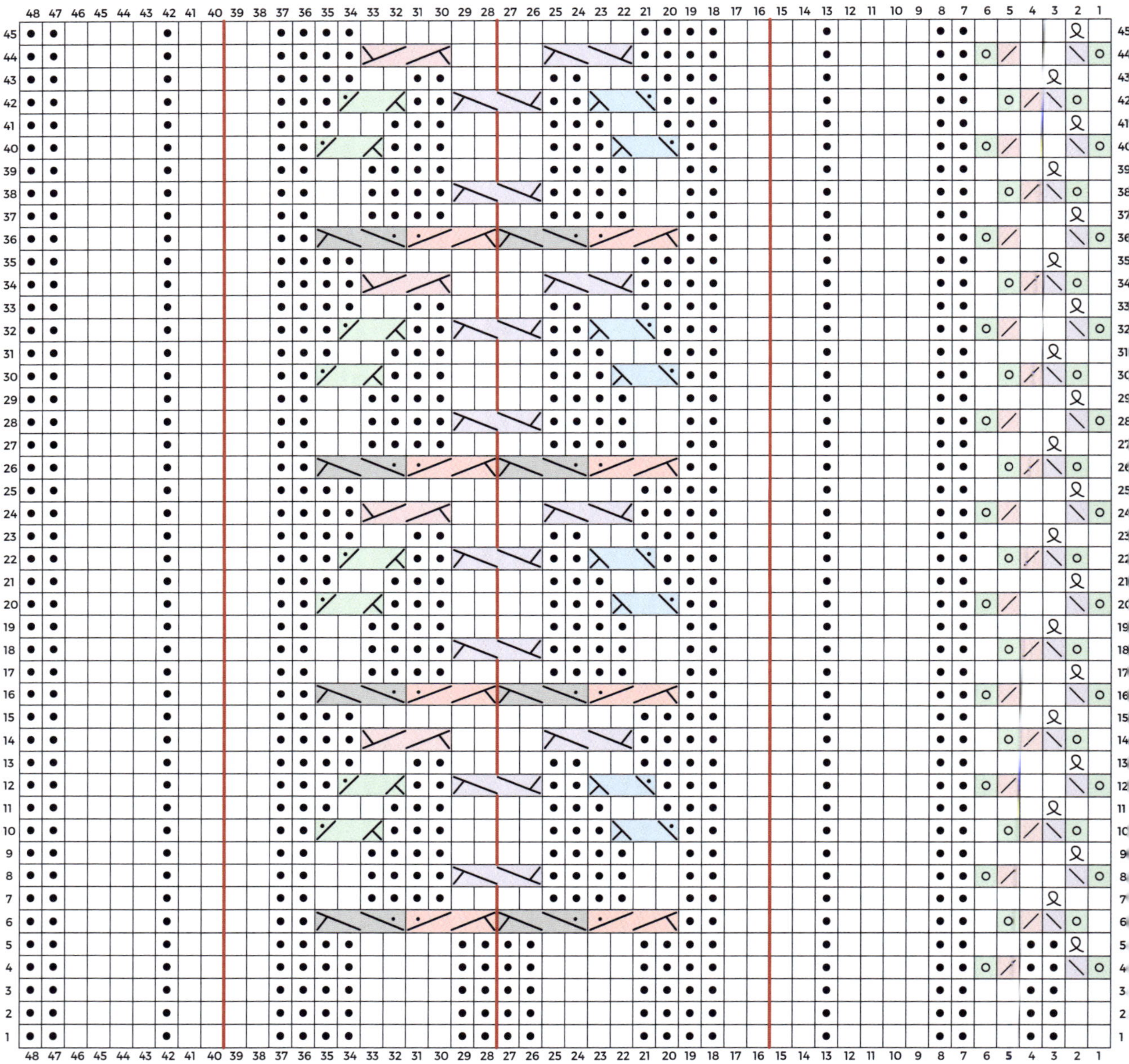

- 1 M rechts
- 1 M rechts verschränkt
- 1 M links
- 1 Umschlag
- 2 M re zusstr
- ssk: 2 M nacheinander wie zum Rechtsstricken abheben, zurück auf die linke Nd legen und von hinten zusstr
- 2 M auf eine Hilfsnadel vor die Arbeit legen, 2 M li, die 2 M der Hilfsnadel re
- 1 M auf eine Hilfsnadel hinter die Arbeit legen, 2 M re, die M der Hilfsnadel li
- 2 M auf eine Hilfsnadel vor die Arbeit legen, 2 M re, die 2 M der Hilfsnadel re
- 2 M auf eine Hilfsnadel hinter die Arbeit legen, 2 M re, die 2 M der Hilfsnadel re
- 2 M auf eine Hilfsnadel vor die Arbeit legen, 2 M li, die 2 M der Hilfsnadel re
- 2 M auf eine Hilfsnadel hinter die Arbeit legen, 2 M re, die 2 M der Hilfsnadel li
- keine Masche
- Nadelverteilung

STRICKSCHRIFT B, FERSE

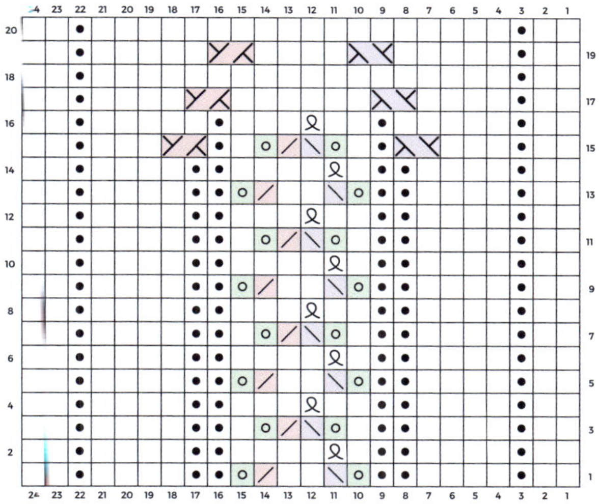

STRICKSCHRIFT C

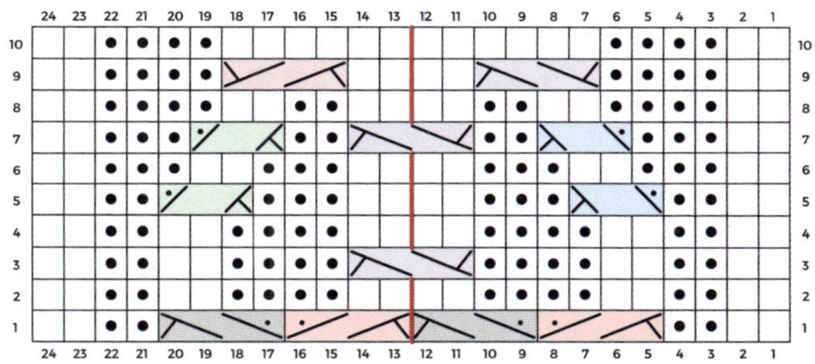

STRICKSCHRIFT D

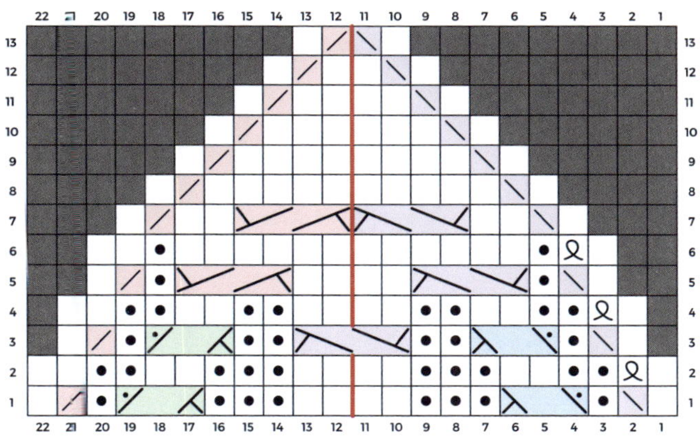

- 1 M in der Hin-R rechts, in der Rück-R links
- 1 M in der Hin-R rechts verschränkt, in der Rück-R links verschränkt
- 1 M in der Hin-R links, in der Rück-R rechts
- 1 Umschlag
- 2 M re zusstr
- ssk: 2 M nacheinander wie zum Rechtsstricken abheben, zurück auf die linke Nd legen und von hinten zusstr
- 1 M auf eine Hilfsnadel vor die Arbeit legen, 1 M re, die M der Hilfsnadel re
- 1 M auf eine Hilfsnadel hinter die Arbeit legen, 1 M re, die M der Hilfsnadel re

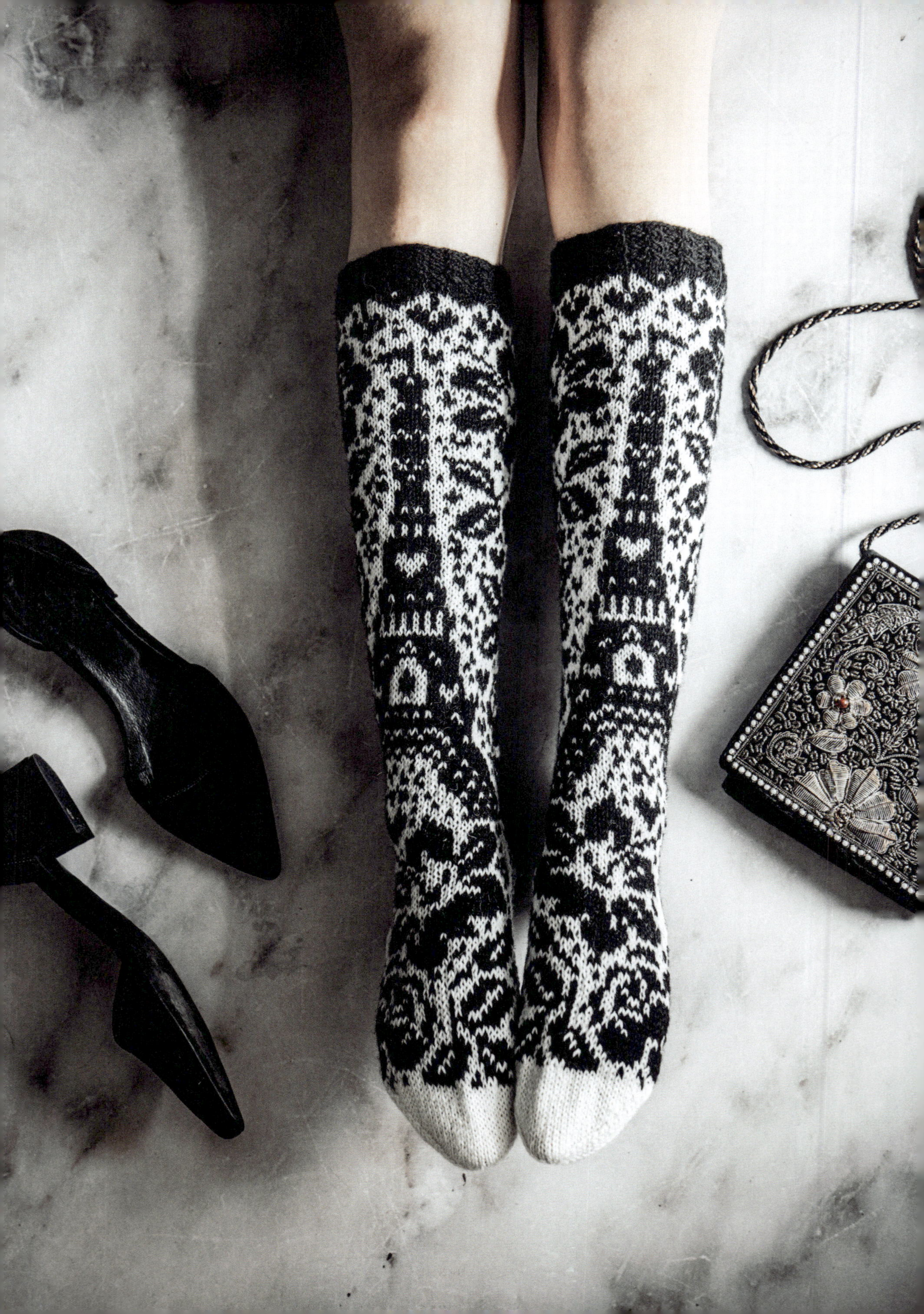

Unter dem Himmel von Paris

„Unter dem Pariser Himmel kannst du einen Freund treffen, ein großes Glück, von dem du nie gedacht hättest, dass du es finden würdest …“ Die atemberaubende Silhouette des Eiffelturms, Liebe, Romantik und herzzerreißende Freude – unter dem Pariser Himmel kann man lachen und im Hier und Jetzt leben. Eins der symbolträchtigsten Wahrzeichen einer der schönsten Städte der Welt wurde in diesen Socken verewigt.

GRÖSSE: 39

WADENUMFANG: 35-39 cm

GARN UND GARNVERBRAUCH: Novita Nalle, 80 g Weiß (Fb 011) und 110 g Ruß (Fb 099)

NADELSPIEL: 3,0 mm, Hilfsnadel für das Zopfmuster

MASCHENPROBE: 24 M und 32 Rd = 10 cm x 10 cm

BEVOR SIE BEGINNEN

Die Strickschrift wird von unten nach oben und von rechts nach links gelesen. Die Socken werden gegengleich gestrickt. Verwenden Sie für die rechte Socke die Strickschriften A1 und B1, für die linke Socke die Strickschriften A2 und B2. Für das Bündchen können Sie eine halbe Nummer kleinere Nadeln verwenden, damit es fester wird. Wenn die Socken für dickere Waden passen sollen, können Sie für das Einstrickmuster ein Nadelspiel Nr. 3,5 nehmen. So passt der Schaft für Waden mit einem Umfang von über 40 cm.

SCHAFT

75 M in Ruß anschlagen und auf den Nd verteilen: 20-18-17-20. Für das Bündchen 10 Rd laut Strickschrift A1/A2 stricken.

Das Einstrickmuster laut der Strickschrift ab der 11. Rd beginnen, gleichzeitig mit der letzten Nd 1 M zunehmen und die M auf den Nd verteilen: 19-19-19-19. Den Schaft laut der Strickschrift arbeiten, dabei in den unten genannten Rd im Anfangsbereich der 1. Nd und im Endbereich der 4. Nd an geeigneter Stelle abnehmen.

Abnahmerunden: 40, 54, 71, 83, 90, 95, 100 und 105. Die Arbeit hat jetzt 60 M.

Achtung! In der 75. Rd die M auf den Nd verteilen: 20-15-15-20.

Wenn alle 110 Rd für den Schaft gestrickt sind, die M auf den Nd verteilen: 15-15-15-15.

FERSE

Die verstärkte Fersenwand in Ruß stricken, dazu die M der 1. Nd re auf die 4. Nd stricken (insg. 30 M). Die restlichen M bleiben ungestrickt. Die Arbeit wenden. Die 1. M li abheben, ohne sie zu stricken, die restlichen M li stricken.

1. R (Hin-R): Die Arbeit wenden, *1 M abheben, ohne sie zu stricken, 1 M re, ab * bis R-Ende wiederholen.

2. R (Rück-R): Die Arbeit wenden, 1 M li abheben, ohne sie zu stricken, die übrigen M li stricken.

Diese zwei R wiederholen, bis für die Fersenwand 30 R gestrickt sind und zuletzt eine Rück-R gestrickt wurde.

Die Käppchenabnahmen in der nächsten Hin-R beginnen und weiterhin verstärkt stricken, bis noch 11 M auf der Nd sind. 1 Übz stricken und die Arbeit wenden. Auf der anderen Nd sind 9 M. 1 M li abheben, ohne sie zu stricken, und li stricken, bis 11 M übrig sind. 2 M li zusstr, die Arbeit wenden. 1 M re abheben, ohne sie zu stricken, und verstärkt stricken, bis noch 10 M auf der Nd sind. 1 Übz stricken und die Arbeit wenden. 1 M li abheben, ohne sie zu stricken, und verstärkt stricken, bis 10 M übrig sind. 2 M li zusstr und die Arbeit wenden.

So fortfahren, dabei werden die äußeren M in jeder R reduziert, die mittleren M bleiben gleich (10 M).

Wenn die äußeren M aufgebraucht sind, die M der Fersenwand auf 2 Nd verteilen (5-5). 5 M re stricken, sodass der Faden in der Fersenmitte zwischen der 1. und der 4. Nd liegt.

FUSSTEIL

Aus dem Fersenrand mit der 1. Nd 17 M auffassen, mit der 4. Nd aus dem anderen Fersenrand ebenfalls 17 M auffassen. Die Arbeit hat jetzt 74 M. Mit dem Einstrickmuster laut Strickschrift B1/B2 mit der 1. Rd beginnen. Die aus dem Fersenrand aufgefassten M re verschränkt stricken.

Für die Zwickelabnahmen in den in der Strickschrift B angegebenen Rd (2, 4, 6, 8, 10, 12, 14 und 16) am Ende der 1. Nd 2 M re zusstr und am Anfang der 4. Nd 1 ssk oder Übz stricken. Die grau markierten Karos stellen keine Maschen dar. Nach den Zwickelabnahmen sind 58 M übrig: 14-15-15-14. Mit dem Einstrickmuster laut Strickschrift fortfahren.

Wenn alle 41 Rd laut Strickschrift B1/B2 gestrickt sind, die M auf den Nd verteilen 14-15-15-14. Eine breite Bandspitze in der Grundfarbe arbeiten:

1. und 3. Nd: re stricken, bis noch 3 M übrig sind, 2 M re zusstr, 1 M re.

2. und 4. Nd: 1 M re, 1 ssk, die restlichen M re stricken.

Die Abnahmen zunächst in jeder 2. Rd stricken. Wenn insg. noch 38 M (9-10-10-9) übrig sind, die Abnahmen in jeder Rd stricken.

Wenn insg. noch 10 M (2-3-3-2) übrig sind, den Faden abschneiden und durch die M ziehen.

Die Fadenenden vernähen und die Socken leicht dämpfen.

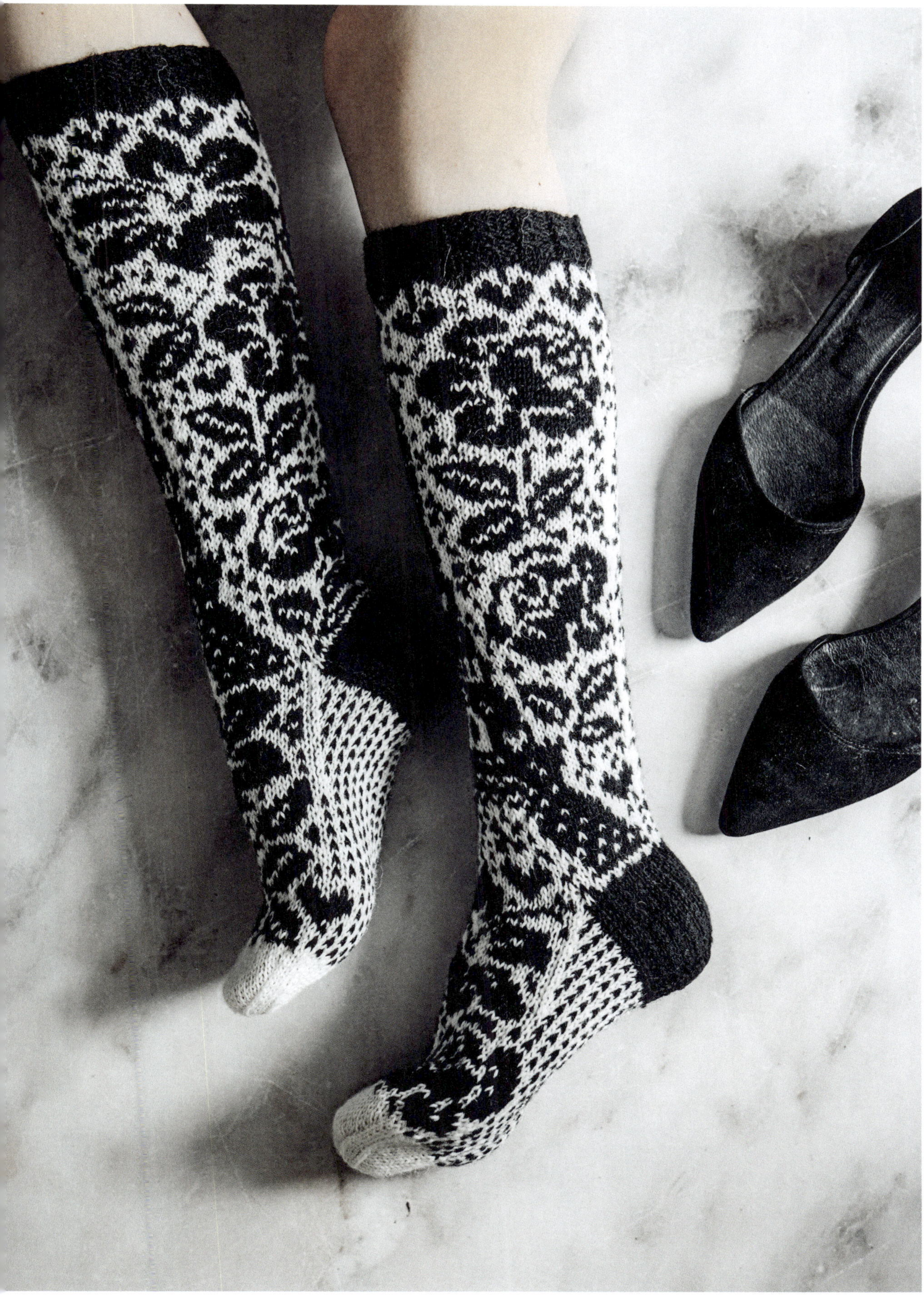

STRICKSCHRIFT A1, RECHTE SOCKE

STRICKSCHRIFT A2, LINKE SOCKE

1 M rechts (Weiß)

1 M rechts (Schwarz)

1 M links (Schwarz)

1 M auf eine Hilfsnadel vor die Arbeit legen, 2 M re, die M der Hilfsnadel re

2 M re zusstr

2 M nacheinander wie zum Rechtsstricken abheben, zurück auf die linke Nd legen und von hinten zusstr

keine Masche

Nadelverteilung

KAAVIO B2, VASEN

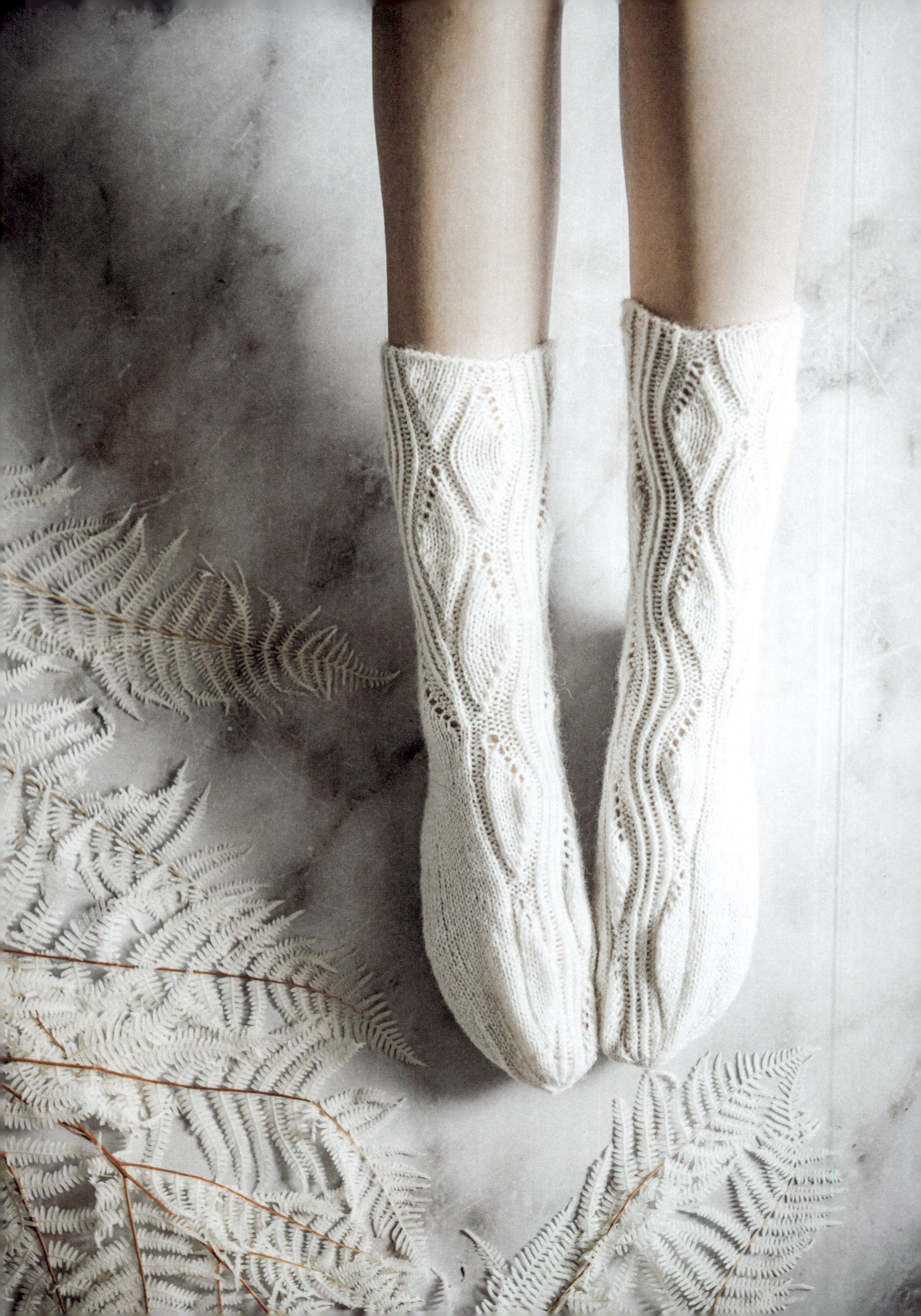

Aphrodite

Die Göttin der Liebe und Schönheit in der griechischen Mythologie, Aphrodite, geboren aus Meeresschaum, verzaubert im Spitzenmuster dieser Socken. Verzückung und Charme der Verführung im Zauber der weißen Wellen.

GRÖSSE: 38/39
GARN: Novita Venla, Naturweiß (Fb 010)
GARNVERBRAUCH: 60 g
NADELSPIEL: 2,5 mm
MASCHENPROBE: 28 M und 36 Rd = 10 cm x 10 cm

BEVOR SIE BEGINNEN

Die rechte und die linke Socke werden gegengleich gestrickt. Verwenden Sie für die rechte Socke die Strickschriften A1, B1, C1 und D1, für die linke Socke die Strickschriften A2, B2, C2 und D2.
In den Strickschriften ist jeweils die Nadelverteilung dargestellt. Die Maschenzahl variiert jedoch im Verlauf der Arbeit mit den Abnahmen und Zunahmen. Kontrollieren Sie bitte die richtige Nadelverteilung, bevor die Ferse beginnt.

SCHAFT

66 M anschlagen und die M auf den Nd verteilen: rechte Socke 26-16-16-8, linke Socke 8-16-16-26. Den Schaft laut Strickschrift A1/A2 stricken (58 Rd). Vor der Ferse die M auf den Nd verteilen: 24-16-16-6 (rechte Socke) und 6-16-16-24 (linke Socke).

FERSE

RECHTE SOCKE:

Mit der Fersenwand beginnen, dazu die M der 1. Nd auf die 4. Nd wie folgt stricken: Die M 7–30 laut der 1. Rd von Strickschrift B1 stricken. Die restlichen M bleiben ungestrickt. Die Fersenwand hat insg. 30 M. Die Arbeit wenden und zunächst die 2. Rd von Strickschrift B1 stricken (Rück-R). Dann die Rd 1–2 von Strickschrift B1 wiederholen, insg. 26 Rd.

LINKE SOCKE:

Mit der Fersenwand beginnen, dazu die M der 1. Nd auf die 4. Nd wie folgt stricken: Die M 25–30 laut der 1. Rd von Strickschrift B2 stricken. Die restlichen M bleiben ungestrickt. Die Fersenwand hat insg. 30 M. Die Arbeit wenden und zunächst die 2. Rd von Strickschrift B2 stricken (Rück-R). Dann die Rd 1–2 von Strickschrift B2 wiederholen, insg. 26 Rd.

RECHTE UND LINKE SOCKE:

Die Käppchenabnahmen in der nächsten Hin-R beginnen und den Rest der Ferse glatt re stricken, bis noch 11 M auf der Nd sind. 1 ssk oder Übz stricken und die Arbeit wenden. Auf der anderen Nd sind 9 M. 1 M li abheben, ohne sie zu stricken, und li stricken, bis 11 M übrig sind. 2 M li zusstr, die Arbeit wenden. 1 M abheben, ohne sie zu stricken, und glatt re stricken, bis noch 10 M auf der Nd sind. 1 ssk oder Übz stricken und die Arbeit wenden. 1 M li abheben, ohne sie zu stricken, und li stricken, bis 10 M übrig sind. 2 M li zusstr und die Arbeit wenden.
So fortfahren, dabei werden die äußeren M in jeder R reduziert, die mittleren M bleiben gleich (10 M). Wenn die äußeren M aufgebraucht sind, die M der Fersenwand auf 2 Nd verteilen (5-5). 5 M re stricken, sodass der Faden in der Fersenmitte zwischen der 1. und der 4. Nd liegt.

FUSSTEIL

Aus dem linken Fersenrand mit der freien Nd 15 M auffassen. Die 5 M der 1. Nd stricken, dann die 15 aufgefassten M re verschränkt stricken. Mit der 2. und 3. Nd das Muster laut Strickschrift C1/C2 stricken, mit R 1 beginnen. Aus dem rechten Fersenrand 15 M auffassen und re verschränkt stricken, auf dieselbe Nd noch die 5 M der 4. Nd stricken. Die Arbeit hat jetzt 72 M (20-16-16-20).

Mit den Zwickelabnahmen beginnen: Am Ende der 1. Nd 2 M re zusstr, am Anfang der 4. Nd in jeder 3. Rd 1 ssk oder Übz stricken. Mit der 2. und 3. Nd weiter im Muster laut Strickschrift C1/C2 stricken. Mit den Zwickelabnahmen fortfahren, bis noch 64 M (16-16-16-16) übrig sind. Mit der 1. und 4. Nd weiterhin re, mit der 2. und 3. Nd im Muster laut Strickschrift C1/C2 stricken.

Wenn nach der Fersenwand alle 60 Rd der Strickschrift gestrickt sind, mit den Spitzenabnahmen beginnen.

Mit der 1. und 4. Nd eine breite Bandspitze arbeiten. Die Abnahmen in jeder 2. Rd stricken, bis 11 M pro Nd übrig sind. Danach in jeder Rd abnehmen.

1. Nd: re stricken, bis 3 M übrig sind, 2 M re zusstr, 1 M re.

4. Nd: 1 M re, 1 ssk, die übrigen M re stricken.

2. und 3. Nd: Die Spitzenabnahmen laut Strickschrift D1/D2 (Rd 1–18) stricken.

Wenn noch 8 M übrig sind, den Faden abschneiden und durch die M ziehen. Die Fadenenden vernähen und die Socken leicht dämpfen.

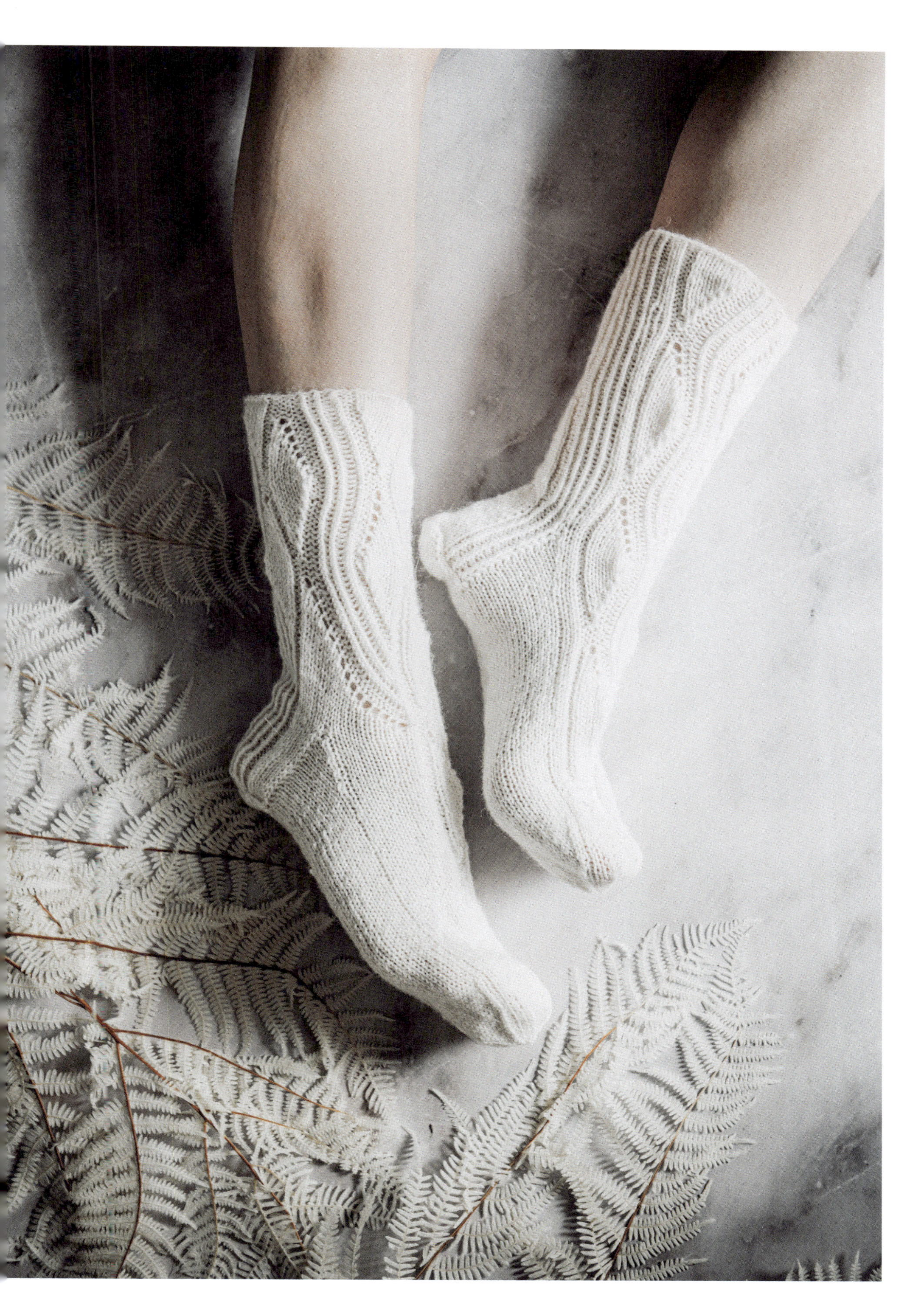

STRICKSCHRIFT A1, RECHTE SOCKE

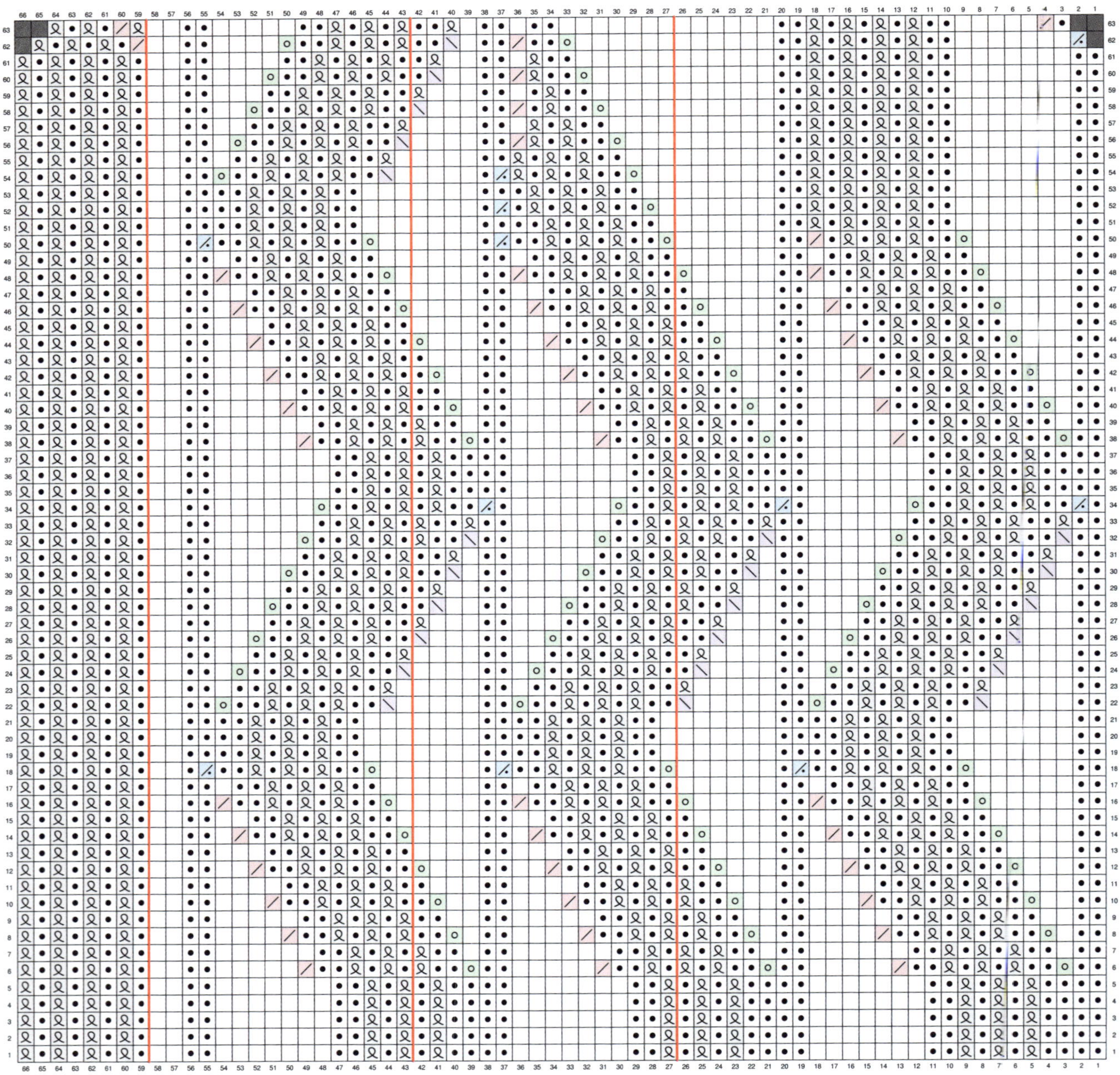

- 1 M rechts
- 1 M rechts verschränkt
- 1 M links
- 1 Umschlag
- ssk: 2 M nacheinander wie zum Rechtsstricken abheben, zurück auf die linke Nd legen und von hinten zusstr
- 2 M re zusstr
- 2 M li zusstr
- 2 M wie zum Rechtsstrickenabheben, 1 M re, die abgehobenen M über die gestrickte M ziehen
- keine Masche
- Nadelverteilung

STRICKSCHRIFT A2, LINKE SOCKE

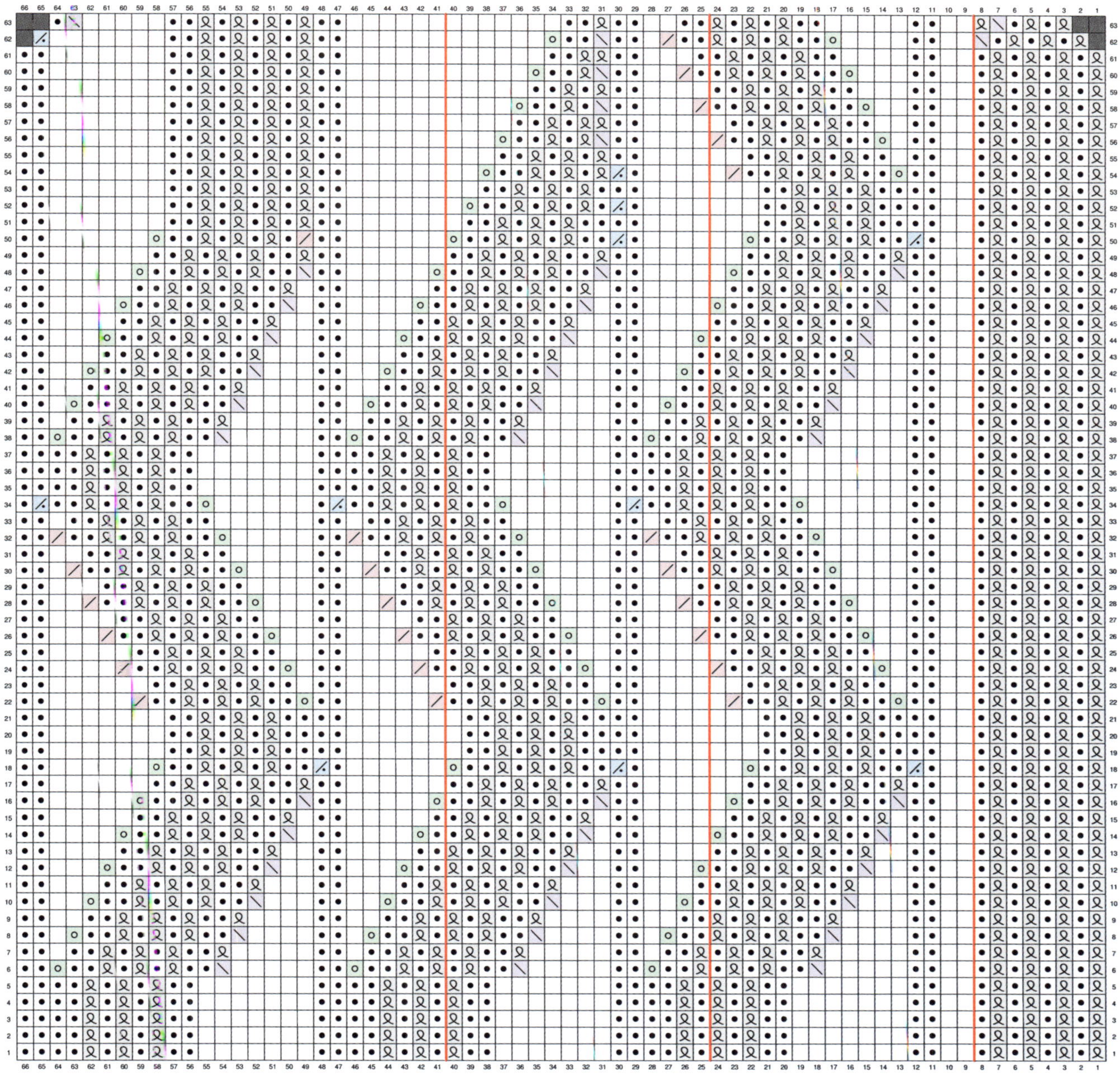

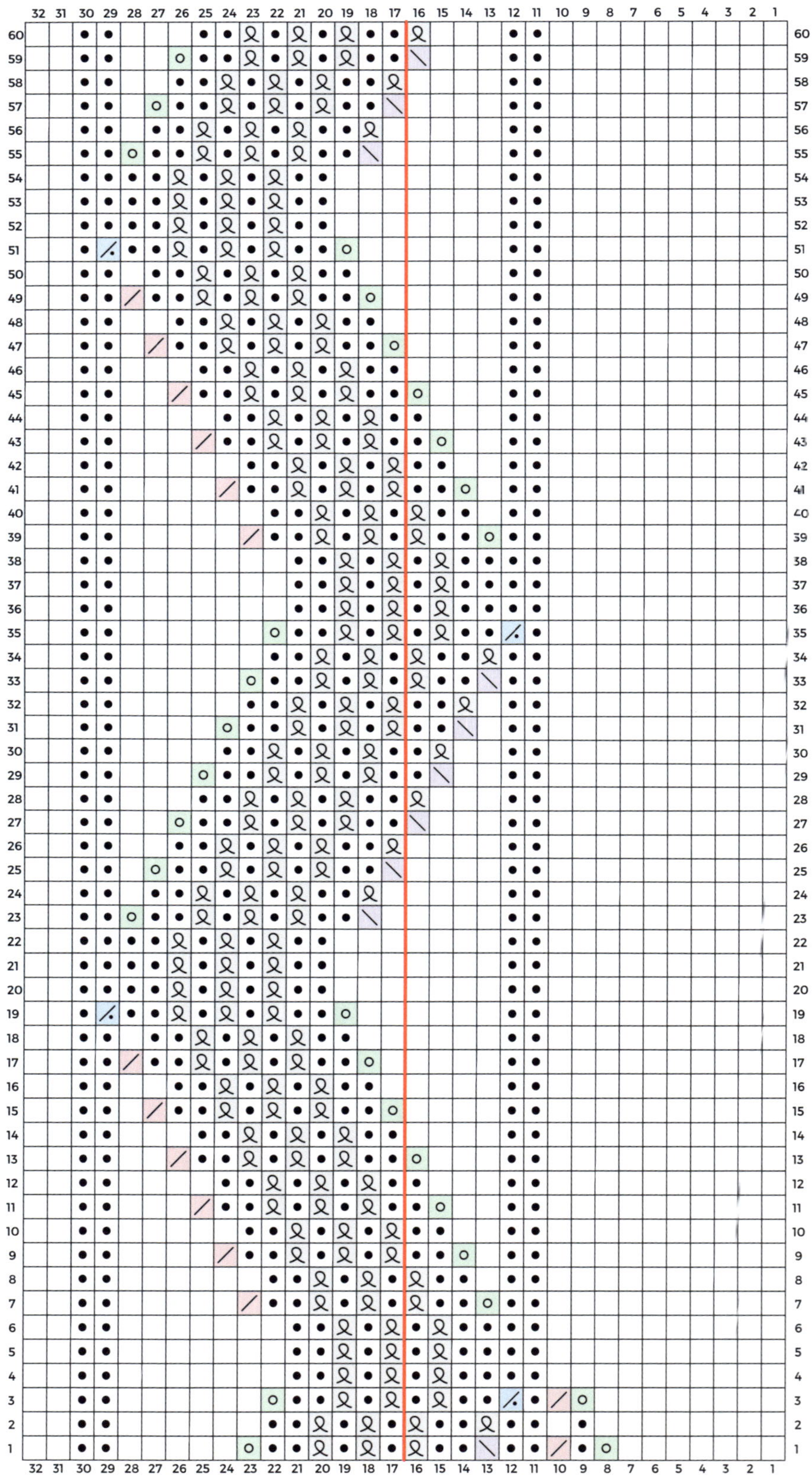
32 31 30 29 28 27 26 25 24 23 22 21 20 19 18 17 16 15 14 13 12 11 10 9 8 7 6 5 4 3 2 1
60 59 58 57 56 55 54 53 52 51 50 49 48 47 46 45 44 43 42 41 40 39 38 37 36 35 34 33 32 31 30 29 28 27 26 25 24 23 22 21 20 19 18 17 16 15 14 13 12 11 10 9 8 7 6 5 4 3 2 1

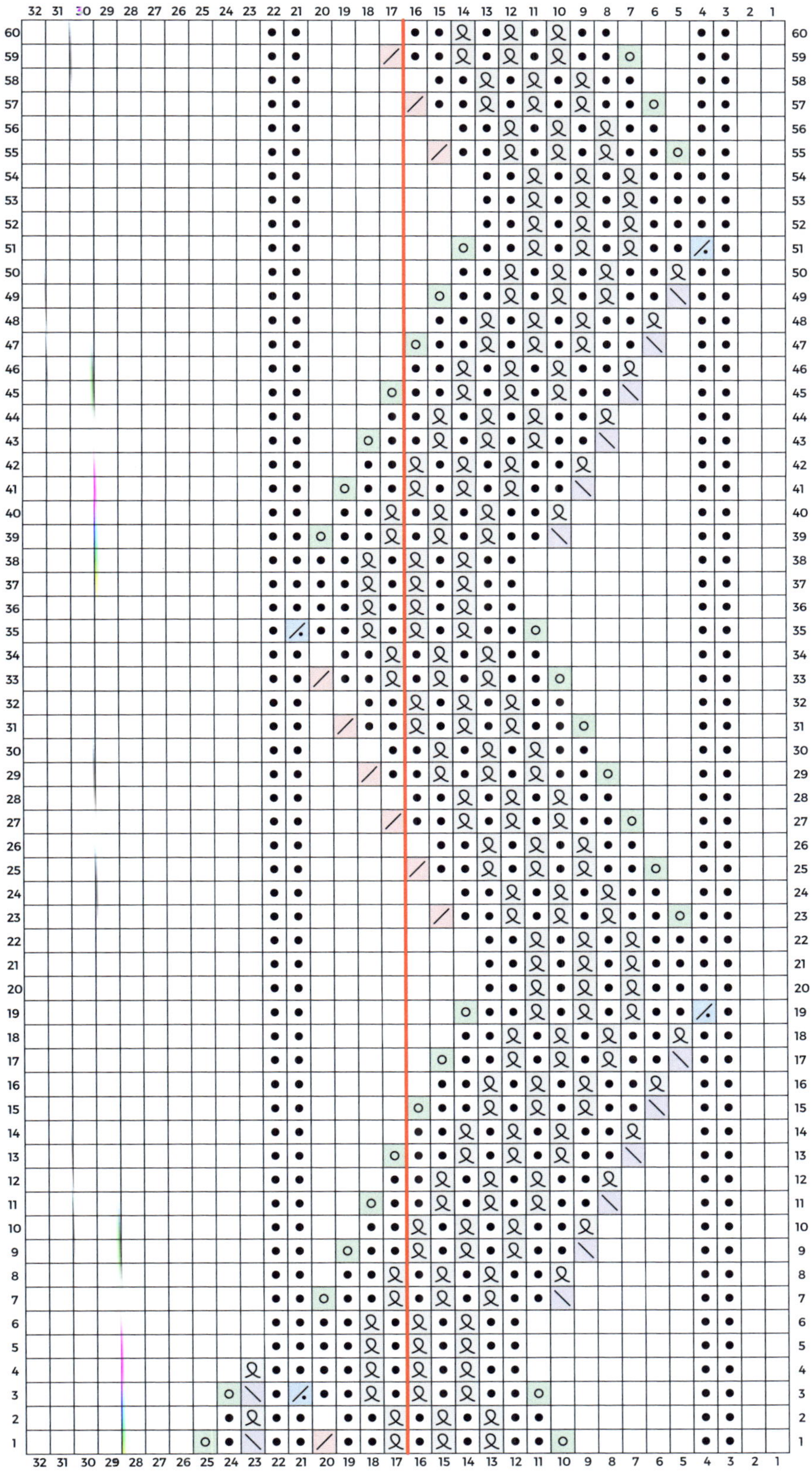

- 1 M rechts
- 1 M rechts verschränkt
- 1 M links
- 1 Umschlag
- ssk: 2 M nacheinander wie zum Rechtsstricken abheben, zurück auf die linke Nd legen und von hinten zusstr
- 2 M re zusstr
- 2 M li zusstr
- 2 M wie zum Rechtsstricken abheben, 1 M re, die abgehobenen M über die gestrickte M ziehen
- keine Masche
- Nadelverteilung

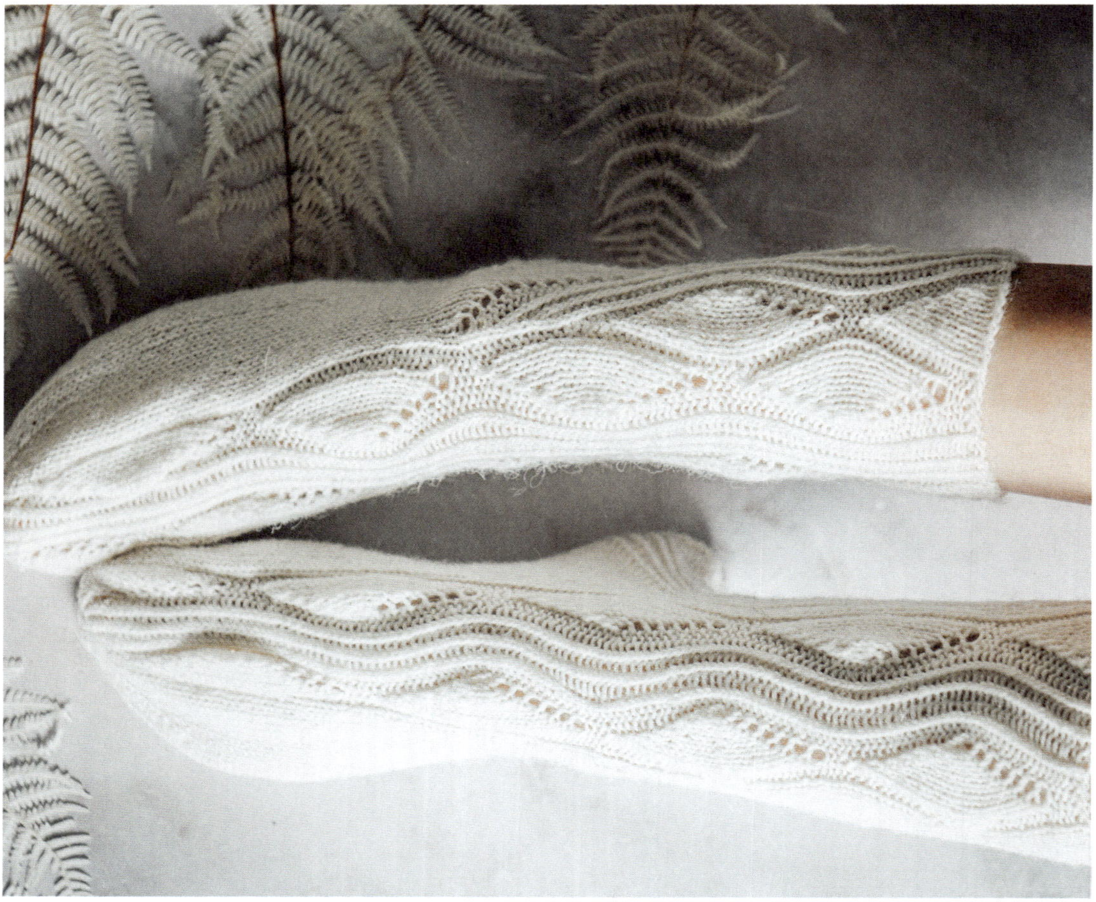

STRICKSCHRIFT B1, FERSE RECHTS

	30	29	28	27	26	25	24	23	22	21	20	19	18	17	16	15	14	13	12	11	10	9	8	7	6	5	4	3	2	1	
2							•	•	Q	•	Q	•	Q	•	Q	•	•							•	Q	•	Q	•	Q		
							•	•	Q	•	Q	•	Q	•	Q	•	•							•	Q	•	Q	•	Q		1
	30	29	28	27	26	25	24	23	22	21	20	19	18	17	16	15	14	13	12	11	10	9	8	7	6	5	4	3	2	1	

STRICKSCHRIFT B2, FERSE LINKS

	30	29	28	27	26	25	24	23	22	21	20	19	18	17	16	15	14	13	12	11	10	9	8	7	6	5	4	3	2	1	
2		Q	•	Q	•	Q	•							•	•	Q	•	Q	•	Q	•	Q	•	•							
		Q	•	Q	•	Q	•							•	•	Q	•	Q	•	Q	•	Q	•	•							1
	30	29	28	27	26	25	24	23	22	21	20	19	18	17	16	15	14	13	12	11	10	9	8	7	6	5	4	3	2	1	

Symbol	Bedeutung
(leer)	1 M in der Hin-R rechts, in der Rück-R links
•	1 M in der Hin-R links, in der Rück-R rechts
Q	1 M in der Hin-R rechts verschränkt, in der Rück-R links verschränkt

STRICKSCHRIFT D1, RECHTE SOCKE

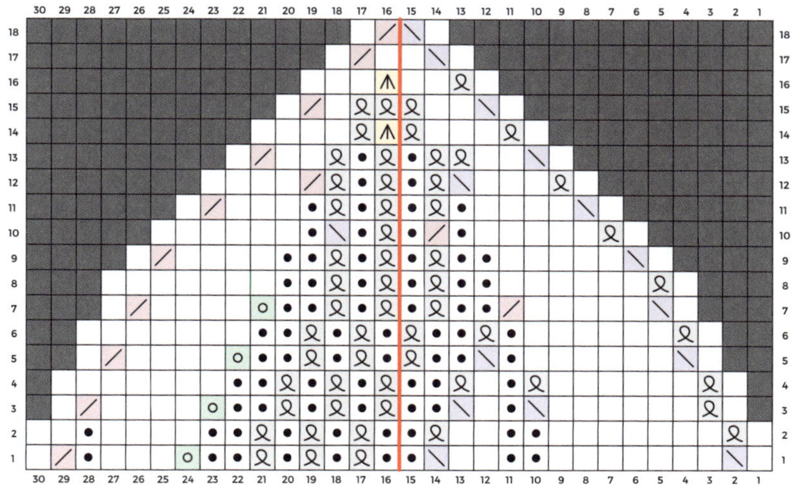

STRICKSCHRIFT D2, LINKE SOCKE

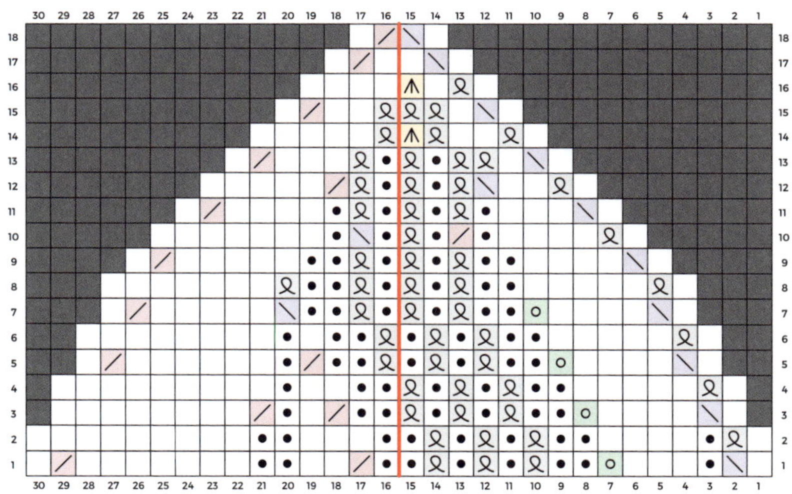

- 1 M rechts
- 1 M rechts verschränkt
- 1 M links
- 1 Umschlag
- ssk: 2 M nacheinander wie zum Rechtsstricken abheben, zurück auf die linke Nd legen und von hinten zusstr
- 2 M re zusstr
- 2 M li zusstr
- 2 M wie zum Rechtsstrickenabheben, 1 M re, die abgehobenen M über die gestrickte M ziehen
- keine Masche
- Nadelverteilung

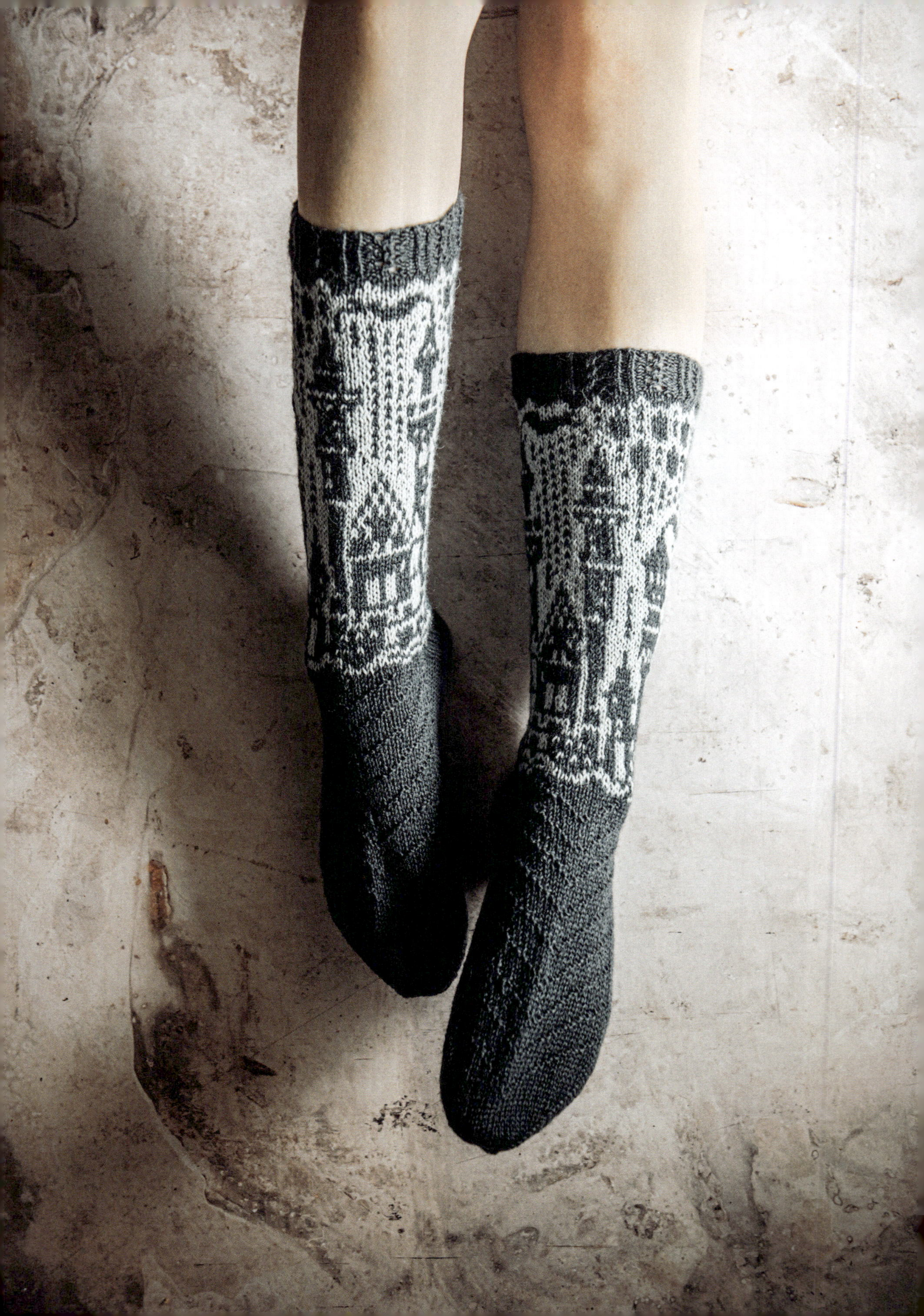

Märchenschloss

In den märchenhaften Schlössern Deutschlands findet man eine bemerkenswerte Architektur, das Echo der Geschichte und spannende Legenden über die Jahrhunderte. Die Prinzessinnen und Prinzen, Fürsten und Ritter, die in diesen Schlössern lebten, dienten als Inspiration für das sagenhafte Einstrickmuster dieser Socken.

GRÖSSE: 39

GARN UND GARNVERBRAUCH: Grundfarbe Novita Venla, 100 g Kohle (Fb 499), Musterfarbe Novita Venla, 60 g Dunst (Fb 406)

NADELSPIEL: 2,5 mm

MASCHENPROBE: 31 M und 33 Rd = 10 cm x 10 cm

BEVOR SIE BEGINNEN

Die Strickschrift wird von unten nach oben und von rechts nach links gelesen. Die rechte und die linke Socke werden gegengleich gestrickt. Verwenden Sie für die rechte Socke die Strickschrift A1, für die linke Socke die Strickschrift A2. Das Fußteil wird nach derselben Anleitung gestrickt. Falls Sie fest stricken, können Sie für das Einstrickmuster ein Nadelspiel 3,0 mm nehmen oder die Socken mit einem 6-fädigen Garn stricken.

SCHAFT

81 M in der Grundfarbe anschlagen und auf den Nd verteilen: 19-22-21-19. Für das Bündchen die ersten 13 Rd laut Strickschrift A1/A2 stricken. Das Einstrickmuster laut der Strickschrift ab der 14. Rd beginnen, gleichzeitig 2 M zunehmen und die M auf den Nd verteilen: 20-22-21-20. Den Schaft laut der Strickschrift arbeiten, dabei in den unten genannten Rd im Anfangsbereich der 1. Nd und im Endbereich der 4. Nd an geeigneter Stelle abnehmen. In der 48. Rd die M auf den Nd verteilen: 23-16-15-23.

Abnahmerunden: 30, 36, 44, 50, 55, 59, 63, 67 und 71. Die Arbeit hat jetzt 65 M.
Falls sich der Schaft zu eng anfühlen sollte, können Sie die letzten Abnahmen weglassen und die überzähligen M in der 1. R der Fersenwand abnehmen. Wenn alle 91 Rd für den Schaft gestrickt sind, die M auf den Nd verteilen: 17-16-15-17.

FERSE

Die verstärkte Fersenwand in der Grundfarbe stricken, dazu die M der 1. Nd auf die 4. Nd stricken (insg. 34 M). Die restlichen M bleiben ungestrickt. Die Arbeit wenden. Die 1. M li abheben, ohne sie zu stricken, die übrigen M li stricken, dabei 2 M zunehmen. Die Fersenwand hat jetzt 32 M.

1. R (Hin-R): Die Arbeit wenden, *1 M abheben, ohne sie zu stricken, 1 M re, ab * bis R-Ende wiederholen.

2. R (Rück-R): Die Arbeit wenden, 1 M li abheben, ohne sie zu stricken, die übrigen M li stricken.

Diese zwei R wiederholen, bis für die Fersenwand 32 R gestrickt sind und zuletzt eine Rück-R gestrickt wurde.

Die Käppchenabnahmen in der nächsten Hin-R beginnen und weiterhin verstärkt stricken, bis noch 11 M auf der Nd sind. 1 ssk oder Übz stricken und die Arbeit wenden. Auf der anderen Nd sind 9 M.
1 M li abheben, ohne sie zu stricken, und li stricken, bis 11 M übrig sind. 2 M li zusstr, die Arbeit wenden. 1 M abheben, ohne sie zu stricken, und verstärkt stricken, bis noch 10 M auf der Nd sind. 1 ssk oder Übz stricken und die Arbeit wenden. 1 M li abheben, ohne sie zu stricken, und verstärkt stricken, bis 10 M übrig sind. 2 M li zusstr und die Arbeit wenden.

So fortfahren, dabei werden die äußeren M in jeder R reduziert, die mittleren M bleiben gleich (12 M).

Wenn die äußeren M aufgebraucht sind, die M der Fersenwand auf 2 Nd verteilen (6-6). 6 M re stricken, sodass der Faden in der Fersenmitte zwischen der 1. und 4. Nd liegt.

FUSSTEIL

Der Fußteil wird komplett in der Grundfarbe gestrickt. Aus dem linken Fersenrand mit der freien Nd 18 M auffassen. Die 6 M der 1. Nd stricken, dann die 18 aufgefassten M re verschränkt stricken. Mit der 2. und 3. Nd das Muster laut Strickschrift B stricken, mit R 1 beginnen und R 1–7 wiederholen. Aus dem rechten Fersenrand 18 M auffassen und re verschränkt stricken, auf dieselbe Nd noch die 6 M der 4. Nd stricken. Die Arbeit hat jetzt 79 M.

Mit den Zwickelabnahmen beginnen: Am Ende der 1. Nd 2 M re zusstr, am Anfang der 4. Nd in jeder 2. Rd 1 ssk oder Übz stricken. Mit der 2. und 3. Nd weiter im Muster laut Strickschrift B stricken. Mit den Zwickelabnahmen fortfahren, bis noch 63 M (16-16-15-16) übrig sind. Mit der 1. und 4. Nd weiterhin re, mit der 2. und 3. Nd im Muster laut Strickschrift B stricken.

Wenn nach der Fersenwand 56 Rd der Strickschrift gestrickt sind und zuletzt die 7. Rd der Strickschrift gestrickt wurde, mit der 2. und 3. Nd die Rd 57–59 laut Strickschrift C und mit der 1. und 4. Nd re stricken.

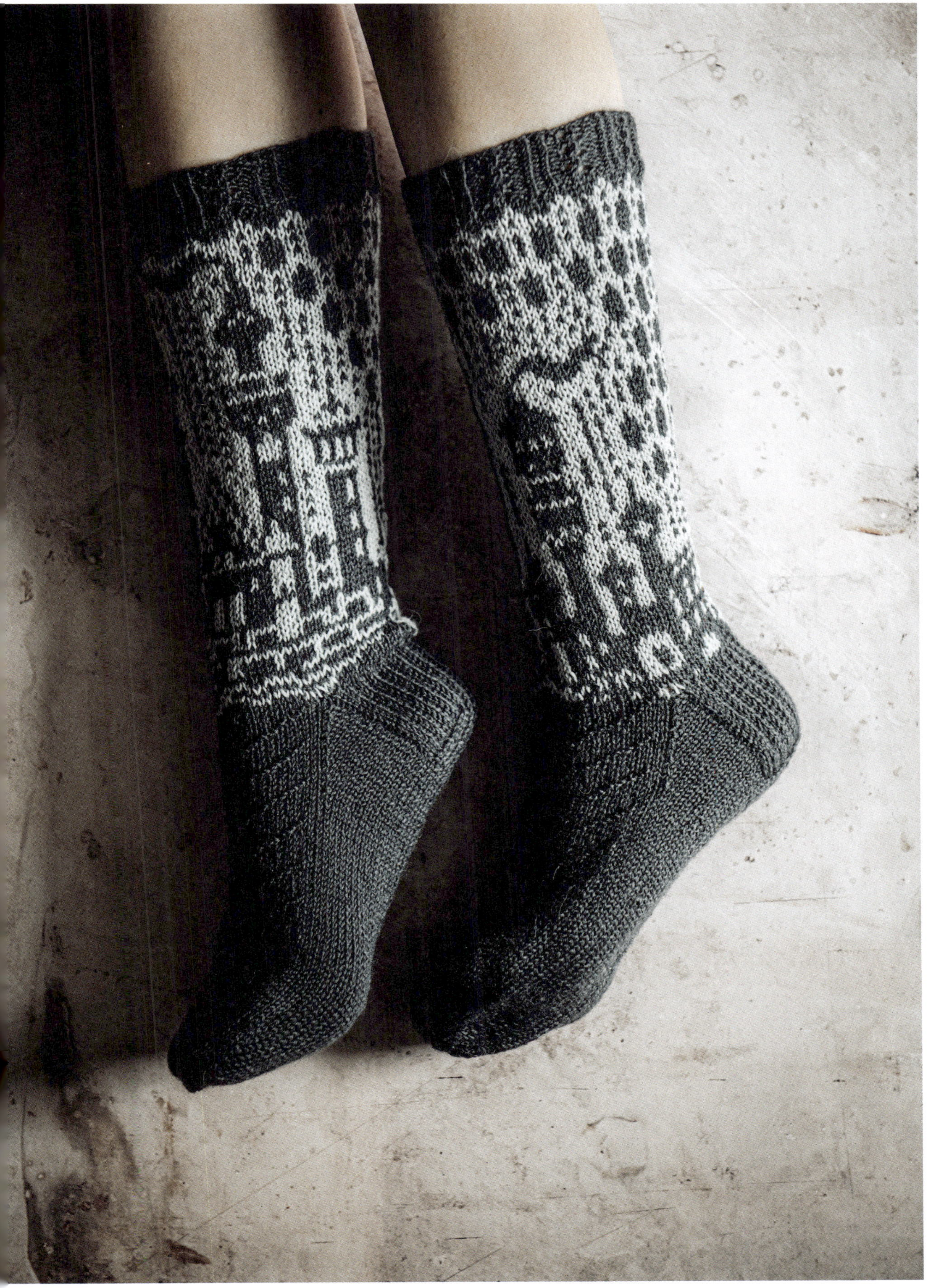

Mit den Spitzenabnahmen beginnen:

1. Rd:

1. Nd: 13 M re, 2 M re zusstr, 1 M re.
2. und 3. Nd: Rd 60 laut Strickschrift C.
4. Nd: 1 M re, 1 ssk, 13 M re.

2. Rd:

1. Nd: 15 M re.
2. und 3. Nd: Rd 61 laut Strickschrift C.
4. Nd: 15 M re.

3. Rd:

1. Nd: 12 M re, 2 M re zusstr, 1 M re.
2. und 3. Nd: Rd 62 laut Strickschrift C.
4. Nd: 1 M re, 1 ssk, 12 M re.

4. Rd:

1. Nd: 14 M re.
2. und 3. Nd: Rd 63 laut Strickschrift C.
4. Nd: 14 M re.

Jetzt eine breite Bandspitze arbeiten.

Die Abnahmen zunächst in jeder 2. Rd stricken. Wenn noch 39 M (10-10-9-10) übrig sind, in jeder Rd abnehmen. In der letzten Rd mit der 3. Nd nicht mehr abnehmen.

1. und 3. Nd: re stricken, bis 3 M übrig sind; 2 M re zusstr, 1 M re.

2. und 4. Nd: 1 M re, 1 ssk, die übrigen M re stricken.

Wenn insg. noch 8 M übrig sind, den Faden abschneiden und durch die M ziehen. Die Fadenenden vernähen und die Socken leicht dämpfen.

- □ 1 M rechts
- 1 M rechts verschränkt
- ● 1 M links
- / 2 M re zusstr
- \ ssk: 2 M nacheinander wie zum Rechtsstricken abheben, zurück auf die linke Nd legen und von hinten zusstr
- keine Masche
- Nadelverteilung

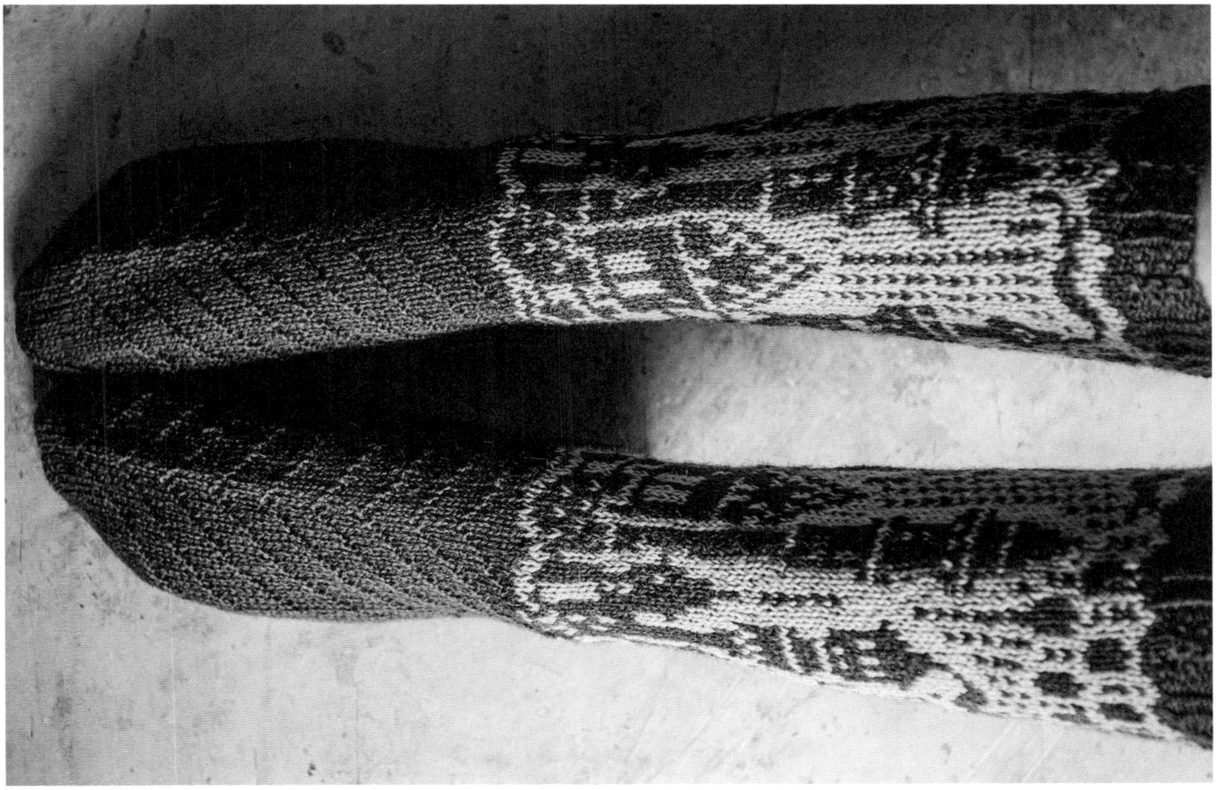

STRICKSCHRIFT B

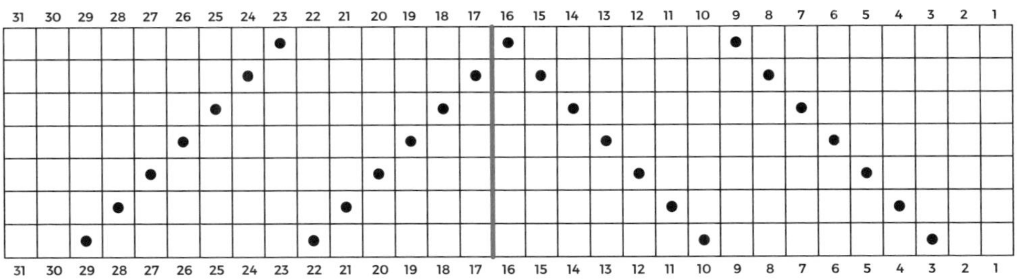

STRICKSCHRIFT C

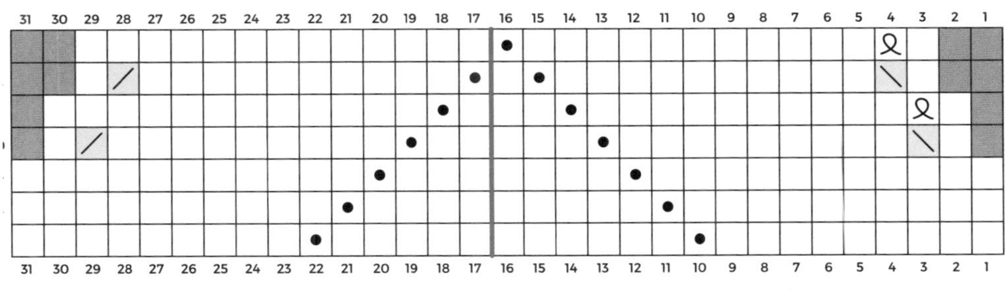

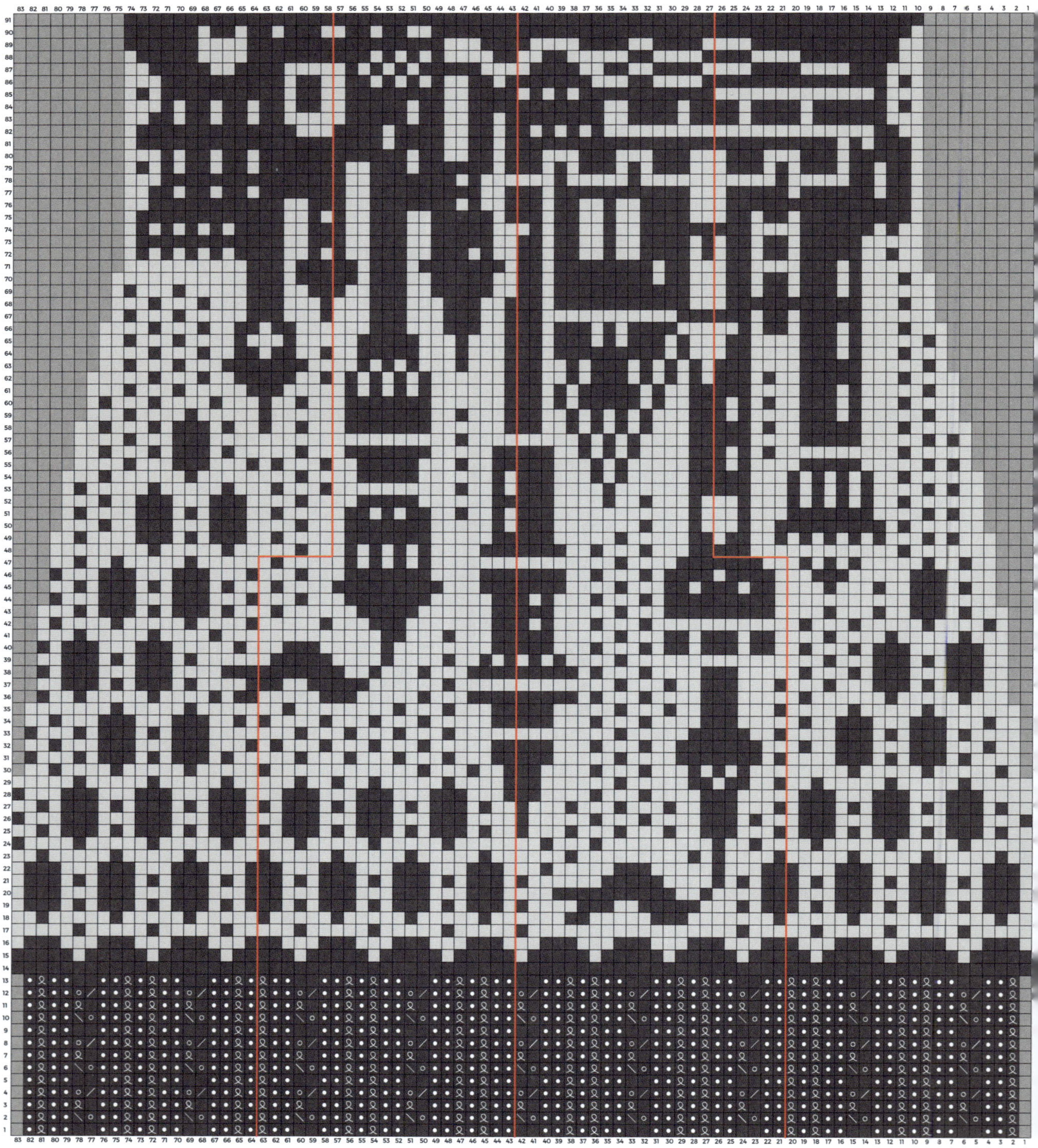

- 1 M rechts (Musterfarbe)
- 1 M rechts (Grundfarbe)
- 1 M rechts verschränkt (Grundfarbe)
- 1 M links (Grundfarbe)
- 2 M re zusstr (Grundfarbe)
- ssk: 2 M nacheinander wie zum Rechtsstricken abheben, zurück auf die linke Nd legen und von hinten zusstr (Grundfarbe)
- 1 Umschlag (Grundfarbe)
- keine Masche
- Nadelverteilung

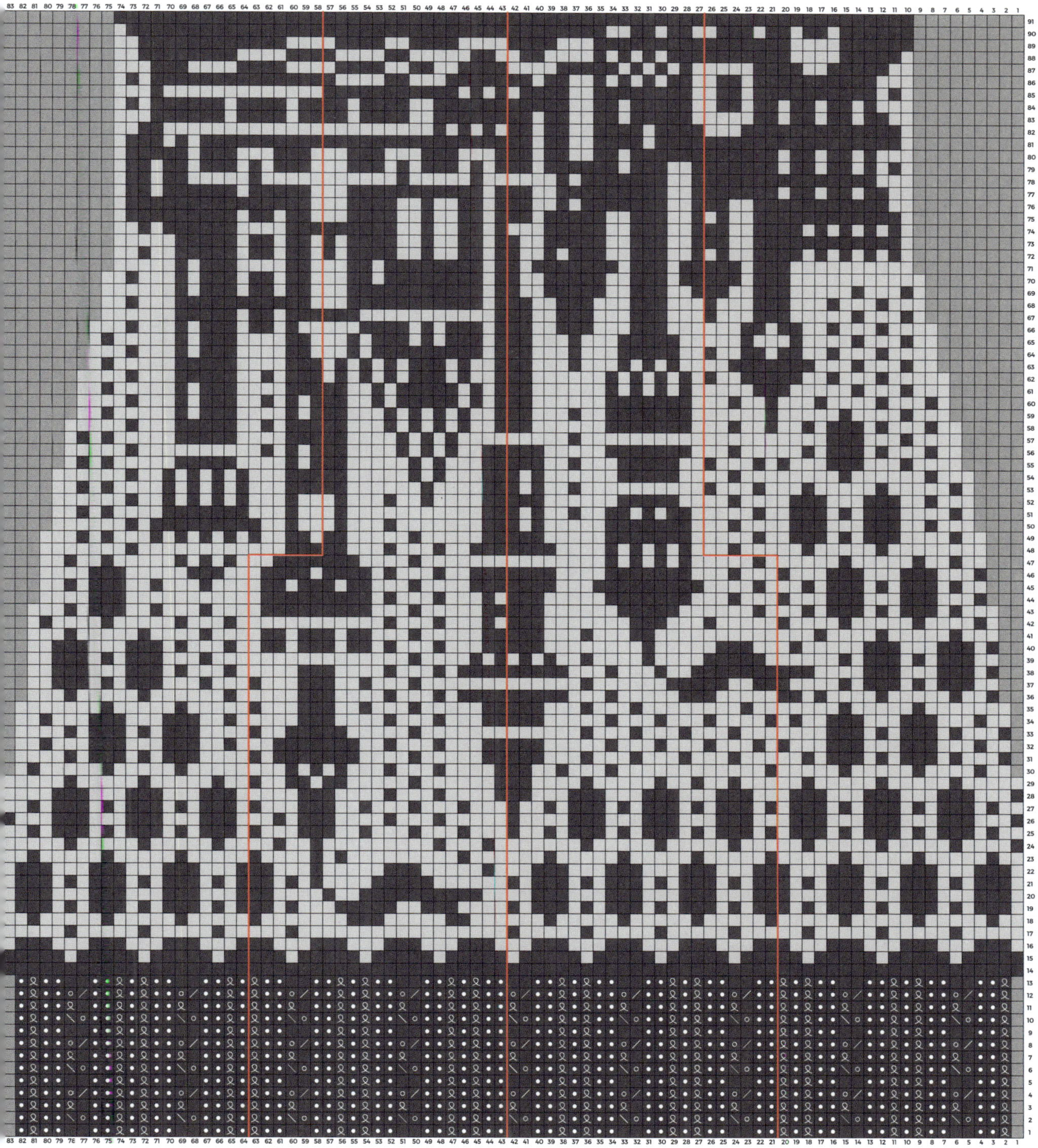

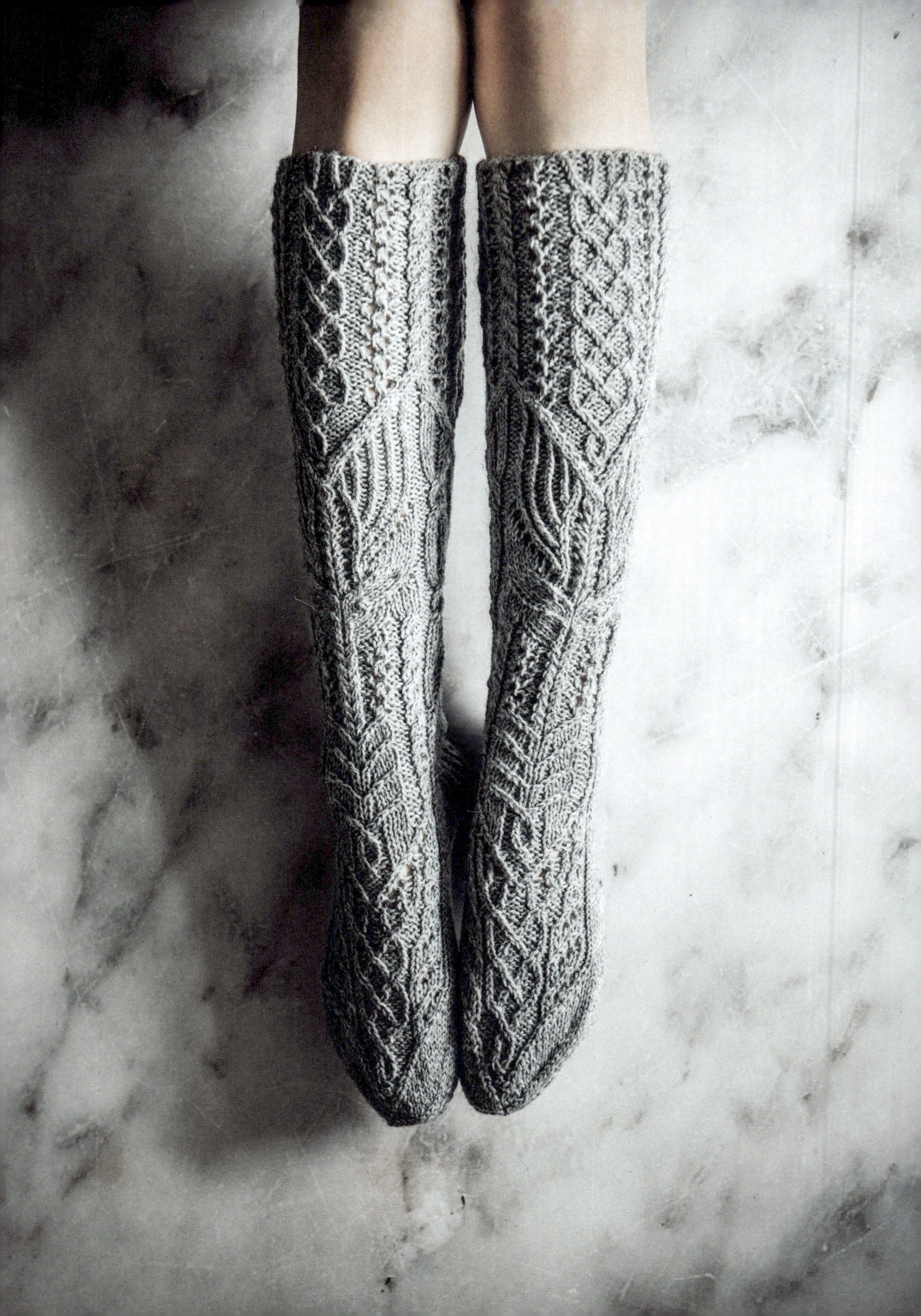

Duomo di Milano

In einer warmen Augustnacht sitzen wir auf dem Bürgersteig, während italienisches Eis auf der Zunge zergeht und sich vor uns der Mailänder Dom erhebt. Dieses unfassbar kunstvolle Gebäude könnte man bis in alle Ewigkeit bewundern. Bei diesen Socken tanzen die ineinander verschlungenen Spitzen- und Zopfmuster miteinander wie die Dekorationen an den Wänden der Kathedrale.

GRÖSSE: 38/39
WADENUMFANG: 35-40 cm
GARN: Novita Nalle, Stein (Fb 043)
GARNVERBRAUCH: 160 g
NADELSPIEL: 3,0 mm, Hilfsnadel
MASCHENPROBE: 24 M und 30 Rd = 10 cm x 10 cm

BEVOR SIE BEGINNEN

Die Nadelverteilung ändert sich im Laufe der Arbeit, da die Ab- und Zunahmen zum Teil zwischen den Nadeln liegen. Achten Sie auf die korrekte Nadelverteilung, bevor Sie mit der Ferse und den Spitzenabnahmen beginnen; ansonsten hat sie keine Bedeutung.

SCHAFT

75 M anschlagen und auf den Nd verteilen: 22-15-15-23. Alle 115 Rd laut Strickschrift A stricken, dabei in der 43. Rd die M verteilen: 23-14-14-24. Mit den in der Strickschrift gezeichneten Wadenabnahmen wird die Maschenanzahl auf 58 reduziert. Vor dem Stricken der Ferse die M auf den Nd verteilen: 15-14-14-15.

FERSE

Mit der verstärkten Fersenwand beginnen, dazu die M der 1. Nd auf die 4. Nd stricken (insg. 30 M). Die restlichen M bleiben ungestrickt. Die Arbeit wenden, die 1. M li abheben, ohne sie zu stricken, die übrigen M li stricken. Dabei 2 M abnehmen, damit die Fersenwand 28 M hat.

1. R (Hin-R): Die Arbeit wenden, *1 M abheben, ohne sie zu stricken, 1 M re, ab * bis R-Ende wiederholen.

2. R (Rück-R): Die Arbeit wenden, 1 M li abheben, ohne sie zu stricken, die übrigen M li stricken.

Diese zwei R wiederholen, bis für die Fersenwand 28 R gestrickt sind und zuletzt eine Rück-R gestrickt wurde.

Die Käppchenabnahmen in der nächsten Hin-R beginnen und weiterhin verstärkt stricken, bis noch 9 M auf der Nd sind. 1 ssk oder Übz stricken und die Arbeit wenden. Auf der anderen Nd sind 7 M. 1 M li abheben, ohne sie zu stricken, und li stricken, bis 9 M übrig sind. 2 M li zusstr, die Arbeit wenden. 1 M abheben, ohne sie zu stricken, und verstärkt stricken, bis noch 8 M auf der Nd sind. 1 ssk oder Übz stricken und die Arbeit wenden. 1 M li abheben, ohne sie zu stricken, und verstärkt stricken, bis 8 M übrig sind. 2 M li zusstr und die Arbeit wenden.

So fortfahren, dabei werden die äußeren M in jeder R reduziert, die mittleren M bleiben gleich (12 M).

Wenn die äußeren M aufgebraucht sind, die M der Fersenwand auf 2 Nd verteilen (6-6). 6 M re stricken, sodass der Faden in der Fersenmitte zwischen der 1. und 4. Nd liegt.

FUSSTEIL

Aus dem linken Fersenrand mit der freien Nd 16 M auffassen. Die 6 M der 1. Nd stricken, dann die 16 aufgefassten M re verschränkt stricken. Mit der 2. und 3. Nd das Muster laut Strickschrift B stricken, mit R 1 beginnen. Aus dem rechten Fersenrand 16 M auffassen und re verschränkt stricken, auf dieselbe Nd noch die 6 M der 4. Nd stricken. Die Arbeit hat jetzt 72 M.

Mit den Zwickelabnahmen beginnen: Am Ende der 1. Nd 2 M re zusstr, am Anfang der 4. Nd in jeder 2. Rd 1 ssk oder Übz stricken. Mit der 2. und 3. Nd weiter im Muster laut Strickschrift B stricken. Mit den Zwickelabnahmen fortfahren, bis noch 56 M (14-14-14-14) übrig sind. Mit der 1. und 4. Nd weiterhin re, mit der 2. und 3. Nd im Muster stricken.

Wenn nach der Fersenwand alle 48 Rd laut Strickschrift B gestrickt sind, mit den Spitzenabnahmen beginnen.

Mit der 1. und 4. Nd eine breite Bandspitze arbeiten. Die Abnahmen in jeder 2. Rd stricken, bis 9 M pro Nd übrig sind. Danach in jeder Rd abnehmen.

1. Nd: re stricken, bis 3 M übrig sind, 2 M re zusstr, 1 M re.

4. Nd: 1 M re, 1 ssk, die übrigen M re stricken.

2. und 3. Nd: Die Spitzenabnahmen laut Strickschrift C (Rd 1–16) stricken.

Wenn noch 8 M übrig sind, den Faden abschneiden und durch die M ziehen.

Die Fadenenden vernähen und die Socken leicht dämpfen.

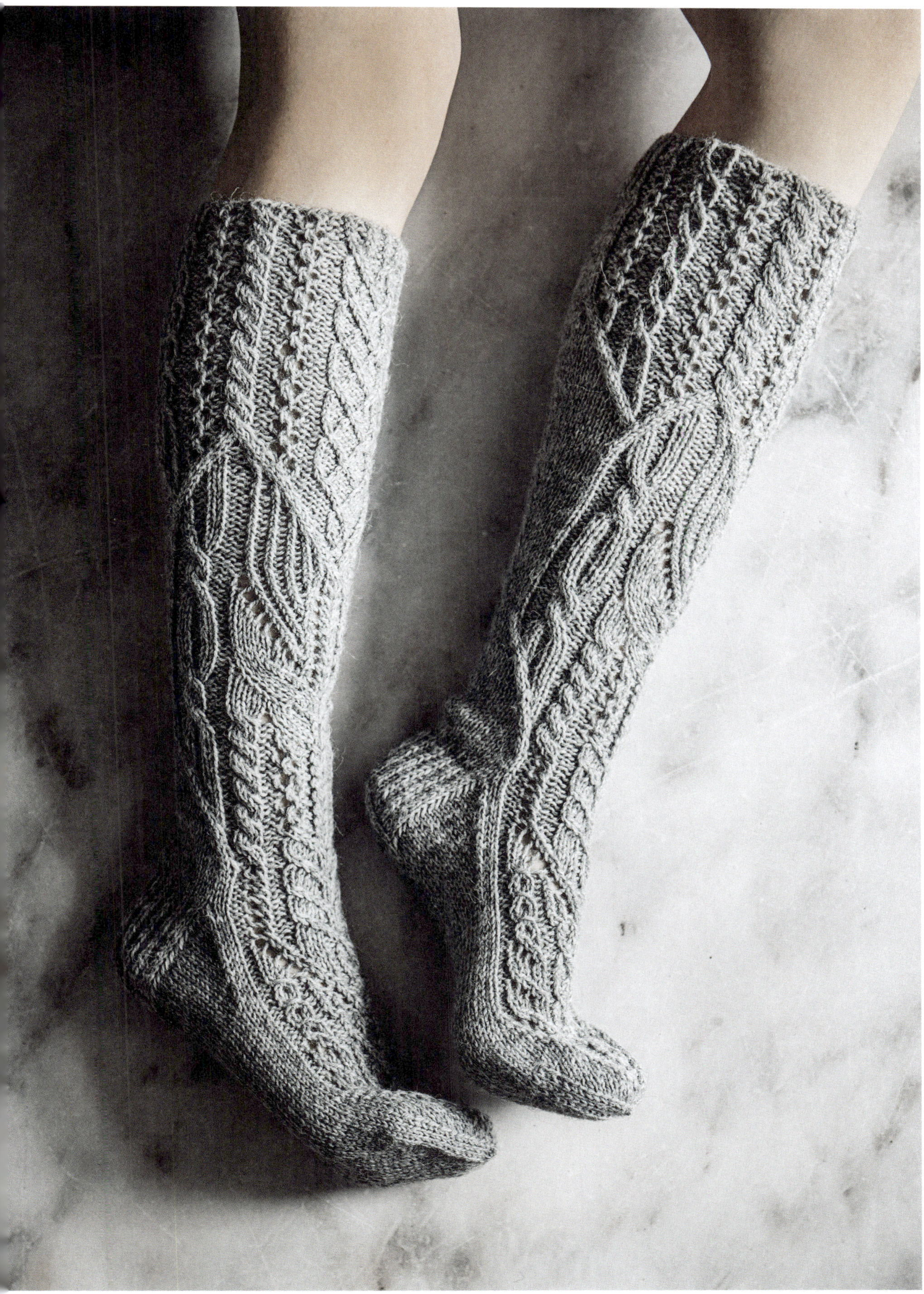

STRICKSCHRIFT A

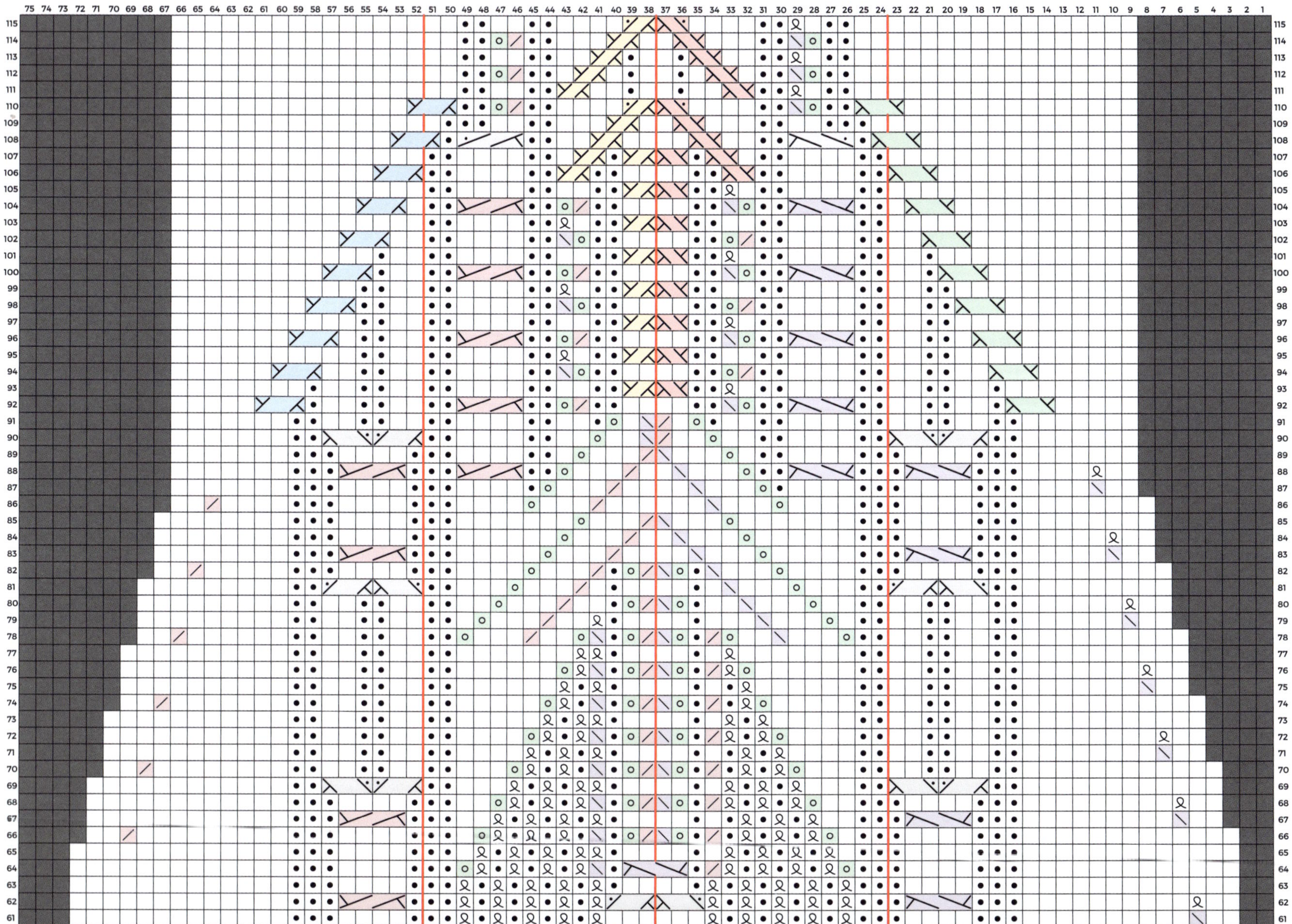

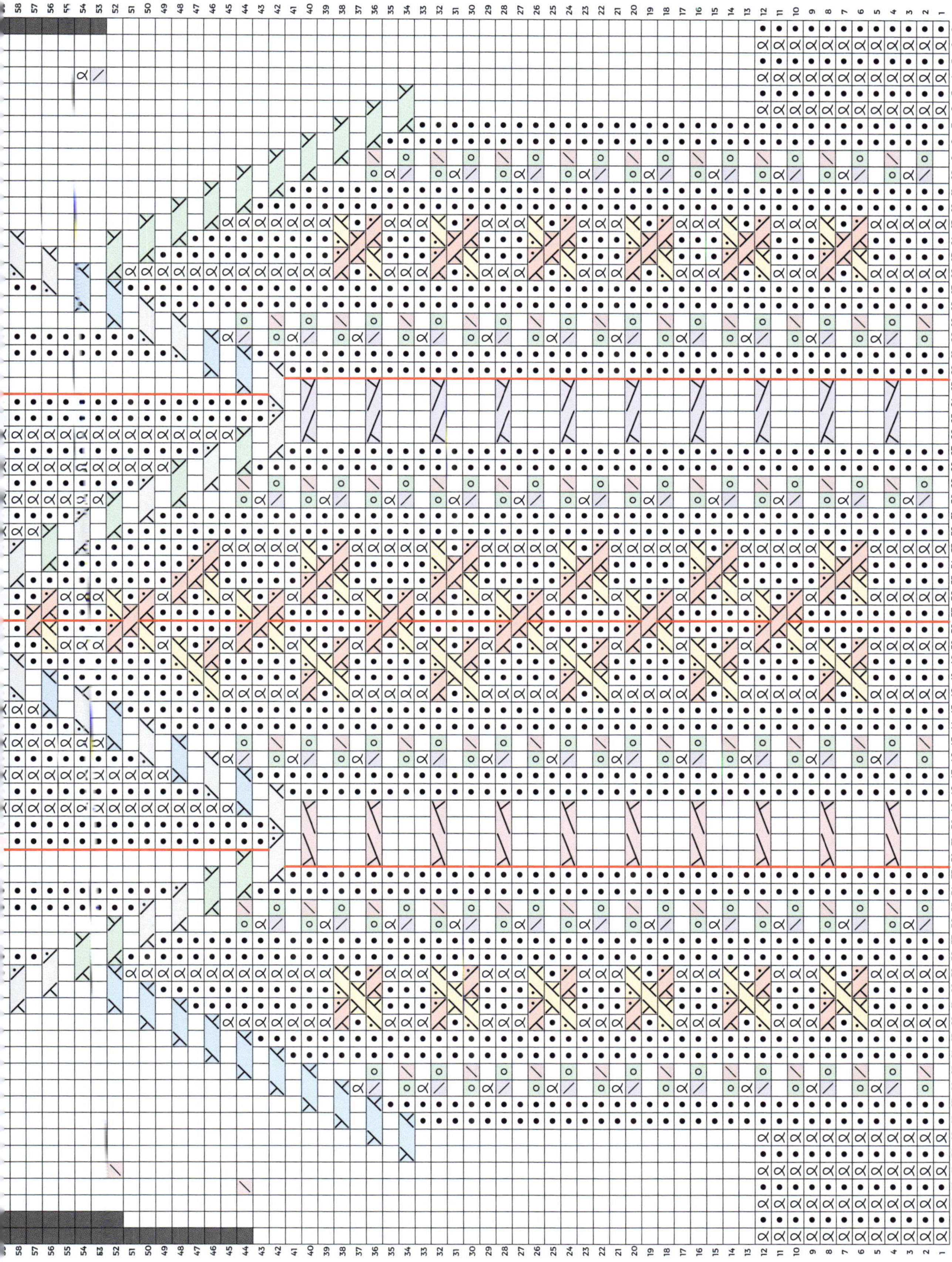

STRICKSCHRIFT B

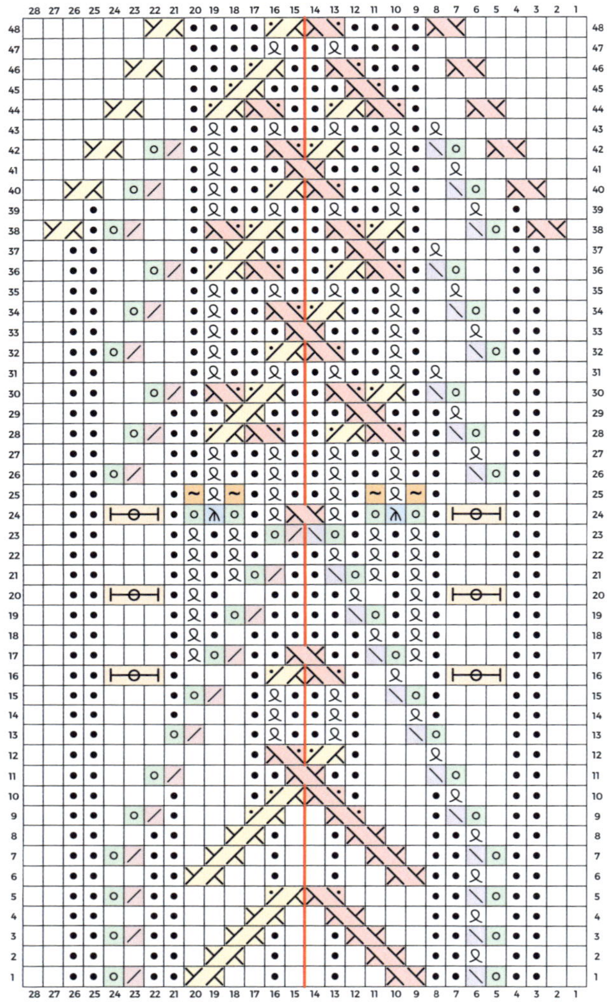

STRICKSCHRIFT C

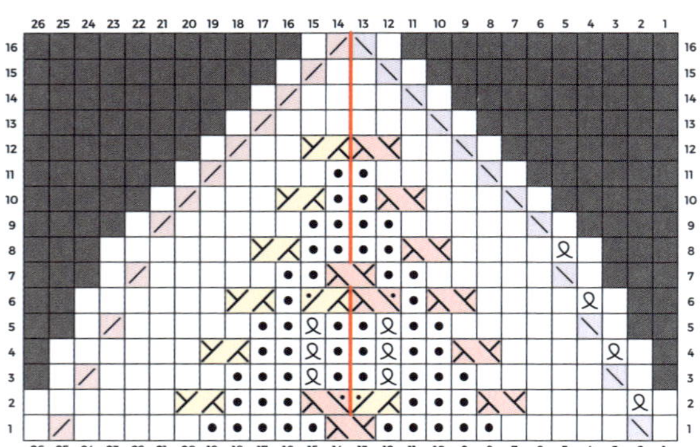

- 1 M rechts
- 1 M rechts verschränkt
- 1 M links
- 1 M links verschränkt
- ssk: 2 M nacheinander wie zum Rechtsstricken abheben, zurück auf die linke Nd legen und von hinten zusstr
- 2 M re zusstr
- 1 Umschlag
- 1 Umschlag von hinten nach vorne
- 1 M abheben, 2 M re zusstr, die abgehobene M über die gestrickten M ziehen
- 1 M auf eine Hilfsnadel vor die Arbeit legen, 1 M li, die M der Hilfsnadel re
- 1 M auf eine Hilfsnadel hinter die Arbeit legen, 1 M re, die M der Hilfsnadel li
- 1 M auf eine Hilfsnadel vor die Arbeit legen, 1 M re, die M der Hilfsnadel re
- 1 M auf eine Hilfsnadel hinter die Arbeit legen, 1 M re, die M der Hilfsnadel re
- 2 M auf eine Hilfsnadel vor die Arbeit legen, 1 M re, die 2 M der Hilfsnadel re
- 1 M auf eine Hilfsnadel hinter die Arbeit legen, 2 M re, die M der Hilfsnadel re
- 2 M auf eine Hilfsnadel vor die Arbeit legen, 1 M li, die 2 M der Hilfsnadel re
- 1 M auf eine Hilfsnadel hinter die Arbeit legen, 2 M re, die M der Hilfsnadel li
- 2 M auf eine Hilfsnadel vor die Arbeit legen, 2 M re, die 2 M der Hilfsnadel re
- 2 M auf eine Hilfsnadel hinter die Arbeit legen, 2 M re, die 2 M der Hilfsnadel re
- 3 M auf die rechte Nd legen, ohne sie zu stricken, die ganz rechts liegende M über die nächsten 2 M ziehen, die restlichen 2 M zurück auf die linke Nd legen, 1 M re, Umschlag, 1 M re
- 2 M auf eine Hilfsnadel vor die Arbeit legen, 2 M li, die 2 M der Hilfsnadel re
- 2 M auf eine Hilfsnadel hinter die Arbeit legen, 2 M re, die 2 M der Hilfsnadel li
- keine Masche
- Nadelverteilung

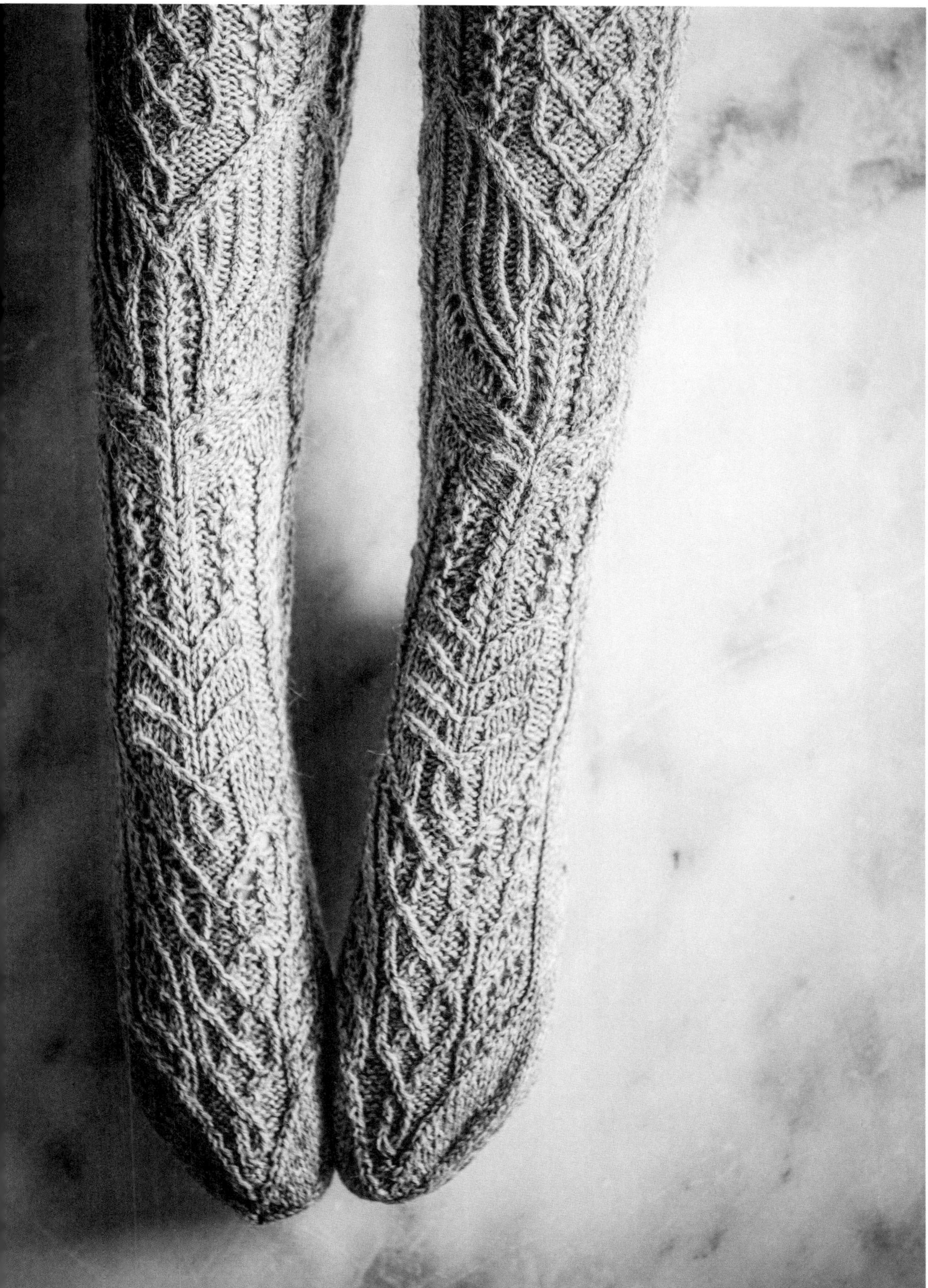

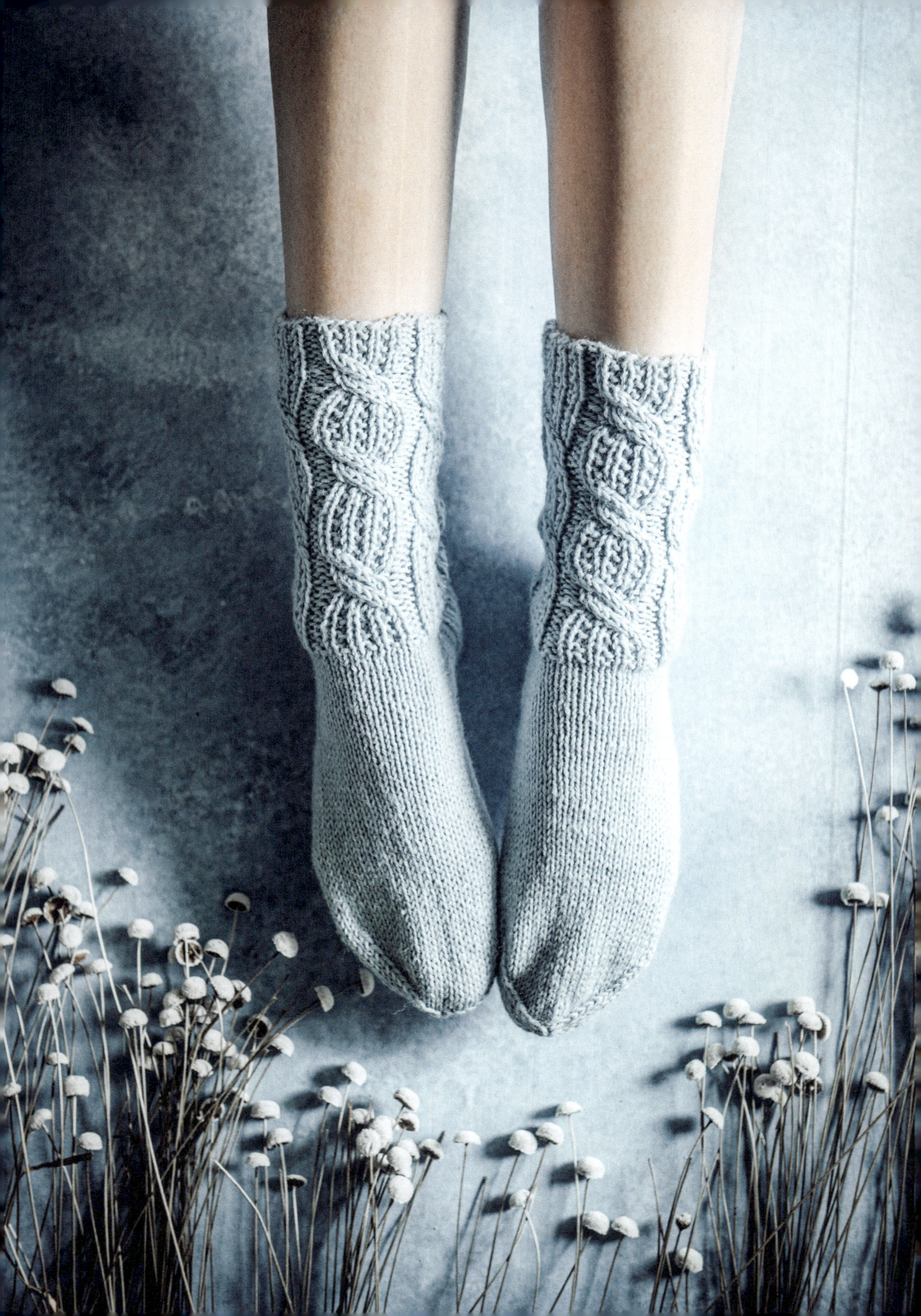

Reykjavik

Island – ein Land der Gegensätze, ein magischer Treffpunkt für kühle Gletscher und heiße Geysire. Die Socken mit dem schlichten, schönen Flechtmuster wurden von den atemberaubenden Naturstätten, den schneebedeckten Bergen und den kargen, moosbedeckten Lavahängen Islands inspiriert.

GRÖSSE: 37/39

GARN: Novita 7 Veljestä, Blaustern (Fb 102)

GARNVERBRAUCH: 120 g

NADELSPIEL: 3,5 mm, Hilfsnadel

MASCHENPROBE: 22 M und 26 Rd = 10 cm x 10 cm

BEVOR SIE BEGINNEN

Beide Größen werden bis zu den Zwickelabnahmen mit derselben Maschenzahl gestrickt. Danach sind die Abweichungen für Größe 39 in der Anleitung blau markiert.

SCHAFT

50 M anschlagen und auf den Nd verteilen: 13-16-11-10. Alle 53 Rd laut Strickschrift A stricken, dabei in der letzten Rd die M verteilen: 12-12-12-12.

FERSE

Mit der Fersenwand im Strukturmuster beginnen, dazu die M der 1. Nd re auf die 4. Nd stricken (insg. 24 M). Die restlichen M bleiben ungestrickt. Die Arbeit wenden, die 1. M li abheben, ohne sie zu stricken, *1 M li, 1 M re, ab * wiederholen, bis noch 3 M übrig sind, 2 M li zusstr und 1 M li. Die Ferse hat jetzt 23 M.

1. R (Hin-R): Die Arbeit wenden, 1 M re abheben, ohne sie zu stricken, 1 M re, *1 M li, 1 M abheben mit dem Faden vor der Arbeit, ab * wiederholen bis noch 3 M übrig sind, 1 M li und 2 M re.

2. R (Rück-R): Die Arbeit wenden, die 1. M li abheben, ohne sie zu stricken, *1 M li, 1 M re, ab * wiederholen, bis noch 2 M übrig sind, 2 M li.

Diese zwei R wiederholen, bis für die Fersenwand 24 R gestrickt und zuletzt eine Rück-R gestrickt wurde.

Die Käppchenabnahmen in der nächsten Hin-R beginnen: 1 M re abheben, ohne sie zu stricken, *1 M re, 1 M li, ab * wiederholen bis noch 8 M auf der Nadel sind. 1 Übz stricken, die Arbeit wenden. Auf der anderen Nd sind 6 M. 1 M li abheben, ohne sie zu stricken, *1 M re, 1 M li, ab * wiederholen bis noch 8 M auf der Nadel sind. 2 M li zusstr, die Arbeit wenden. 1 M re abheben, ohne sie zu stricken, *1 M li, 1 M re, ab * wiederholen bis noch 7 M übrig sind. 1 Übz stricken, die Arbeit wenden. 1 M li abheben, ohne sie zu stricken, *1 M re, 1 M li, ab * wiederholen bis noch 7 M auf der Nd sind. 2 M li zusstr, wenden. So fortfahren, dabei werden die äußeren M in jeder R reduziert, die mittleren M bleiben gleich (9 M).

Wenn die äußeren M aufgebraucht sind, die M der Fersenwand auf 2 Nd verteilen (5-4). 3 M re, 2 M re zusstr stricken, sodass der Faden in der Fersenmitte zwischen der 1. und 4. Nd liegt.

FUSSTEIL

Aus dem Fersenrand mit der 1. Nd 14 M auffassen, mit der 4. Nd aus dem anderen Fersenrand ebenfalls 14 M auffassen. Die Arbeit hat jetzt 60 M. Mit der 1. und 4. Nd weiter re M stricken, die aus dem Fersenrand aufgefassten M re verschränkt stricken. Mit der 2. und 3. Nd ebenfalls re M stricken.

Für die Zwickelabnahmen in jeder 2. Rd am Ende der 1. Nd 2 M re zusstr, am Anfang der 4. Nd 1 ssk oder Übz stricken. Wenn noch 44 M (10-12-12-10)/ 48 M (12-12-12-12) übrig sind, die Abnahmen beenden und re stricken. Für die kleinere Größe die M auf den Nd verteilen: 11-11-11-11.

Wenn nach der Fersenwand 42 Rd/46 Rd gestrickt sind, mit den Spitzenabnahmen beginnen und eine breite Bandspitze stricken:

1. und 3. Nd: re stricken, bis noch 3 M übrig sind; 2 M re zusstr, 1 M re.

2. und 4. Nd: 1 M re, 1 ssk, die restlichen M re stricken.

Die Abnahmen zunächst in jeder 2. Rd stricken. Wenn noch 8 M pro Nd (insg. 32 M) übrig sind, die Abnahmen in jeder Rd stricken.

Wenn insg. noch 8 M übrig sind, den Faden abschneiden und durch die M ziehen.

Die Fadenenden vernähen und die Socken leicht dämpfen.

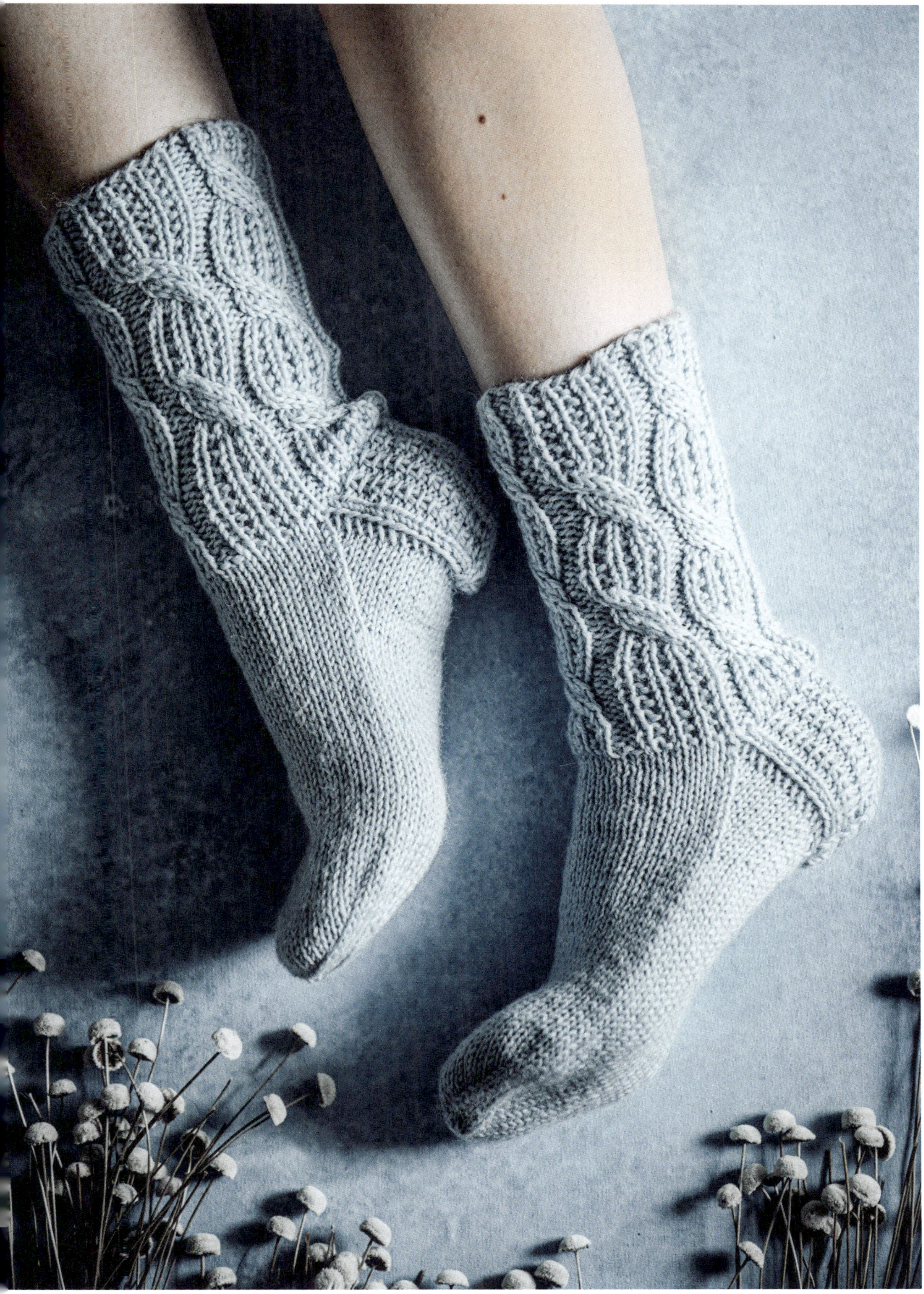

STRICKSCHRIFT A

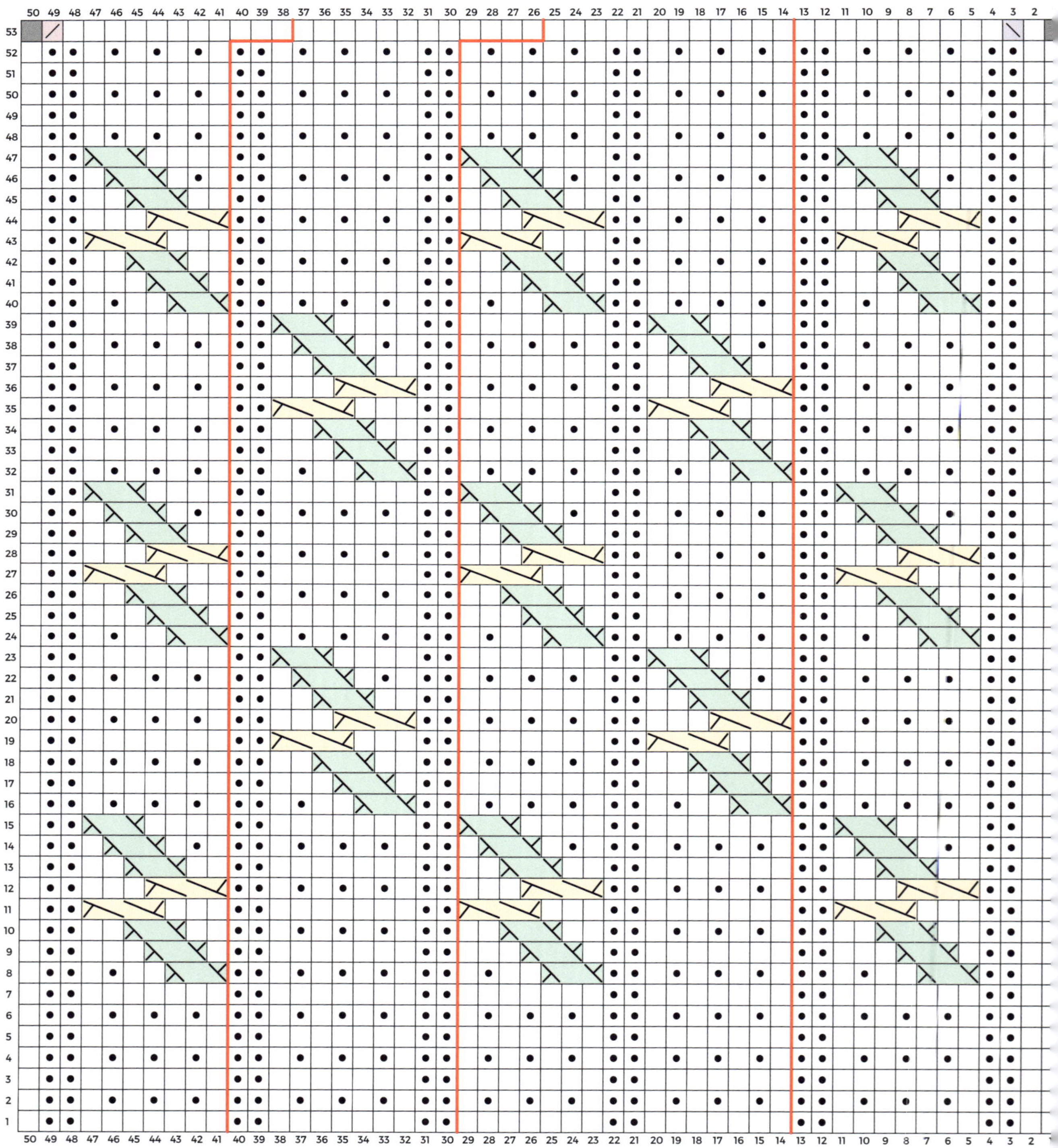

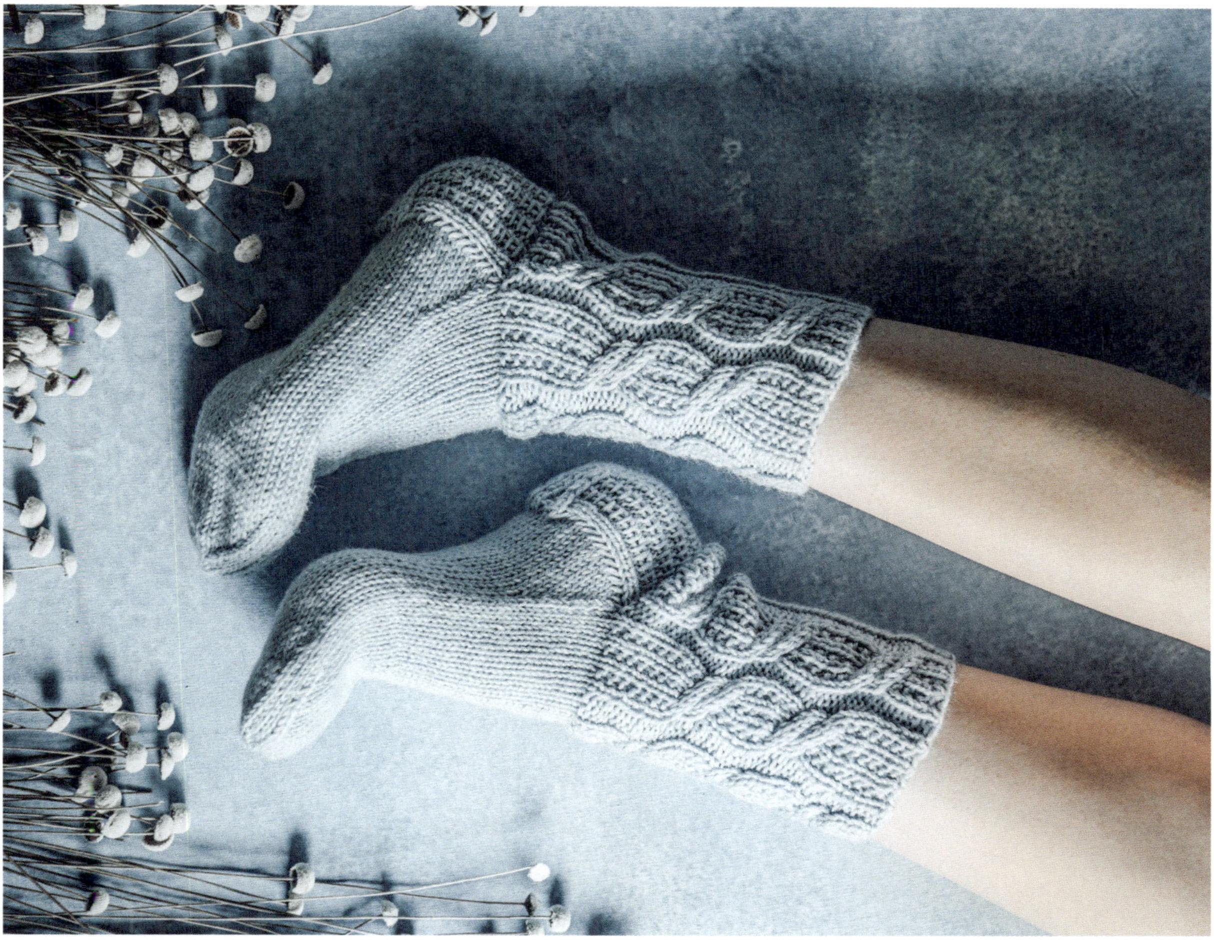

Symbol	Bedeutung
(leeres Kästchen)	1 M rechts
●	1 M links
/	2 M re zusstr
\	ssk: 2 M nacheinander wie zum Rechtsstricken abheben, zurück auf die linke Nd legen und von hinten zusstr
(Kreuzung über 3 M)	2 M auf eine Hilfsnadel vor die Arbeit legen, 1 M re, die 2 M der Hilfsnadel re
(Kreuzung über 4 M)	2 M auf eine Hilfsnadel vor die Arbeit legen, 2 M re, die 2 M der Hilfsnadel re
(graues Kästchen)	keine Masche
(rot umrandetes Kästchen)	Nadelverteilung

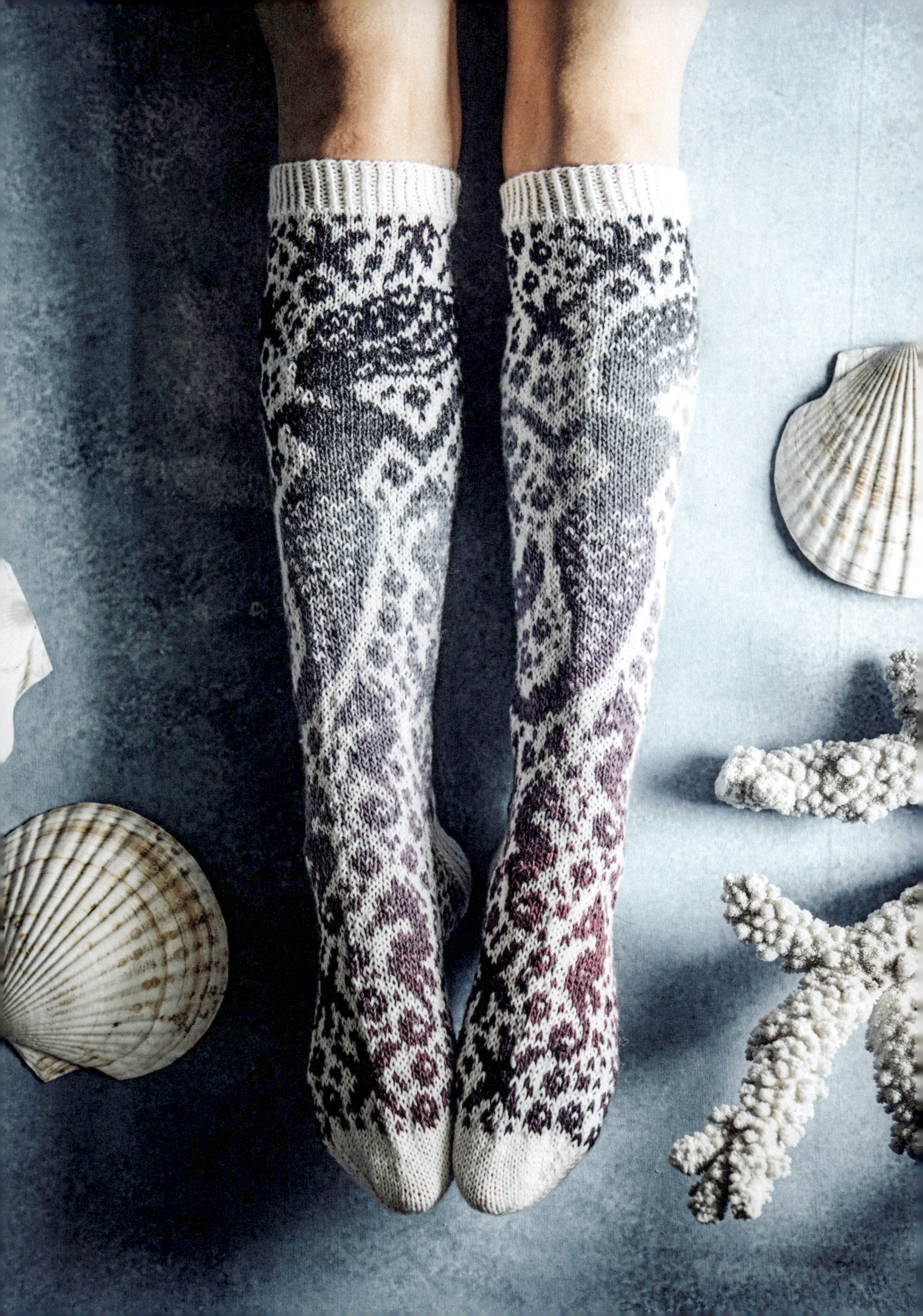

Kleine Meerjungfrau

Wir drehen noch eine Runde in Kopenhagen, wo die kleine Meerjungfrau die Gäste in der gemütlichen Hauptstadt Dänemarks willkommen heißt. In diesen Socken mit verspieltem Einstrickmuster finden Sie die Magie des Meeres, schäumende Wellen und den Gesang der tanzenden Meerjungfrauen.

GRÖSSE: 39

WADENUMFANG: 35–39 cm

GARN UND GARNVERBRAUCH: Grundfarbe Novita Nalle, 110 g Weiß (Fb 011), Novita Kajastus, 65 g Regenschauer (Fb 812)

NADELSPIEL: 3,0 mm

MASCHENPROBE: 24 M und 32 Rd = 10 x 10 cm

BEVOR SIE BEGINNEN

Die Strickschrift wird von unten nach oben und von rechts nach links gelesen. Für das Bündchen können Sie eine halbe Nummer kleinere Nadeln verwenden, damit es fester wird. Wenn die Socken für dickere Waden passen sollen, können Sie für das Einstrickmuster ein Nadelspiel 3,5 mm nehmen. So passt der Schaft für Waden mit einem Umfang von über 40 cm.

SCHAFT

76 M in der Grundfarbe anschlagen und auf den Nd verteilen: 19-19-19-19. Das Bündchenmuster laut Strickschrift A, Rd 1–10 stricken.

Nach dem Bündchen den Schaft mit dem Einstrickmuster laut der Strickschrift ab der 11. Rd stricken, dabei in den unten genannten Rd im Anfangsbereich der 1. Nd und im Endbereich der 4. Nd an geeigneter Stelle abnehmen.

Abnahmerunden: 40, 54, 71, 83, 90, 95, 100 und 105. Die Arbeit hat jetzt 60 M. Achtung! In der 75. Rd die M neu verteilen: 20-15-15-20.

Wenn alle 110 Rd für den Schaft gestrickt sind, die M auf den Nd verteilen: 15-15-15-15.

FERSE

Mit der verstärkten Fersenwand in der Grundfarbe beginnen, dazu die M der 1. Nd re auf die 4. Nd stricken (insg. 30 M). Die restlichen M bleiben ungestrickt. Die Arbeit wenden, die 1. M li abheben, ohne sie zu stricken, die übrigen M li stricken.

1. R (Hin-R): Die Arbeit wenden, *1 M abheben, ohne sie zu stricken, 1 M re, ab * bis R-Ende wiederholen.

2. R (Rück-R): Die Arbeit wenden, 1 M li abheben, ohne sie zu stricken, die übrigen M li stricken.

Diese zwei R wiederholen, bis für die Fersenwand 30 R gestrickt sind und zuletzt eine Rück-R gestrickt wurde.

Die Käppchenabnahmen in der nächsten Hin-R beginnen und weiterhin verstärkt stricken, bis noch 11 M auf der Nd sind. 1 Übz stricken und die Arbeit wenden. Auf der anderen Nd sind 9 M. 1 M li abheben, ohne sie zu stricken, und li stricken, bis 11 M übrig sind. 2 M li zusstr, die Arbeit wenden. 1 M re abheben, ohne sie zu stricken, und verstärkt stricken, bis noch 10 M auf der Nd sind. 1 Übz stricken und die Arbeit wenden. 1 M li abheben, ohne sie zu stricken, und li stricken, bis 10 M übrig sind. 2 M li zusstr und die Arbeit wenden.

So fortfahren, dabei werden die äußeren M in jeder R reduziert, die mittleren M bleiben gleich (10 M).

Wenn die äußeren M aufgebraucht sind, die M der Fersenwand auf 2 Nd verteilen (5-5). 5 M re stricken, sodass der Faden in der Fersenmitte zwischen der 1. und 4. Nd liegt.

FUSSTEIL

Aus dem Fersenrand mit der 1. Nd 17 M auffassen, mit der 4. Nd aus dem anderen Fersenrand ebenfalls 17 M auffassen. Die Arbeit hat jetzt 74 M. Mit dem Einstrickmuster laut Strickschrift B ab Rd 1 fortfahren. Die aus dem Fersenrand aufgefassten M re verschränkt stricken.

Für die Zwickelabnahmen in den in der Strickschrift B angegebenen Rd (2, 4, 6, 8, 10, 12, 14 und 16) am Ende der 1. Nd 2 M re zusstr, am Anfang der 4. Nd 1 ssk oder Übz stricken. Die grau markierten Karos stellen keine Maschen dar. Nach den Zwickelabnahmen sind 58 M übrig (14-15-15-14). Das Einstrickmuster weiter laut Strickschrift arbeiten.

Wenn alle 41 Rd laut Strickschrift B gestrickt sind, die M auf den Nd verteilen (14-15-15-14) und eine breite Bandspitze in der Grundfarbe arbeiten:

1. und 3. Nd: re stricken, bis noch 3 M übrig sind, 2 M re zusstr, 1 M re.

2. und 4. Nd: 1 M re, 1 ssk, die restlichen M re stricken.

Die Abnahmen zunächst in jeder 2. Rd stricken. Wenn noch 38 M (9-10-10-9) übrig sind, in jeder Rd abnehmen.

Wenn insg. noch 10 M (2-3–3-2) übrig sind, den Faden abschneiden und durch die M ziehen.

Die Fadenenden vernähen und die Socken leicht dämpfen.

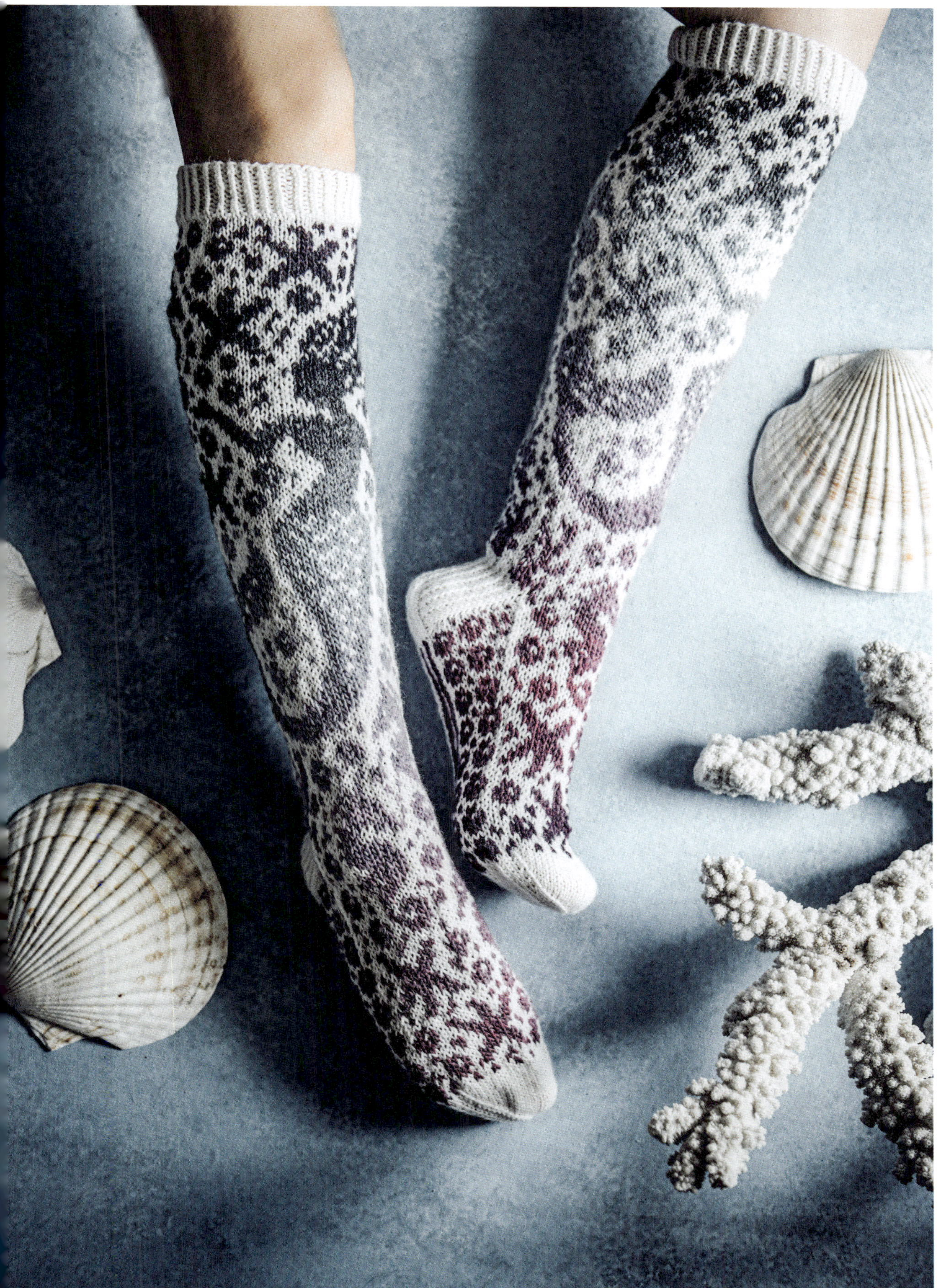

STRICKSCHRIFT A

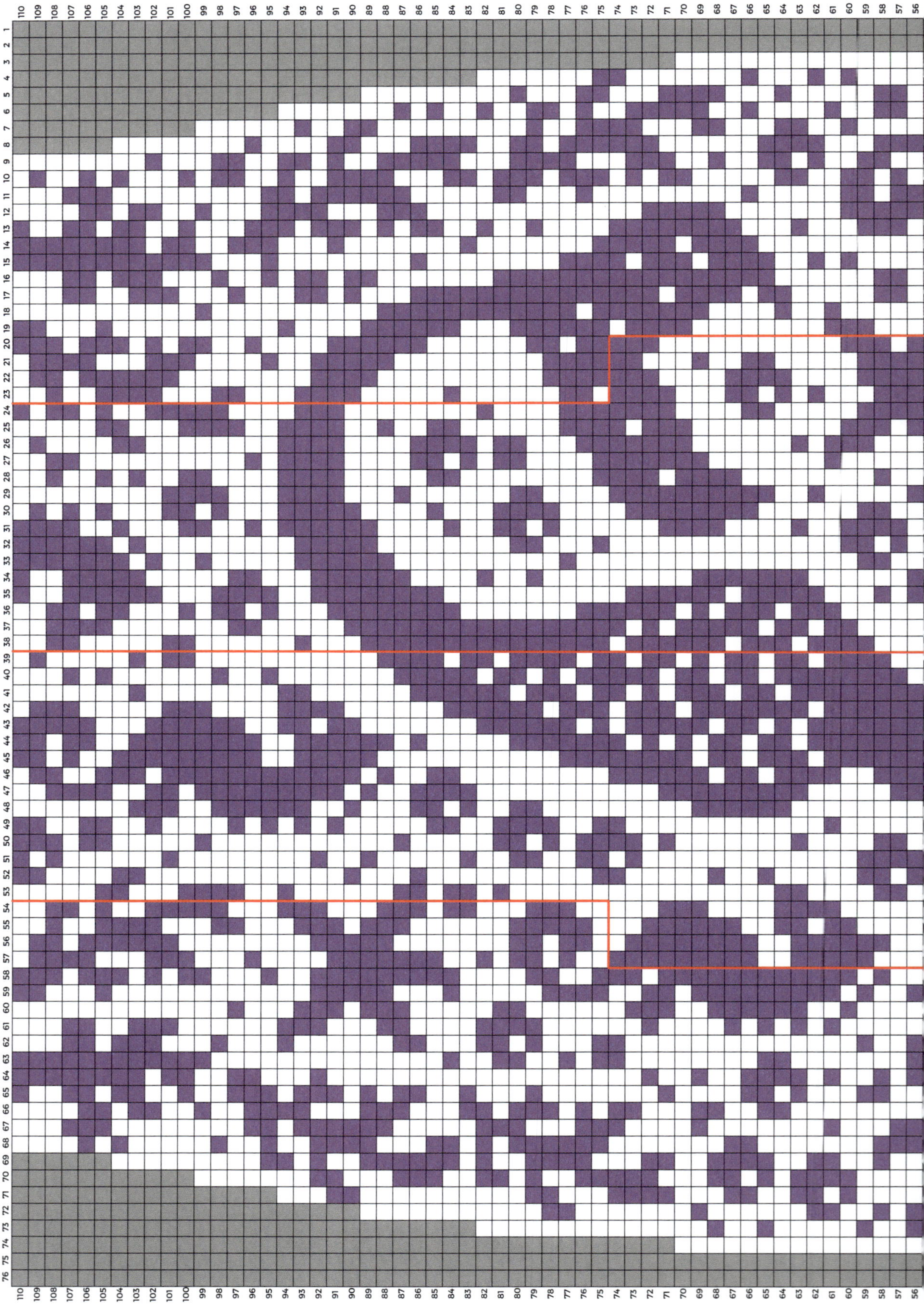

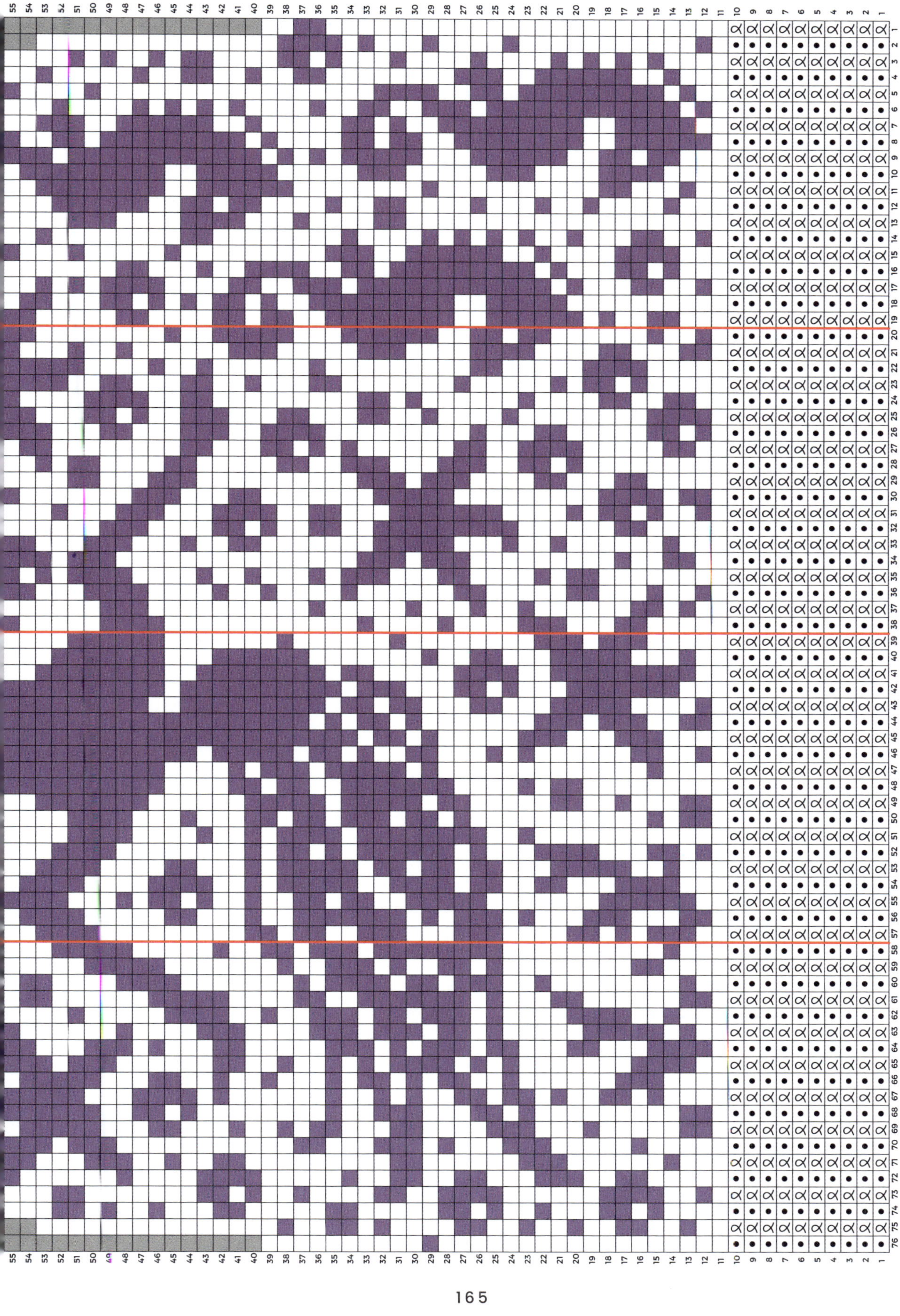

STRICKSCHRIFT B

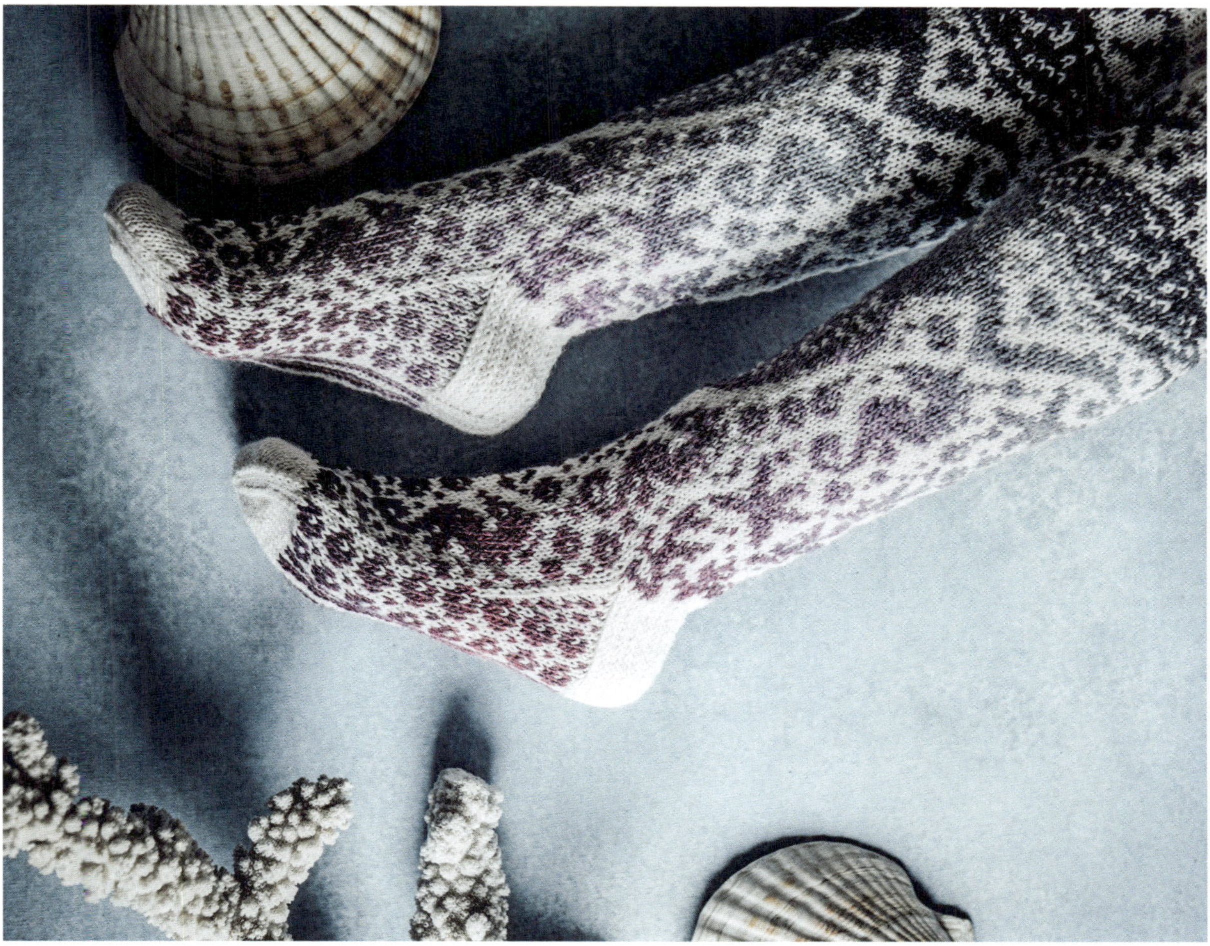

- 1 M rechts (Grundfarbe)
- 1 M rechts (Musterfarbe)
- 1 M rechts verschränkt (Grundfarbe)
- ● 1 M links (Grundfarbe)
- / 2 M re zusstr (Grundfarbe)
- \ ssk: 2 M nacheinander wie zum Rechtsstricken abheben, zurück auf die linke Nd legen und von hinten zusstr (Grundfarbe)
- keine Masche
- Nadelverteilung

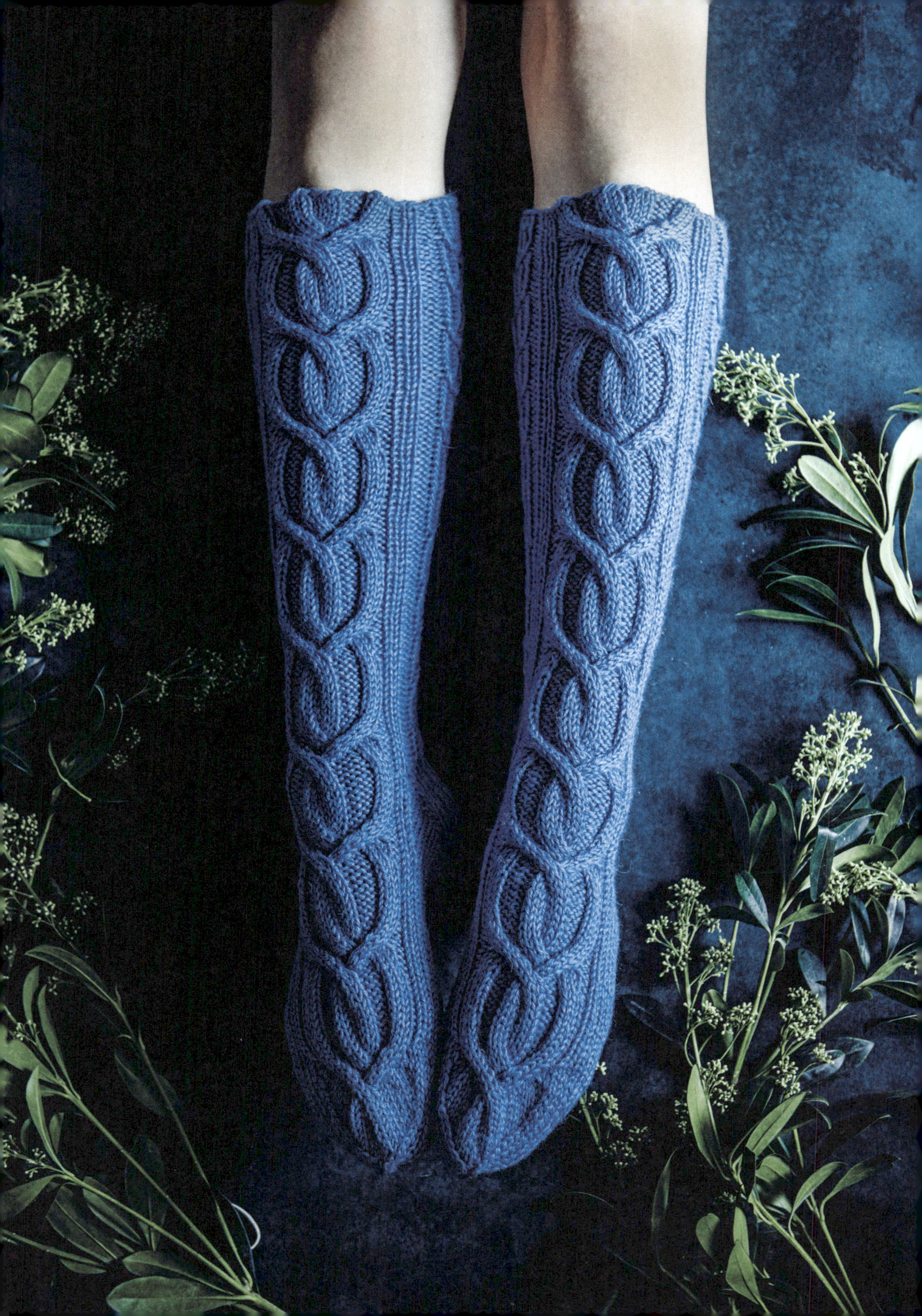

Land der tausend Seen

Wir beenden unsere bezaubernde, inspirierende und unvergessliche Reise in dem Land, das ich am meisten liebe. Das Finnland der tausend Seen, dunklen Wälder, nebligen Sümpfen, tosenden Flüssen und kargen Bergtundra lässt mich in Frieden mit sich selbst sein und ruhig atmen. Hier ist mein Platz, hier bleibe ich.

GRÖSSE: 38/39
GARN: Novita 7 Veljestä, Lobelie (Fb 136)
GARNVERBRAUCH: 170 g
NADELSPIEL: 3,5 mm, 2 Hilfsnadeln
MASCHENPROBE: 20 M und 26 Rd = 10 cm x 10 cm

BEVOR SIE BEGINNEN

Sie können die Socken leicht in einer größeren Größe stricken. Wenn Sie nach der Anleitung stricken, beträgt der Wadenumfang ca. 35–40 cm. Für eine größere Weite fügen Sie an jeder Seite des Zopfes einfach Maschen hinzu. Den Fußteil können Sie länger arbeiten, indem Sie mit der breiten Bandspitze später als angegeben beginnen.

SCHAFT

69 M anschlagen und auf den Nd verteilen: 22-13-12-22. Alle 93 Rd laut Strickschrift A stricken. Mit den in der Strickschrift eingezeichneten Wadenabnahmen reduziert sich die Maschenzahl auf 51 M. Vor der Ferse die M auf den Nd verteilen: 13-13-12-13.

FERSE

Mit der verstärkten Fersenwand beginnen, dazu die M der 1. Nd re auf die 4. Nd stricken (insg. 26 M). Die restlichen M bleiben ungestrickt. Die Arbeit wenden, die 1. M li abheben, ohne sie zu stricken, die übrigen M li stricken. Gleichzeitig 2 M abnehmen. Die Fersenwand hat jetzt 24 M.

1. R (Hin-R): Die Arbeit wenden, *1 M abheben, ohne sie zu stricken, 1 M re, ab * bis R-Ende wiederholen.

2. R (Rück-R): Die Arbeit wenden, 1 M li abheben, ohne sie zu stricken, die übrigen M li stricken.

Diese zwei R wiederholen, bis für die Fersenwand 24 R gestrickt sind und zuletzt eine Rück-R gestrickt wurde.

Die Käppchenabnahmen in der nächsten Hin-R beginnen und weiterhin verstärkt stricken, bis noch 9 M auf der Nd sind. 1 ssk oder Übz stricken und die Arbeit wenden. Auf der anderen Nd sind 7 M. 1 M li abheben, ohne sie zu stricken, und li stricken, bis 9 M übrig sind. 2 M li zusstr, die Arbeit wenden. 1 M re abheben, ohne sie zu stricken, und verstärkt stricken, bis noch 8 M auf der Nd sind. 1 ssk oder Übz stricken und die Arbeit wenden. 1 M li abheben, ohne sie zu stricken, und li stricken, bis 8 M übrig sind. 2 M li zusstr und die Arbeit wenden.

So fortfahren, dabei werden die äußeren M in jeder R reduziert, die mittleren M bleiben gleich (8 M).

Wenn die äußeren M aufgebraucht sind, die M der Fersenwand auf 2 Nd verteilen (4-4). 4 M re stricken, sodass der Faden in der Fersenmitte zwischen der 1. und 4. Nd liegt.

FUSSTEIL

Aus dem linken Fersenrand mit der freien Nd 14 M auffassen. Die 4 M der 1. Nd stricken, dann die 14 aufgefassten M re verschränkt stricken. Mit der 2. und 3. Nd das Muster laut Strickschrift B stricken, mit R 1 beginnen. Aus dem rechten Fersenrand 14 M auffassen und re verschränkt stricken, auf dieselbe Nd noch die 4 M der 4. Nd stricken. Die Arbeit hat jetzt 61 M.

Mit den Zwickelabnahmen beginnen: Am Ende der 1. Nd 2 M re zusstr, am Anfang der 4. Nd in jeder 2. Rd 1 ssk oder Übz stricken. Mit der 2. und 3. Nd weiter im Muster laut Strickschrift B stricken. Mit den Zwickelabnahmen fortfahren, bis noch 49 M (12-13-12-12) übrig sind. Mit der 1. und 4. Nd weiterhin re, mit der 2. und 3. Nd im Muster stricken.

Wenn nach der Fersenwand alle 44 Rd laut Strickschrift B gestrickt sind, mit den Spitzenabnahmen beginnen.

Mit der 1. und 4. Nd eine breite Bandspitze arbeiten. Die Abnahmen in jeder 2. Rd stricken, bis 8 M pro Nd übrig sind. Danach in jeder Rd abnehmen.

1. Nd: re stricken, bis 3 M übrig sind; 2 M re zusstr, 1 M re.

4. Nd: 1 M re, 1 ssk, die übrigen M re stricken.

2. und 3. Nd: Die Spitzenabnahmen laut Strickschrift C (Rd 1–13) stricken.

Wenn noch 9 M übrig sind, den Faden abschneiden und durch die M ziehen.

Die Fadenenden vernähen und die Socken leicht dämpfen.

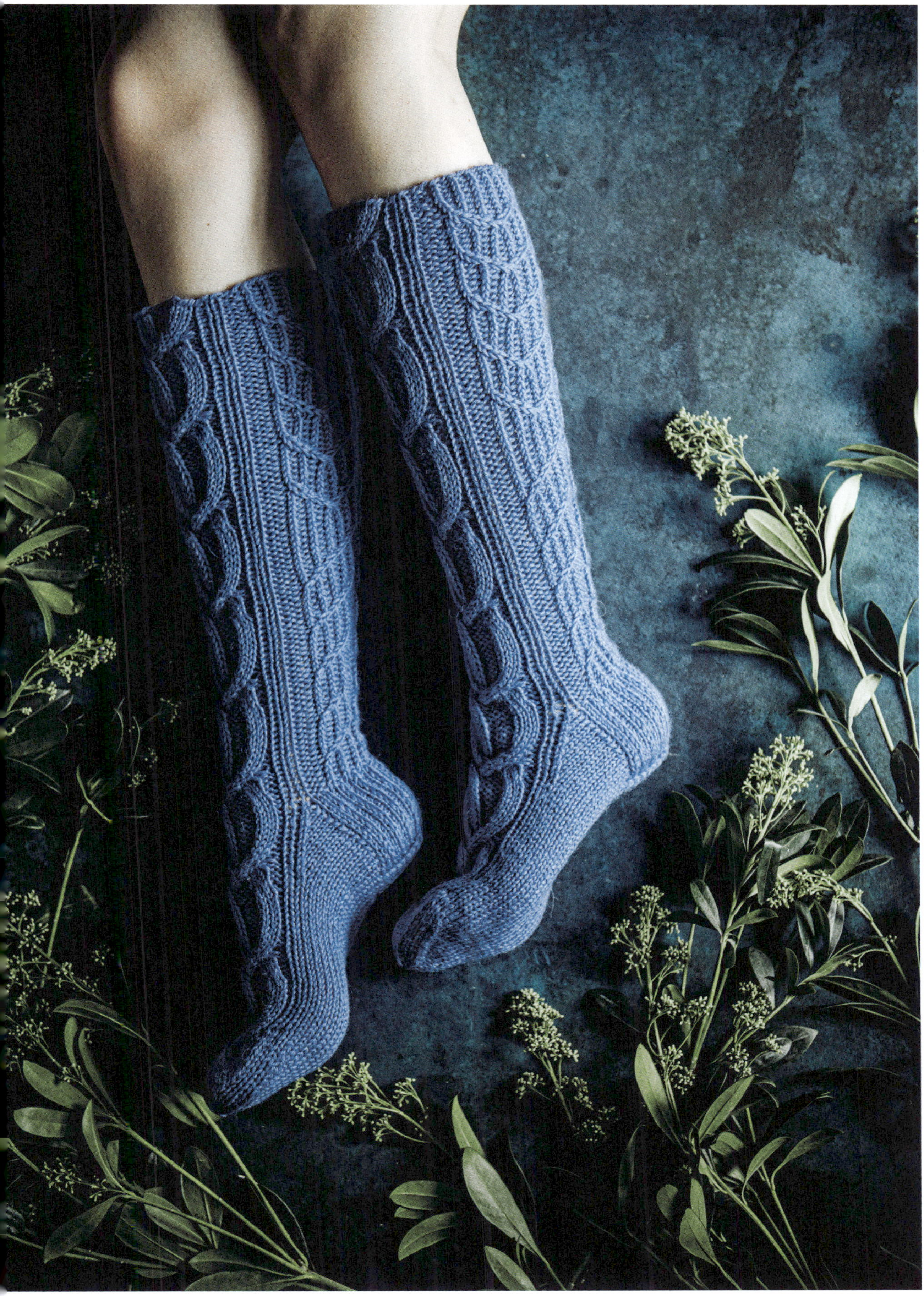

STRICKSCHRIFT A

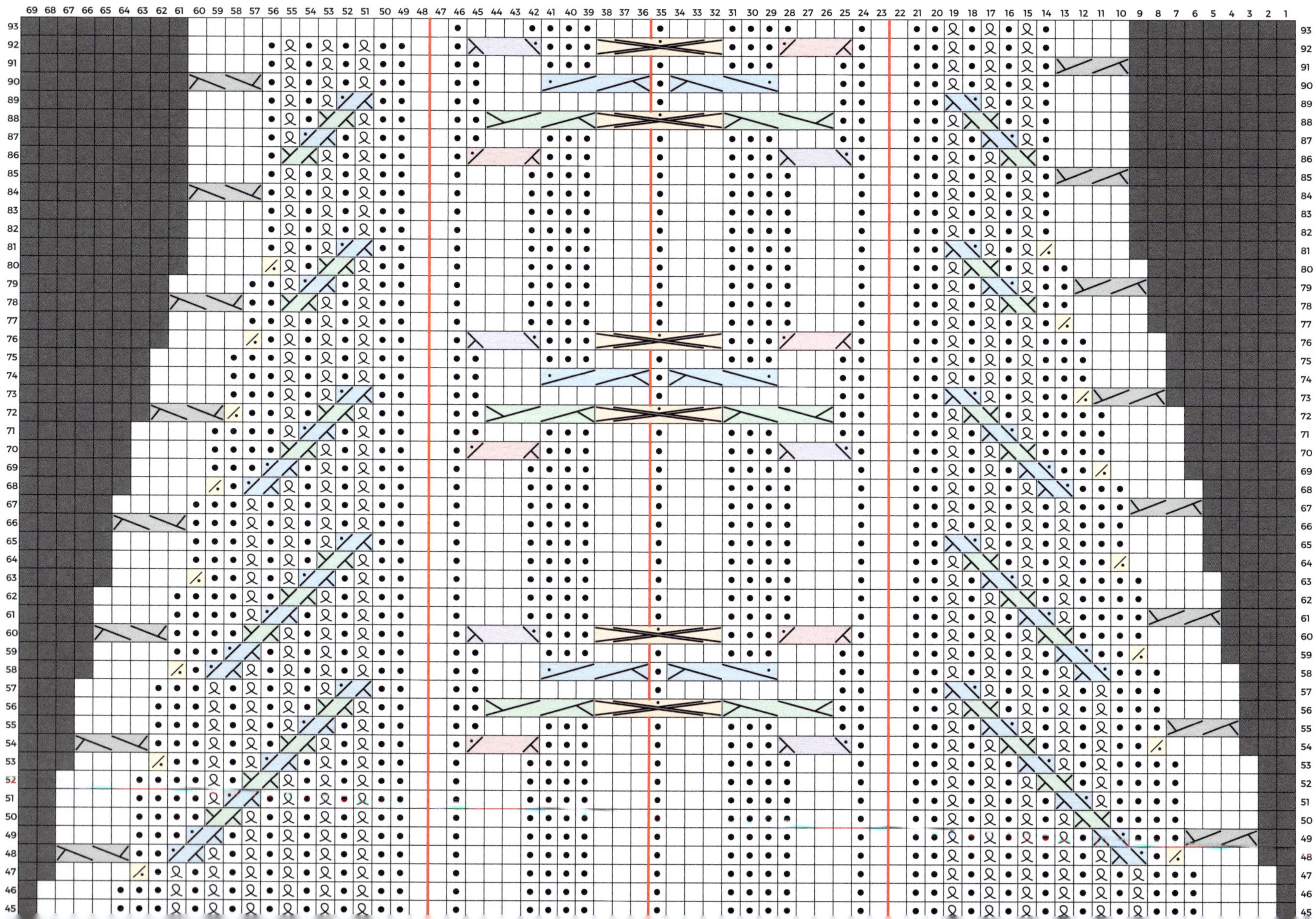

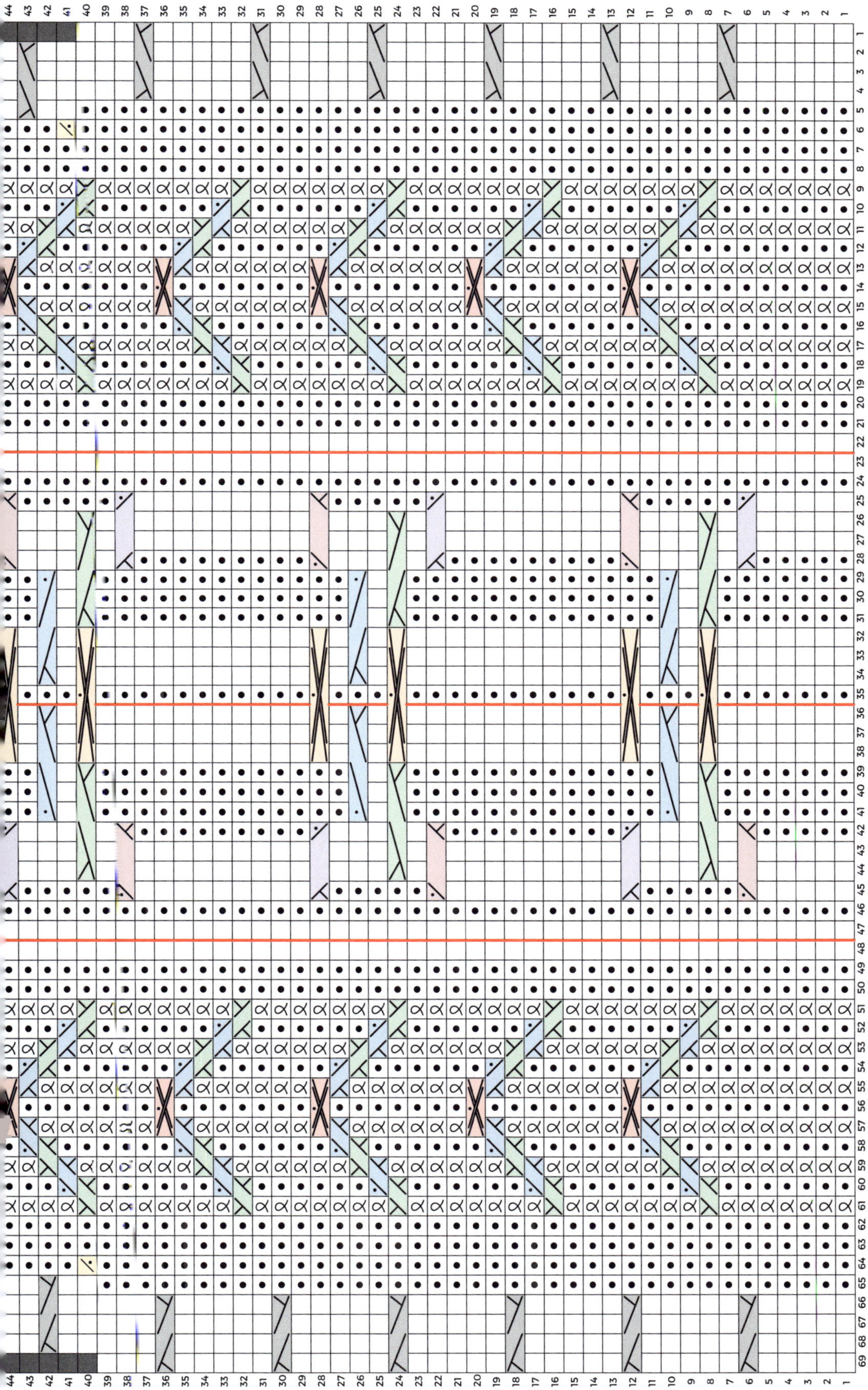

STRICKSCHRIFT B

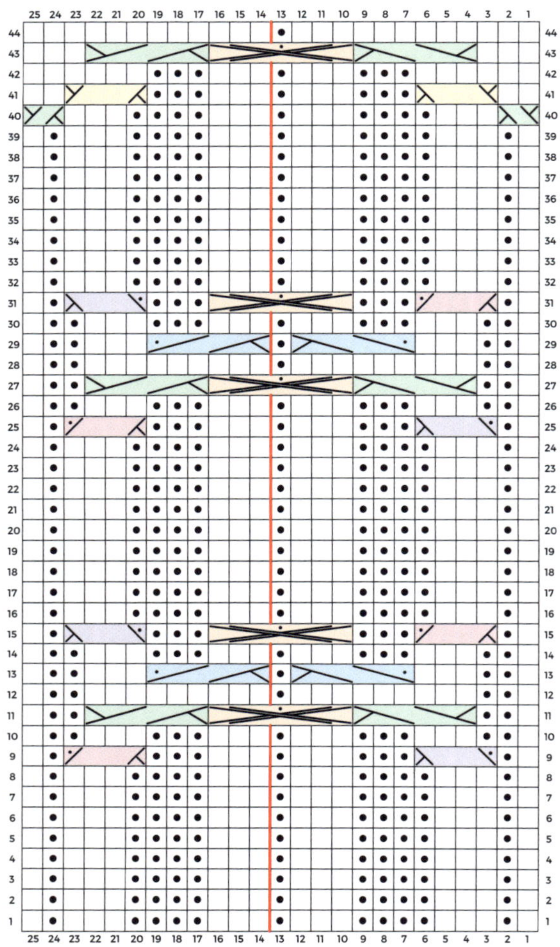

STRICKSCHRIFT C

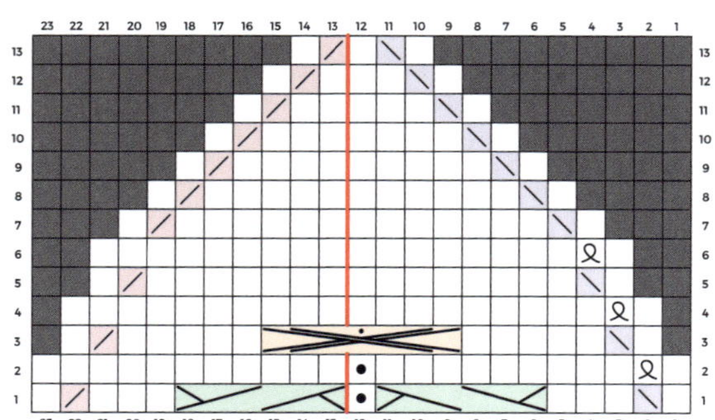

- 1 M rechts
- 1 M rechts verschränkt
- 1 M links
- 2 M links verschränkt
- ssk: 2 M nacheinander wie zum Rechtsstricken abheben, zurück auf die linke Nd legen und von hinten zusstr
- 2 M re zusstr
- 1 M auf eine Hilfsnadel vor die Arbeit legen, 1 M re, die M der Hilfsnadel re
- 1 M auf eine Hilfsnadel hinter die Arbeit legen, 1 M re, die M der Hilfsnadel re
- 1 M auf eine Hilfsnadel vor die Arbeit legen, 1 M li, die M der Hilfsnadel re
- 1 M auf eine Hilfsnadel hinter die Arbeit legen, 1 M re, die M der Hilfsnadel li
- 1 M auf eine Hilfsnadel vor die Arbeit legen, 1 M auf eine Hilfsnadel hinter die Arbeit legen, 1 M re, die M von der Hilfsnadel hinter der Arbeit li, die M von der Hilfsnadel vor der Arbeit re
- 2 M auf eine Hilfsnadel vor die Arbeit legen, 2 M re, die 2 M der Hilfsnadel re
- 2 M auf eine Hilfsnadel hinter die Arbeit legen, 2 M re, die 2 M der Hilfsnadel re
- 3 M auf eine Hilfsnadel vor die Arbeit legen, 1 M li, die 3 M der Hilfsnadel re
- 1 M auf eine Hilfsnadel hinter die Arbeit legen, 3 M re, die M der Hilfsnadel li
- 3 M auf eine Hilfsnadel vor die Arbeit legen, 1 M re, die 3 M der Hilfsnadel re
- 1 M auf eine Hilfsnadel hinter die Arbeit legen, 3 M re, die M der Hilfsnadel re
- 3 M auf eine Hilfsnadel vor die Arbeit legen, 3 M re, die 3 M der Hilfsnadel re
- 3 M auf eine Hilfsnadel hinter die Arbeit legen, 3 M re, die 3 M der Hilfsnadel re
- 3 M auf eine Hilfsnadel vor die Arbeit legen, 3 M li, die 3 M der Hilfsnadel re
- 3 M auf eine Hilfsnadel hinter die Arbeit legen, 3 M re, die 3 M der Hilfsnadel li
- 3 M auf eine Hilfsnadel vor die Arbeit legen, 1 M auf eine Hilfsnadel hinter die Arbeit legen, 3 M re, die M von der Hilfsnadel hinter der Arbeit li, die 3 M von der Hilfsnadel vor der Arbeit re
- keine Masche
- Nadelverteilung

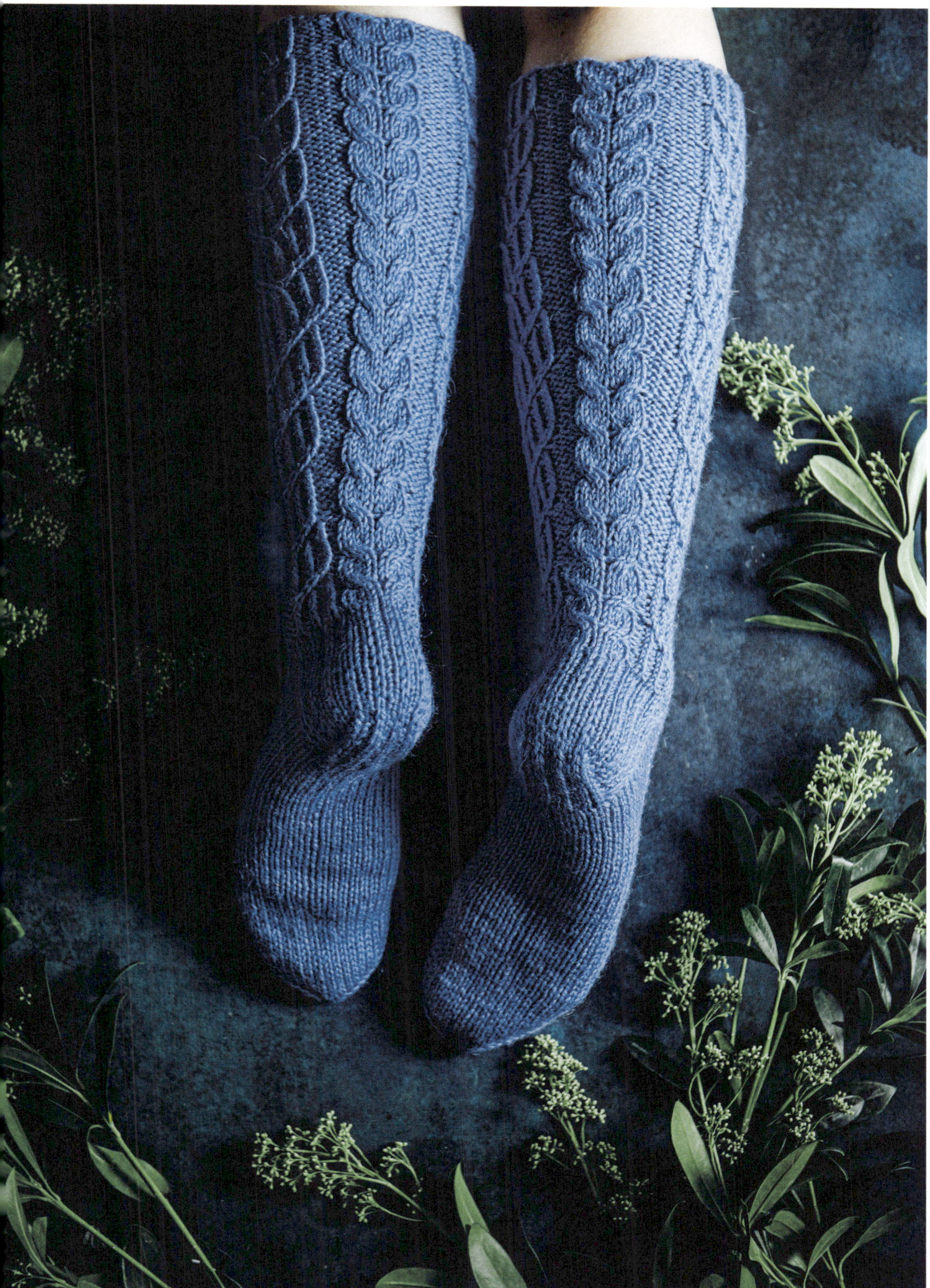

Impressum

Originalausgabe unter dem Titel
„Villasukkien valtakunta" erschienen bei:

Anleitungen und Strickschriften:
Niina Laitinen
Fotos, Styling, Gestaltung und Satz:
Viola Virtamo

Autorenfoto: © privat

Für die deutsche Ausgabe:
Produktmanagement: Xenia Kuczera
Übersetzung: Andrea Hauss-Honkanen
Lektorat: Anna Maier
Satz: Sabine Vonderstein
Umschlaggestaltung: Ina Zimmermann
Herstellung: Julia Hegele

Printed in Slovakia by Neografia

★ ★ ★ ★ ★

Sind Sie mit diesem Titel zufrieden? Dann würden wir uns über Ihre Weiterempfehlung freuen.
Erzählen Sie es im Freundeskreis, berichten Sie Ihrem Buchhändler oder bewerten Sie bei Onlinekauf. Und wenn Sie Kritik, Korrekturen, Aktualisierungen haben, freuen wir uns über Ihre Nachricht an:
Christian Verlag, Postfach 40 02 09, D-80702 München oder per E-Mail an lektorat@verlagshaus.de.

In diesem Buch wird aus Gründen der besseren Lesbarkeit das generische Maskulinum verwendet. Weibliche und anderweitige Geschlechteridentitäten werden dabei ausdrücklich mitgemeint, soweit es für die Aussage erforderlich ist.

Die Deutsche Nationalbibliothek verzeichnet diese Publikation in der Deutschen Nationalbibliografie; detaillierte bibliografische Daten sind im Internet über http://dnb.d-nb.de abrufbar.

Infanteriestraße 11a
D 80797 München

ISBN 978-3-8410-6732-6

Besuchen Sie uns im Internet:
www.christophorus-verlag.de

Unser komplettes Programm finden Sie unter

www.christophorus-verlag.de

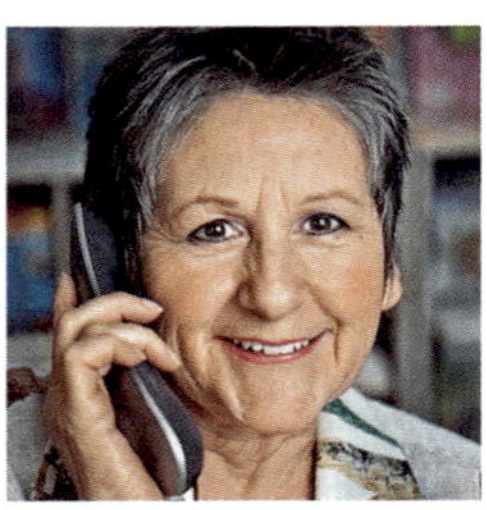

Kreativ-Service

Sie haben Fragen zu den Büchern und Materialien? Frau Erika Noll ist für Sie da und berät Sie rund um alle Kreativthemen. Rufen Sie an! Wir interessieren uns auch für Ihre eigenen Ideen und Anregungen. Sie erreichen Frau Noll per E-Mail: **kreativ-service@c-verlag.de,**
Tel.: +49 - 089-1306 99-577 Montag – Donnerstag: 9 – 17 Uhr / Freitag: 9 – 13 Uhr

Besuchen Sie uns im Internet: www.christophorus-verlag.de & www.selbstgemacht.de